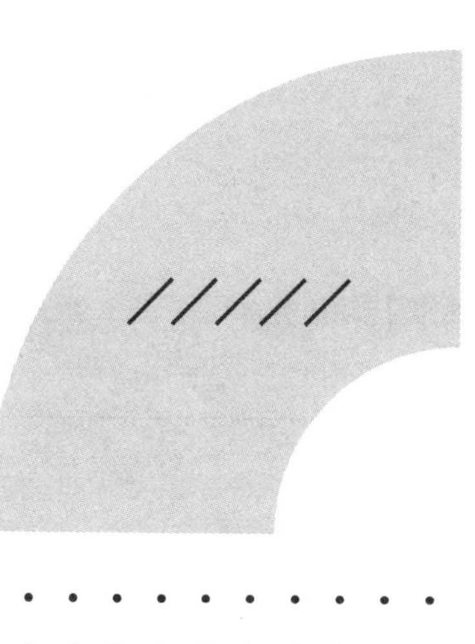

落地生根

——高校教师成长行动研究

郭丹丹　阳莉华　暴　侠　等◎著

中国广播影视出版社

图书在版编目（CIP）数据

落地生根：高校教师成长行动研究 / 郭丹丹，阳莉华，暴侠等著 . -- 北京 : 中国广播影视出版社 , 2024. 10. -- ISBN 978-7-5043-9273-2

Ⅰ. G645.12

中国国家版本馆 CIP 数据核字第 20241UG693 号

落地生根：高校教师成长行动研究

郭丹丹　阳莉华　暴　侠　等著

责任编辑　王　波　孙政昊

责任校对　马延郡

装帧设计　中北传媒

出版发行　中国广播影视出版社

电　　话　010-86093580　010-86093583

社　　址　北京市西城区真武庙二条 9 号

邮政编码　100045

网　　址　www.crtp.com.cn

电子邮箱　crtp8@sina.com

经　　销　全国各地新华书店

印　　刷　三河市龙大印装有限公司

开　　本　710 毫米 ×1000 毫米　1/16

字　　数　237（千）字

印　　张　18.75

版　　次　2025 年 1 月第 1 版　2025 年 1 月第 1 次印刷

书　　号　ISBN 978-7-5043-9273-2

定　　价　99. 00 元

总 序

乡村教师队伍的建设对于教育强国的目标来说具有十分重要的意义。它不仅提升了乡村教师的专业素质，还进一步促进了城乡教育资源的均衡配置，为乡村教育事业的振兴提供了坚实的人才支撑和保障。

闽南师范大学作为福建省重点建设的省属全日制本科院校，长期以来高度重视乡村教育与乡村教师队伍的建设，以服务地方经济、促进社会发展、助力乡村振兴为己任。依托教育学科的深厚学术底蕴与丰富教育资源，学校积极参与并引领乡村教育的研究与实践，不仅在理论研究上取得了显著成就，还在培养模式创新、教育扶贫、师资培训等方面作出了突出贡献。曾先后获批并成立了福建省 2011 协同创新中心（海峡两岸农村教师教育协同创新中心）和区域农村教师发展协同创新中心。而“乡村教师发展行动研究”丛书的出版，正是闽南师范大学对相关工作的一项总结和生动体现。

本丛书着重强调了“行动”与“研究”的紧密结合，倡导乡村教师成为自身教育教学实践的研究者。通过反思、探索与实践，不断优化教育教学方法，提升教育质量。这种基于实践的研究范式，不仅能有效解决乡村教育当前所面临的具体问题，还能促进教师的专业成长，从而形成良性循环，为乡村教育的可持续发展奠定坚实基础。

此外，学校在聚焦乡村教育、乡村教师发展以及关爱留守儿童等方面，还获批了全国教育科学规划重点课题，并获得国家级教学成果二等奖、福建省教学成果奖特等奖。与全国众多相关单位联合主办、承办了多项主题鲜明的教育学术交流活动，产生了积极而广泛的影响。这也为推动高校融合发展、提升乡村教师队伍的建设提供了新的范式，并为本丛书的内容提供了重要素材。

在各方相关机构的共同努力和积极推动下，这套由教育学者与实践工作者通力合作的“乡村教师发展行动研究”丛书终于面世。这不仅是福建省区域农村教师发展、乡村教师教育交流的重要成果，也展现了乡村教育、教师专业成长、行动研究方面融合发展的探索之路与现实图景。

本套丛书共包含 4 本论著，由于作者人数较多，既有高校教师，也有中小学教师和社会工作者，因此写作风格各异。这也给出版工作带来了一定的挑战。在此，我们衷心地感谢为本套丛书创作而辛勤付出的各位老师，同时也特别感谢中国广播影视出版社的各位领导及相关编辑在出版过程中给予的帮助和辛勤努力。由于对乡村教育领域的关注与研究，以及在拓展教育融合发展路径方面的探索和成果尚属初步尝试，因此，本丛书在内容上如有不足之处，还恳请各位读者和专家谅解，并提出宝贵意见予以指正。

闽南师范大学党委书记、校长

福建省区域农村教师发展 2011 协同创新中心　主任

李顺兴　教授

2024 年 10 月

前　言

燃"一盏够用的灯"——作为反映实践者的高师教师之责任

郭丹丹[①]　阳莉华[②]

高校教师是在高校场域承担着教学、科研及社会服务工作的行动者，也是处在多层次社会历史关系脉络下的教育劳动者。每位教师都是行动者，但未必都是自己行动的研究者。只有当他们运用专业知识自主地意识到且承担起对其教育行动的监控责任，主动辨识自身经验的历史渊源与现实处境，分辨自身所处的多层次社会历史关系脉络，并对自己的教育信念、教学行动展开检视和探究时，方能从单纯的行动者转变为具体处境中的反映实践者。概而言之，作为反映实践者的高师教师，其首要责任在于不断提升自身的主体性，并在实践中不断反思、回顾和重新框定自己的教育视角。通过不断确认

① 郭丹丹（1980—），辽宁沈阳人，闽南师范大学教育与心理学院讲师。研究方向为行动研究、教师教育、劳动教育。

② 阳莉华（1978—），籍贯湖北，中共党员，闽南师范大学教育与心理学院心理学副教授、硕士生导师。主要从事《团体心理辅导》《家庭治疗》等课程的教学与研究工作。

自己愿意投入、有能力执行且有效的教育行动路径，教师才能进一步推动教师专业的本土化发展和创新。

本书旨在通过展现一个地方高师院校的教师群像，引导各位教师对自身的专业发展和历程进行反映回观，从而辨识自身的处境，践行专业自主，从此走上了各具特色的教育行动研究之路。

本书作者是一批在教育部推动的本科教学质量评估背景下，因人才引进政策，而会聚于闽南师范大学的教师。[①] 大家共同致力于师范教育，并以培养符合中小学实际需求的应用型人才为目标。在日常的互动与交流中，大家不仅建立了深厚的友谊，还在宽松的科研环境下，探索着彼此的教学风格，并积极参与各类教研活动和集体活动。这种同事如家人的氛围，也为跨越学科界限开展工作提供了有力支持。

暴侠和阳莉华两位老师重视建立温暖的师生关系来推动师范生实践能力发展，因此他们围绕家庭教育等日常生活展开学习与探讨，逐渐将心理学与教育学知识整合到教学中，进行了一系列跨专业课程教学改革。郭丹丹老师在从高等教育转向基础教育的过程中，思考着关于“专业”和“团队”的逻辑，最终确定了将《小学综合实践活动》课程作为自己的专业发展路径。孔凡芳老师以幼儿母亲和高校学前教育专业教师的双重身份，将生活体验与教学实践相结合，创建了各种亲子阅读实践团体。索磊老师则是我们团队的无条件支持者，他倾听、参与并尝试各种教学改革，试图以自己的成长引领师范生未来的专业发展。

2015 年夏林清教授的到来促成了我们几个人在“反映实践取向的行动研究”中的合作与成长。率先跟随夏林清的是暴侠老师——2015 年 1 月，夏

① 其中，暴侠、索磊、郭丹丹在小学教育教研室（现为初等教育系）；阳莉华在心理学教研室（现为心理系）；孔凡芳在学前教研室（现为学前教育系）。前四位老师于 2005 年引进，孔凡芳老师于 2006 年引进。

林清教授的讲座让暴侠老师有了“终于找对方向”的笃定感，她主动申请做了夏教授的助教，负责联系和协调夏林清教授来我们学校的各种活动。郭丹丹老师访学归来便跟随暴侠老师与蚶江行动研究小组工作两年，之后建立了“高校—中学—小学”合作的综合实践活动课程团队，找到了前进力量之所在。孔凡芳老师将团体动力理论融入“幼儿早期阅读与指导”“学前教育科研方法”等课程教学，阳莉华、索磊和暴侠三位老师也参与其课堂之中。阳老师从反映实践的视角对此前“团体心理辅导”课程的教改探索进行了全面梳理，找到了立足学校心理健康教育实际需求的师范生培养行动研究道路。回首过去，正是我们在专业实践中对教育基本立场的共识，如整体看待人的发展、知识能力传授与学生发展并重、学术研究与生命探索的交融、理论与实践的整合等，成为我们行动的内在动力，激励我们持续携手前行。

何燕堂老师长期跟随夏林清教授在社会田野中学习，练就了行动研究的扎实功底。经夏林清教授推荐，自2018年9月起，何老师到闽南师范大学社会工作系任教，成为我们这支尚在摸索中的行动研究小分队的重要支柱。至此，闽南师范大学行动研究团队初具雏形。何老师为研究生开设的行动研究课程，不仅为我们提供了深入学习、自我反思的平台，更是推动团队行动研究不断前进的阵地。何老师在行动研究领域的丰富经验，在团队中发挥了重要的督导作用。

本书收录的文章讲述了在“反映实践取向的行动研究”视角下，一群地方高师教师的成长历程，展现了高校教师自身的生命成长是如何渐次融入地方高校场域的，教育者的主体性提升及专业发展的本土化是如何发生的。教师彼此的生命故事交相叠映。其中，暴侠老师的《结伴而行：对一段跨界行动的反映回观》分享了高校教师突破自我限定、实现跨界行动、找到多方协同的位置的历程；阳莉华老师的《探寻有灵魂的团体：团体心理辅导课程教学改革》，在经历四轮朴素的教学改革后，引入行动研究方法，结合中小学心理健康教育发展现状，前瞻性地开拓课程领域，提出并实践了反映实践型心理健康教师的人才培养体系；孔凡芳老师的《社会田野中大小团体的“野蛮生长”》回顾和梳理了创建并带领的四个团体十余年的发展历程，尝试厘清团体的错综脉络和层叠关联，在反映回观中继续前行；郭丹丹老师的《课耶？我耶？——综合实践活动课程的“庄周晓梦”》讲述了入职后寻求课程、专业及团队方向，在教学实践中，乡村情结的教师遭遇多元处境的学生，期待错置后的警醒，进而落地扎根的历程；索磊老师的《反映回观：探索改变的可能性——一位高校教师教育者专业成长的自我叙事研究》则是以反映性自我叙事的方式回顾了自己的专业成长历程，梳理其贯穿的主线，即对反映实践的关注，并尝试运用多元理论进行解释；何燕堂老师的《学生如何能成为学习主体？——行动中反映的教学实验》讲述了何老师在教育现场的所见所感，开展“学生成为学习主体”的教学改革实验，随时觉察教学现场的动力状况、自身教学行动的效果，并立即调整教学行动，对自己教学行动进行“行动中反映”，以此为高校课堂教学提供参照与借鉴。

最后，借用夏林清教授的“一盏够用的灯”[①]的隐喻，观照高校教师的责任：教师的专业主体性——反映回观恰似一盏明灯，火光或明或暗，能够照见前路就好；火焰或微小或高大，能尽其用就好。在育人的社会田野中摸索着耕耘的高师教师，应以其在复杂社会处境中的生命成长，燃起一盏“够用”的灯，映照彼此，砥砺前行。谨以此书抛砖引玉，希望微光汇聚，期待成河成海。

① 夏林清：《一盏够用的灯：辨识发现的路径（二）》，https：//mp.weixin.qq.com/s/hMDvmDFPHIMEm5oBUc4paA，访问日期：2022 年 12 月 26 日。

目　录

CONTENTS

结伴而行：对一段跨界行动的反映回观

暴　侠[①]

自 2015 年结识夏林清老师，开始涉足行动研究以来，已 9 年有余。在这段旅程的不同阶段，我都进行了详细的记录。如今回首整个历程，[②] 我见证了一群各具特性、带着各自执着的高校教师因共同的志向结伴而行，既共同发展，也各自成长。

我将这段经历称之为跨界行动。

跨界的第一层意义是跨越学科之界。我们这群教师均来自不同的专业背景，尽管教育学、心理学和社会学都属于人文社会科学范畴，但能深入彼此的课堂进行学术交流的大学教师并不多见。

跨界的第二层意义是跨越理论与实践的边界。理论与实践本应相互交融、相辅相成，但由于现实中对理论与实务工作的分野，使两者之间似乎存在一

---

① 暴侠，河北省磁县人。2005 年河北师范大学教育学原理研究生毕业，人才引进进入闽南师范大学任教至今，硕士生导师，主要从事《班级管理》《家庭教育学》等课程的教学与研究工作。2015 年结识夏林清教授，并跟随其学习行动研究至今。

② 整个历程不仅指遇到夏林清老师以来的这段时间，而且包含了因夏老师的推动返身回观梳理的生命历程。在遇到夏老师之前，那些经验虽然发生在自己身上，但并未反映梳理，因而也尚未能形成自己有意识的实践性知识。

道难以逾越的鸿沟。而我们正在做的是努力将理论与实践回归，并让其实现互通。

跨界的第三层意义在于跨越学校围墙的边界。我们这群教师的成长经历，使我们对“校园外的世界”了解甚少，甚至曾被夏老师戏称为“社会小白”。通过夏老师的课堂，我第一次接触到了中国的NGO组织，[①]也是第一次与来自NGO的工作者进行面对面的交流，[②]正是因为这次经历，我开始走出校园，并与社会建立了更多的联系。

跨界的第四层意义是跨越教学与生活的边界。人是不断发展的整体，教师的个人生活与其教学工作并不能完全割裂。跟随夏老师学习的这些年里，我更加深刻地理解了劳动叠影的工作路径，即以老师与其学生的家庭经验作为丰沛的土壤，看见家人关系所承载着的多种社会关系的差异结构，协助老师透过对照自己与学生家庭社会处境的差异，提升了解与接纳学生的能力，并在教学现场中，理解自身与学生，并让师生协力辨识社会变迁对家内的作用力与挤压。[③]

此次书写也是我对这段历程的反映回观。反映回观是通过对实务工作者实践时自发的活动方式中所展现出来的有关研究者自身的理解予以探究，并借由这种对自身理解的探究，对实务工作者实际所说的、所做的事情进行观察、描述和说明，探究从实践中揭示出来的知识，以实现为实务工作者的实

① NGO即非政府组织。非政府组织是英文Non-Governmental Organization的意译，英文缩写为NGO。

② 在夏林清2015年1月的讲座中，之前追随夏林清学习行动研究的两位学生林炉生、林玲玲作为NGO组织的负责人带着他们的团队成员也前来学习，那是我第一次与NGO工作者面对面交流。

③ 引自2019年9月22日夏林清、龚尤倩在闽南师范大学的讲座“家庭成长教育系列讲座之一：劳动叠影的工作路径与教育实践的方法论”，未刊。

践活动提供理由，并从研究中学习的一种方法。[①]

这段行程从最初课程融合实验时的迷茫与探索，到遇见夏林清老师时的忐忑与笃定，再到走出舒适区后的不安与勇敢，如今我们已经立足实践、结伴同行。虽然过程中充满了跌宕起伏，但终究朝着教育实践的方向迈出了自己的步伐。

一、课程融合实验：清醒与迷茫相伴

2005 年，我通过“研究生人才网”获得了闽南师范大学（原“漳州师范学院”）的邀请，前往该校讲授了一节“质的研究方法探讨”的课程，并顺利通过了面试，正式签约成为教育与心理学院（原“教育科学与技术系”）的一名教师。

我对新岗位充满期待，对未来的教育生活满怀憧憬。在我看来，教学与生活相互交融，彼此不可分割。同样，我也期望研究工作能融入我的生活中，而非孤立存在。我曾自信地认为，我所追求的事业既清晰又有意义。然而，踏入教育实践的领域后，我发现要实现这一愿景并不简单。1999 年，《面向 21 世纪教育振兴行动计划》实施，计划“到 2010 年，……高等教育规模有较大扩展，入学率接近 15%，若干所高校和一批重点学科进入或接近世界一流水平……”[②]2004 年 2 月，教育部在《2003—2007 年教育振兴行动计划》中明确提出要“实行以五年为一周期的全国高等学校教学质量评估制度”。[③]

---

① 唐纳德 • A. 舍恩：《反映回观：教育与咨询实践的案例研究》，夏林清译，教育科学出版社，2010，前言第 5—11 页。

② 广东省人民政府：《转发国务院批转教育部面向 21 世纪教育振兴行动计划的通知》，http://www.gd.gov.cn/zwgk/gongbao/1999/13/content/post_3359580.html，访问日期：2022 年 12 月 26 日。

③ 国务院：《国务院批转教育部 2003—2007 年教育振兴行动计划的通知》，http://www.gov.cn/zhengce/content/2008-03/28/content_5687.htm，访问日期：2022 年 12 月 26 日。

漳州师范学院原定于2007年接受评估，后延期至2008年。我与同事们正是在这样的时代背景下，开始了我们的高校教师生涯。

（一）忙碌挣扎的“我”

我目前的身份是闽南师范大学教育与心理学院初等教育系的一名教师。2005年，我于河北师范大学教育学院教育学原理专业，以硕士研究生的身份毕业，并通过“研究生人才网”找工作来到漳州，与我同行的还有我的爱人和三岁的女儿，爱人与我一起被漳州师范学院（现为闽南师范大学）教育科学与技术系（现为教育与心理学院）以人才引进的方式留校。在入校的第一学期我承担了2002级小学教育专业的《家庭教育学》和2003级小学教育专业的《班主任工作》两门课程的教学工作，由此也开启了我作为一名大学教师的教学生涯。

1. 难以跨越的内心落差

我所说的“内心落差”并非源于工作，而是来自个人的不自信，自认配不上大学教师的身份。2005年，我凭借优秀毕业生的成绩进入漳州师范学院，尽管获得了正式身份，但内心的落差并未拉平。这份工作对我来说是幸运的，但因为我没有正式读过大学，内心始终有一种“不配得感”。

原以为我通过考研获得一个能够进入高等教育组织系统工作的正式身份，可以拉平我与爱人大学教师身份之间的落差。而当我最终如愿以偿，凭借河北师范大学优秀毕业生的成绩得到了这个“通行证”，也成为漳州师范学院的一名大学教师时，我内心的落差并未因此而拉平。

为了弥补这一落差，我倍加珍惜这份来之不易的工作，同时认真教学，虚心学习。虽然有时因过于“心虚”，会遭到学生质疑，但我始终在努力着，争取早日成为让学生满意的老师。随着时间的推移，我的真诚赢得了回报，赢得了学生的信任和友谊，他们渐渐开始把我当作了朋友，并与我分享他们在生活和学习中的感受。

直到 2012 年，通过不断地努力和学习，我才真正在内心将自己的身份与生命经历相结合，开始认识到没有正式读过大学并不是什么“丢人”的事情。

2. 为寻求认可而把自己的主权交给学生

2012 年对我而言意义非凡。这一年，我坦诚地告诉学生我的学历背景，意外得到了他们的热烈掌声和真诚认可。同时，有学生整理了“暴女侠语录”，甚至有外语系学生全程旁听我的课程，不为学分，只因觉得有用。这面师生关系之镜让我看见了自己，我不再需要遮掩那些曾让我“羞于见人”的部分。学生的认可让我开始在内心接纳自己大学教师的身份，但我认为这份认可尚不稳定，随时有可能破灭。

为了获得学生持续稳定的支持与认可，我每学期都投入大量时间进行教学设计。然而，教学效果的优劣终究要由学生的反馈来评判。如果他们表现出积极认真的态度，我也能更灵活地整合学习与经验，与学生进行更深入的交流。反之，若学生显得倦怠，我便会全盘否定自己，内心的“不配得感”会让我陷入木僵状态。

2012—2015 年，我在“配得”与“不配得”之间摇摆不定，努力寻求突破。2013 年，我发现了《反映的实践者——专业工作者如何在行动中思考》这本书，认为它指引了我前进的方向。虽然我对这本书理解得不够透彻，但其中的“风筝不断线——实践者的落地深耕”叙说方式吸引了我。这让我意识到，我一直坚持的表达方式有望获得学术界的接纳与认可。

（二）结伴起舞

2004—2007年，为迎接2008年教育部的评估，学校引进了大批教师，其中就包括阳莉华、郭丹丹、孔凡芳三位老师和我。我们中的许多人后来继续深造，攻读博士学位，并成功晋升为副教授、教授。我自2005年起一直担任《小学班主任工作》和《家庭教育学》的教学工作，而阳莉华老师则负责教授《团体辅导》。这些课程相互关联，我们经常相互听课，并就教学方法展开深入的讨论。

由于我对自己的大学教师身份存在一种“不配得感”，我始终努力学习，希望能够配得上这个崇高的岗位。2009年，我开始通过网购图书来满足自己的专业学习需求。当时的张灵聪院长打破学校对科研任务的硬性规定，允许我们不必每年发表论文，这为我提供了充裕的时间进行大量的阅读和学习。我曾将自己的读书心得记录在QQ空间中，以此作为自我提升和反思的见证。

帕克·帕尔默（Parker J. Palmer）的《教学勇气：漫步教师心灵》是2013年之前对我教学影响最深刻的一本书。我深表赞同其中所提的“好的教学是对学生的一种亲切款待”这一观点，[①] 只有教师把教学与学生内部鲜活的内核联系起来，与学生内心世界的导师联系起来，真正的教学才可能“发生”。[②]

由于当时我的自我认同度较低，我时常从自己的经历中搜寻那些值得我模仿的教师，努力在工作中模仿他们的做法，希望能够成为像他们那样的教师。我搜寻到的两位优秀教师，一位是高中时的地理老师，他上课几乎不用翻开教材，便能流畅地讲授一整节课；另一位则是我的研究生导师张爱华老师，她始

---

① 帕克·帕尔默：《教学勇气：漫步教师心灵》，吴国珍译，华东师范大学出版社，2005，第51页。

② 同上书，第32页。

终保持学习的热情，并非常坦然、开放地与我们分享所思、所想、所获。

我以这两位老师为榜样，力求能够熟悉教学内容，流畅授课，同时也希望能够与学生进行坦诚的交流。在备课时，我详尽地记录每句话，以期望通过厚厚的讲稿赢得学生的认可。然而，内心的不配得感让我在学生面前难以展现真实的自己，我时常担心他们会质疑我的能力和资格。因此，我常常对学生说"谢谢"和"对不起"，这背后其实是我内心对他人认可的深切渴望。

由于急于得到学生的认可，我不自觉地将自己置于权威地位，认为教学内容必须是学生不懂、不会的，这样才能证明我是合格的老师。在2005—2007年的教学日志中，我曾认为《班主任工作》这门课程就是教授如何做班主任，并假设学生对班主任的角色和职责一无所知；认为教学就是将客观的理论知识传授给学生，而非分享个人的想法和见解。这种观念与客观主义者的教学定义相契合：学科是客观存在的知识，教师是了解这些客体的专家，而学生则是对这些客体一无所知的外行，教学则是教师将客观的认识传达给学生。如图1所示，借用帕克·帕尔默的客观主义认知图可以形象地表现我当时的认知状态。

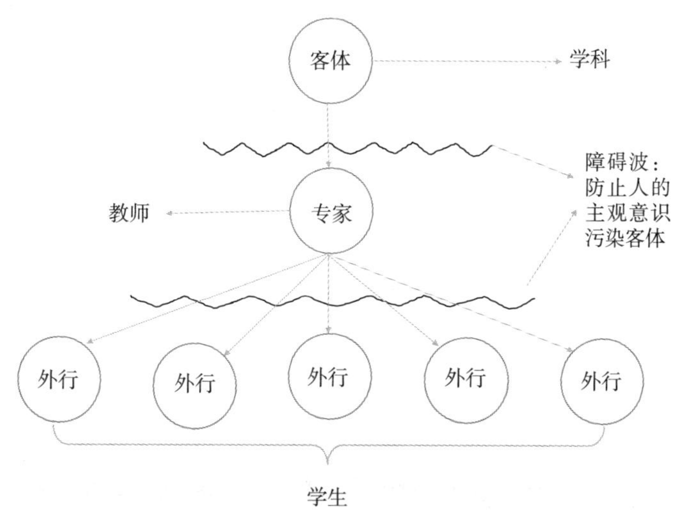

图1　任职初期对教学的认识

我把自己隐藏在学科之后，在教学中以权威形象自居，借以掩饰自己内心的不自信，表面上言之有物，而内心里是空虚和自责。

在深入阅读、与学生互动以及和莉华老师讨论的过程中，我慢慢开始改变。2012 年，我鼓起勇气告诉学生我没有读过大学的事实，反而在得到学生认可后，我对自己的接纳度慢慢提高了。

读了《教学勇气：漫步教师心灵》，我开始意识到，作为教师，我不应成为学生和学科之间的媒介或屏障，而是要和学生一起共同面对学科，共同作为求知者、学习者，将学科视为我们共同关注且参与课堂互动的“第三事物”。[①] 在这里，教师可以当学生，而学生也可以当教师，彼此都可以以“第三事物”的名义向对方发表其见解。如此，我和学生才可能成为聚集在一个共同的主体（学科）周围，并遵守共同的规则和解释，以同样的方式接近主体的学习共同体，如图 2 所示。

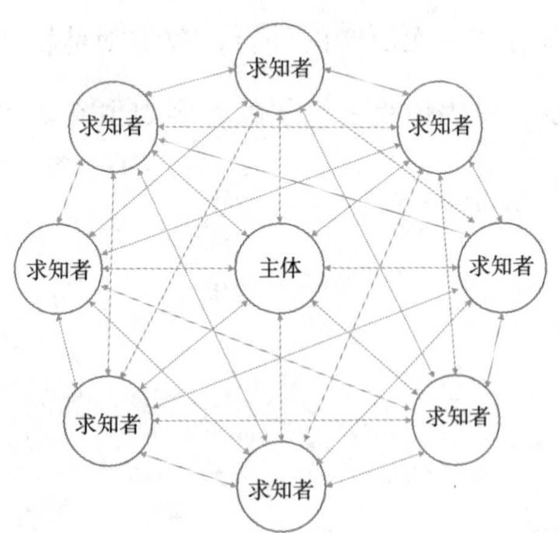

图 2　学习共同体

资料来源：同①，第 102 页。

① 帕克·帕尔默：《教学勇气：漫步教师心灵》，吴国珍译，华东师范大学出版社，2005，第 116—119 页。

为了营造这样的氛围，教师需要具备卓越的联合能力。这种能力体现在能将自身、所教学科和学生编织成复杂的联系网，从而引导学生学会构建他们自己的知识世界。而这种联合能力正是我亟待提升和磨炼的关键所在。

2013 年，我和阳莉华老师决定尝试教学改革。我们为 2011 级小学教育专业的学生分别开设了《小学班主任工作》和《小学生心理辅导》这两门课程，并特意错开上课时间，以便能够互相参与对方的教学活动。我们围绕组织管理和心理辅导两大核心，共同规划了九个教学主题，旨在确保课程内容互补，避免重复，使学生能清晰地理解这两门课程之间的紧密联系及其实践价值。到了 2014 年，我们尝试将小学教育专业与心理学专业的学生组成跨学科小组，以促进不同专业之间的交流。这一举措虽然增加了不少工作量，但我们却乐在其中，享受着这种富有挑战与创新的教学方式。如今回顾这段经历，我深刻认识到好的教学应该是与学生共同面对学科和真实问题，探讨并寻找解决方案的过程。然而，我也意识到在实际的教学中，我时常会不自觉地回归到传统的理论知识传授方式中，这成为我未来需要努力改进的方向。

二、遇见夏林清：笃定与混沌相映

第一次见到夏林清老师是在 2015 年 1 月 11 日。那天，受时任院长张灵聪老师的邀请，夏老师来到教育与心理学院，为研究生们带来了一场以行动研究为主题的讲座。讲座伊始，夏老师以她特有的亲切方式向在场师生致以问候，随后自然地请出了两位曾跟随她学习行动研究的志愿者——林玲玲[①]和林炉生。她巧妙地结合了在场的老师、同学们以及她自身的丰富经验，将行

① 林玲玲，2006—2010 年就读于中华女子学院社会工作系，在大学期间曾以志愿者的身份参加杨静老师的社工机构——“北京近邻”组织的行动研究的学习，毕业后留在北京近邻工作，在工作中使用行动研究的方法。2014 年返乡创办石狮近邻社会工作服务中心。

动研究的相关概念融入其中，娓娓道来。

夏老师以淡定、清晰、细致的讲述方式，配以开放、接纳、包容的课堂氛围，让我倍感亲切与舒适。在听讲过程中，我突然想起《反映的实践者——专业工作者如何在行动中思考》一书的译者正是夏林清。我不禁心生疑惑，难道眼前的这位夏老师便是那位译者吗？随着夏老师深入阐释唐纳德·A. 舍恩（Donald A. Schön）的“在行动中反映”“框定”和“再框定”等概念，我心中的疑惑逐渐消散，笃定这位夏林清老师正是那位译者。这一发现让我心中一亮，我暗自期待，她或许就是带我走出迷茫的那个人！

当时，我正深陷于“要怎样做研究”的困顿之中。我一直认为研究应与生活紧密相连，尤其是教育研究，但我尚未找到合适的方式让我的“融于生活的研究”得到现行规则的认可。夏老师的出现，如同在黑暗中为我点亮了一盏灯，告诉我这条路是可以走得通的。

在接下来的讲座中，我从后排边角的位置移到了前排，内心逐渐被夏老师的讲述所触动。12 日的讲座中，有分组交流的活动，我选择了与林炉生和林玲玲同组。课后，我还主动与夏老师交流，当时的我心中虽仍有迷茫，但有一点越发清晰坚定——这便是我想要走的路。

在张灵聪院长的盛情邀请下，夏老师表示愿意再次举办讲座，但她提出了一个条件：希望在此期间能够组织小组活动，并确保至少四个小组能持续参与下一次的讲座。我毫不犹豫地举手，表示愿意承担我们小组活动的组织工作。我一改往日的观望、等待的态度，开始主动与夏老师联系，我们的小组也认真地进行了互动活动，并完成了小组作业。

夏林清老师说：“‘社会改变取向的行动研究’开启了一个行动者（研究者）‘自觉与觉他’和‘社会现况演变’的历程。‘行动研究’是行动者进行的社会探究历程，并侧重自觉与自我揭示，因为‘觉他’的真切性得立足于

‘自觉’的明晰真实与勇气之上。行动研究的‘自觉’除了对行动者在多层次社会系统中的作用、位置敏觉，亦要求接地气的地方‘感知’……‘特定处境中的行动者’和‘在行动中进行反映’是行动研究的两个基础概念，行动者（反映的实践者）在了解与探究的行动中接了地气。”①

最近，我重新翻阅了2015年与夏老师的通信记录以及当时的笔记，心中更加确信，夏老师所传授的方法正是我长久以来所追寻的。我对向夏老师学习的渴望越发坚定，但回想起当时对“地方”这一概念的感知，用“混沌”来形容可谓恰如其分。

2015年1月，当夏老师首次来校举办讲座时，学院成立了闽南师范大学教育科学学院“海峡两岸行动研究中心”（以下简称“行动研究中心”或“行研中心”）。虽然我身处讲座现场，积极参与拍照记录，但那时我只想跟夏老师学习行动研究的方法，并未意识到自己与这个新成立的中心有何关联。讲座结束后，在林炉生的提醒下，我主动找到张灵聪院长询问：“我可不可以做行动研究中心的秘书？”张院长建议我将这个想法转达给夏老师，并提议让夏老师担任行动研究中心的主任，我给夏老师做助理。当时，我对行动研究中心的性质一无所知，也没有意愿或勇气去担任任何职位。值得一提的是，李青老师②和张院长曾试图推动行动研究中心升级为校级研究所，但未能如愿。在这个过程中，我始终将自己定位为信息传递者——将信息传递给夏老师即可。所以，当李青老师和林炉生向夏老师报告了推动行动研究中心工作的事情后，夏老师的回信令我惊喜与感动：

① 夏林清：《是谁在哪个地方干着活——行动研究的路数》，《中国社会工作》2016年第19期。

② 2015年，李青曾是闽南师范大学历史系社工专业的老师，比我早一年认识夏林清，也很认同夏老师的行动研究，2015年后去读了夏老师的博士。

暴老师，李老师：

如何让两位在两院能接住这个方法往长远走去，

是我会愿意成立行研中心的目的，

一起努力了。

我的答复是：

夏老师：

您好！

行动研究的方法是我一直想学习和钻研的方向，我之所以愿意去做行研中心的事，正是因为想和夏老师学习这个方法。

一起努力。

我也履行了承诺。讲座结束后，由我发起，与几位有兴趣的老师共同组织了《行动科学——探究与介入的概念、方法与技能》读书会。然而，当时的我对读书会的理解仅限于学习行动研究的相关内容，并未将其与行动研究中心联系起来。

当夏林清老师于 4 月份再次举办讲座时，学校院长已换为黄清院长。由于前院长张灵聪老师表达了希望夏老师能在下学期（2015 年 9 月至 12 月）为研究生开设行动研究课程的意愿，关于具体安排的细节均由我与夏老师进行沟通。夏老师再次提及我的工作定位问题："你可以做你院行研中心的负责人和我对接吗？行政程序上我需要向黄院长提吗？"对于夏老师的提议，我当时感到十分困惑。尽管学院已经在创业楼的一间办公室门口挂上了"海峡两岸行动研究中心"的牌子，但我并未真正感受到它的存在。我内心深处充满了疑虑：怎么可能让我担任负责人呢？我只是一个执行者而已，至于要走什么行政程序，我更是一无所知。对于这些疑问，我不敢向其他人询问，但面对夏老师，我坦然地表达我的困惑。也正是因为有夏老师在，我才有勇气以她的名义去向领导询问相关事宜。

夏老师：

对于您说希望我做行研中心的负责人和您对接，并建立行研中心的组织机构，是希望由我来参与进行行研中心的团队建设，并承担明确团队成员的角色分工的工作吗？

但因张灵聪老师曾说希望您来做行研中心的主任，我可以做您的助理。

但关于组织架构和团队建设工作我非常需要您的指导，我虽然没有这方面经验，但非常乐意学习。

并且您所说的行政程序是指“行研中心”吗？

由于我们学院的领导都很民主、很团结，并且比较务实，是真正想做实事的。

黄清院长、张老师都很支持行研中心。

如果您有什么想了解的情况都可以问我，我会尽力给您解答。

当时夏老师回复我：

暴老师：

先不管主任或顾问名衔，

我有院长行政职务，也不可接你们主任职的，

你就做我助理，咱们两人一起干活吧。

回顾通信中记录的历程，我不禁哑然失笑。在2018年“第二届海峡两岸乡村教育与行动研究研讨会”上，我曾对自己的状态有过一个生动的描绘——那时的我就像一个充满活力但混沌未开的球，因被夏老师吸引，迷迷糊糊却欢快地蹦跳着，所以只能选择性地接住夏老师的推动，有时还会因理解偏差而一下子蹦跳到意想不到的地方。“你就做我助理，咱们两人一起干活吧。”这是我能听懂也特别乐意接受的任务。

2021年7月，我在夏老师的新书《家庭是个张力场：历史视野下的家庭关系转化》中读到一段话：“培养一个好的工作者不能只一路搪塞知识，而要创造一种关系条件，支持他开始觉识清明地启动一条自主的道路，（一条）发展成为实践的探究者的路径。”[①] 这正是夏老师多年来一直坚持做的事情。这些年，夏老师频繁地来到闽南师范大学工作，也正是在为我们创造这样的条件，给予这样的支持。

三、跨出舒适区：勇敢与恐慌结伴

如果没有遇到夏老师，没有走出校门跨界到社会的其他子系统之中去体验实践，我可能到现在也很难发现社会地形的高低不平、贫瘠肥沃，更无法看到层层叠叠，甚至交织在一起的多层次社会系统母子盒。

（一）跨界行动开启的“第三只眼”

踏出校门的第一步，我携手一家社会公益机构，共赴一所小学，合力创建了一个教师行动研究小组。

在夏林清老师的讲座中，我有幸结识了林玲玲，她从2012年起便追随夏

---

① 夏林清：《家庭是个张力场：历史视野下的家庭关系转化》，心灵工坊文化事业股份有限公司，2020，第24页。

老师学习行动研究。自北京返乡后，她创办了石狮近邻社会工作服务中心，并在蚶江中心小学义务指导学校的南音社团。我难以想象她的工作与生活状态，而NGO（非政府组织）这一概念也首次进入了我的视野。我由衷地钦佩她选择回到家乡付诸行动的勇气，同时也对她所从事的工作充满好奇。因此，在夏林清老师讲座中的分组活动环节，我毅然选择了与她同组，而这一选择无疑为我们之后的合作拉开了序幕。

2015年，我校申报的“区域农村教师发展协同创新项目”正处于从培育期向正式立项的过渡阶段，我的爱人亦参与了该项目的设计与筹备。当夏老师于同年4月再次来访并举办讲座时，我的爱人在课堂讨论中提及了此项目，意在表明我们有着将理论付诸实践的决心与行动。而正是这个项目，成了我与林玲玲合作的桥梁。

2015年9月，在区域农村教师发展协同创新中心发展规划征集项目中，我与林玲玲共同设计的“海峡两岸乡村教师成长行动研究”被正式列为中心的项目。经过精心的筹备，2015年10月27日，“海峡两岸乡村教师成长行动研究基地”在蚶江中心小学正式签约挂牌，随后于11月16日成立教师行动研究小组。自2015年11月至2017年6月，该行动研究小组平均每月至少组织两次活动，[①] 这不仅推动了蚶江中心小学的大阅读活动，还为我们积累了丰富的实践经验。

尽管项目在2017年已告一段落，但我们的行动研究小组依然在行动，之后又完成了《基于“儿童生活体验”的生活习作教学研究》和《基于语文核心素养培养的小学低年级绘本阅读教学实践研究》两项市级课题。这一次的跨界合作让我深刻体会到了不同系统之间的界限，也让我更加清晰地认识到

① 2016年，我的同事郭丹丹开始和我一起去蚶江与行动研究小组的老师工作。

自己在现有系统中的定位。我曾这样总结这段历程：一个原本在自己所在组织边缘徘徊、难以找到自身定位的人，带着一个同样迷茫的同事，踏入了一所小学，与一家尚在摸索中、尚不稳固的小机构负责人共同建立了一个乡村教师成长行动研究基地。我们与行动研究小组的老师们一起在摸索与实践中跌跌撞撞地前行。

我能对当今社会中不同性质的系统有更为深入的了解，主要得益于林炉生的邀约。林炉生同样是我在夏林清老师的讲座上结识的北京返乡青年，他不仅创办了福州市美和公益服务中心，还推动了几个重要的项目："好厝边"计划、[①] 大地之子 [②] 和姐妹乡伴。[③] 通过林炉生的引荐，我有幸结识了一群"大地之子"和基层妇女组织的姐妹们，他们根植乡村，用自己的行动向故乡致敬，为乡村振兴贡献着汗水和智慧。在与他们的接触中，我睁开了看见社会系统复杂性的"第三只眼"，窥见了乡村在城镇化浪潮中的挣扎与重生。同时，我也看到了"大地之子"和"乡伴"的姐妹们如何利用乡村振兴战略，努力让乡村重新焕发生机，而不仅仅是成为城市的补给站或消费场所。

（二）直面系统复杂性的勇敢与恐慌

现在回想起来，能够与林玲玲同行，绝非偶然。夏林清老师曾问我："与玲玲一起去乡村小学与教师们共事时，你最关心的是什么？"我毫不犹豫地回答："是教师的自主性。我观察到，小学老师们在工作中往往被上级的安排

---

① 张辉、林晨：《本土公益项目"好厝边"计划：社区营造呼唤本土力量担当》，http://fjnews.fjsen.com/2016-10/18/content_18585823_all.htm，访问日期：2022 年 12 月 26 日。

② 张颖、房小奇：《"大地之子"乡村人才培养计划：寻找培育乡村带头人》，http://fjnews.fjsen.com/2017-04/12/content_19365770_2.htm，访问日期：2022 年 12 月 26 日。

③ 中国妇女报：《福州市"姐妹乡伴"项目：激发农村妇女内生动力助推乡村振兴》，http://fj.people.com.cn/n2/2020/1208/c181466-34462815.html，访问日期：2022 年 12 月 26 日。

所牵引，缺乏自身的主体性。”很久之后我才意识到，缺乏自主性的何尝是小学的老师们，我自己亦是如此。因此，与老师们并肩工作的过程，也是我重新遇见曾身为乡村教师的自己的过程。

1. 小心翼翼期待得到“权威”认可的我

2015—2018 年，我内心深处对自己的定位是等待“权威”的指引，期盼成为那些“权威”声音的传话筒、办事员。这些“权威”包括我的爱人、组织系统的领导、林玲玲，以及我的其他同事。

2015 年 7 月初，玲玲表示希望查看区域农村教师发展协同创新中心的项目方案。于是，我在 7 月 5 日向爱人要来了项目方案，并通过邮箱发送给了玲玲。玲玲接着询问我能否将方案提交给蚶江教委审阅，我一边征求爱人的意见，一边心中忐忑不安。当从爱人那里得到“可以啊，很好！”的回复时，我才如释重负。

2015 年暑假，我决定全程参与林玲玲举办的夏令营。我深入参与方案设计、志愿者培训和实际带班，发现玲玲组织的夏令营与学院组织的差异很大。具体而言，学院组织的夏令营活动方案是预先设定好的，而玲玲组织的夏令营则仅在活动开始前确定大致方向，具体方案是由大家共同讨论决定的。

暑假期间，我还随玲玲拜访了她的恩师，结识了林艺蓉和程清降老师。程老师是教委成员，玲玲此次拜访意在沟通将协同创新项目引入中心小学。我对此项目申请成功与否心存疑虑，而我每遇决策都征求爱人的意见，他总鼓励我继续前行。

对我而言，夏林清老师并非权威，她和行动研究带给我新鲜感和好奇，是我追随的方向。尽管害怕周遭的环境与权威，但我仍愿跟随内心，以表面清醒且坚定的姿态，踏上这段内心迷茫而混沌的旅程。

2. **奋力想要追随的我跨界到了一个怎样的地方**

在玲玲的积极推动下，加之学校委托我们学院的黄清院长负责区域农村教师发展协同创新中心的工作，事情进展迅速。2015 年 10 月 16 日，经过玲玲的牵线搭桥，双方进行了首次正式的交流。仅仅十一天后的 10 月 27 日，趁夏林清老师为我们心理学专业研究生讲授行动研究课程的契机，双方顺利签署了基地建设协议。

石狮市蚶江中心小学是一所具有百年历史的名校，它起源于 1912 年，由蚶江乡绅林安智、林迪简等人倡议并由蚶江教会创办。鉴于石狮市的灯谜整体水平在全国处于领先地位，蚶江中心小学被中华灯谜学术委员会命名为“中华灯谜教学示范校”。

前校长林宗泽是被领导、老师甚至乡里公认的有思想、有作为的好校长，而当时主持学校工作的校长是林祝堂，在 2015 年的两次小组活动中，他全程参与；直至 2016 年的小组活动，林校长才不再参加。

3. **在无知无畏中进入复杂关系**

2015 年 11 月，蚶江中心小学行动研究小组成立，有五名不同年龄段的教师加入。尽管我和玲玲一直希望和强调“加入行动研究小组要遵从自愿原则”，但实际上，这五位老师的加入或多或少都受到了玲玲的邀请或校方的安排。最初的五位小组成员分别是：

林英园，男，蚶江中心小学副校长，校方安排加入，2016 年暑假开学后退出；

林艺蓉，女，五位老师中年龄最长者，玲玲的小学老师；

郭丽娜，女，年轻教师，学校刚上任的语文教研组长，校方安排加入；

林靖谊，女，毕业任教三年，校方安排加入，代表中低年级组；

何婷婷，女，毕业任教两年，校方安排加入，代表中低年级组，2016 年暑假开学后退出。

自 2015 年 12 月“乡村教育与行动研究研讨会”后，蚶江镇锦里小学的蔡丽雅老师于 2016 年加入行动研究小组并参加活动；我的同事郭丹丹老师也于同年与我一同前往蚶江；2017 年春季，蚶江中心小学教导主任纪宝算加入小组；海峡两岸乡村教师成长行动研究暨蚶江中心小学“大阅读”教学开放周交流活动之后，欧阳安妮加入行动研究小组。

2015 年 11 月至 12 月，我们进行了两次小组对话活动，并于 2016 年 1 月进行了工作总结，全程录音并整理成稿。2016 年 3 月至 6 月，原计划每月两次活动，实际进行了六次。4 月，蔡丽娜老师提出了在学校进行“大阅读”活动的想法，我们建议她制定方案并在小组内讨论；5 月，我们多次讨论并修改了活动方案，并探讨了如何在全校推广；6 月，我们讨论了如何分工设计不同年段的课外阅读活动方案，并在月底进行了活动总结。暑假期间，我们再次修改了方案，并确定了最终计划。

2016 年 9 月，我们开始全校推广课外阅读教学。我和郭丹丹老师每隔一周的周三都会前往蚶江中心小学，与小组成员讨论活动进展情况。其间，锦里小学的蔡丽雅老师因个人原因退出了小组，但幸运的是，黄美华老师及时加入并持续参与我们的活动。为了更好地了解老师们的工作状态，我们决定除了小组对话，还跟进每周四的语文组教研活动，并录像讨论。经过一学期的尝试，我们在 2017 年 1 月计划于下学期举办开放周活动，并在寒假期间形成了初步方案。我们从 3 月开始筹备，并在 5 月 10 日至 11 日成功举办，活动获得了广泛好评。

此次行动研究不仅推动了蚶江中心小学的阅读教学，还促进了教师们的专业成长和校际的交流。一位参会的老师说，研讨会让参与者看到了我们“从教课文转到了教语文，进而转到了思考语文教学观念，并将观念落实到行动”。

4. 返身遇见曾为乡村教师的自己

我之所以会坚持不懈地持续与老师们协作，与我曾经作为乡村教师的经历密不可分。在协作的过程中，通过带领老师们进行“绘制生命河”的活动，[①] 我也得以回顾自己作为乡村代课教师的那段时光。

努力生长的乡村代课教师[②]

2015 年 4 月，夏林清老师建议我写下 7 年的代课经历。然而，由于工作的繁忙和对如何恰当表达的困惑，我迟迟未能动笔。夏老师曾提议用关键词描述当时的状态，我最初想到的是“自卑”和“纠结”。然而，经过深思熟虑，我认为“努力生长”更为贴切，其中交织着自卑、纠结、自傲和寻求认可的心路历程。这段回忆对我来说，既像是一部电影，让我可以沉浸其中，重温旧日的情感和经历；又像是一面镜子，让我能够抽离出来，洞察更多相关的因素。因此，我决定从“努力生长”的视角来记录那段特殊的历程。

一、初为人师：在迷茫与挫败中学做教师

1991 年高中毕业后，我遵循了三年前的决定：若考上大学则继续深造，否则就步入社会。虽然内心仍渴望学习，但我也必须考虑未来的生活。幸运的是，我的母校恰巧在英语教师方面存在空缺。当时的我满怀期待，认为这是个难得的机遇。然而，事情并未如我所愿。开学前，校长告知我无法担任

① “绘制生命河”是我们想到的带老师们回看自己生命经验的活动。因为老师们不知道从何说起，所以我们就让老师们在纸上画一条时间线，标记出对自己有重要意义的时间点，然后看图讲故事。通过小组对话后再将自己的故事书写出来。

② 此部分为与老师们一起进行“绘制生命河”活动时写的文本，初稿完成于 2015 年 12 月，放入文中时略有修改。

中学英语老师，但小学三年级老师的位置空缺，问我是否愿意。虽然这与我的理想有些差距，但还是答应了。

（一）时代背景：村村有小学，乡乡有初中

20世纪90年代初，大学尚未扩招，乡村教师缺编现象普遍，代课或民办教师成为主力军。20世纪80年代，国家出台了一系列政策方针，如《关于普及小学教育若干问题的决定》和《中华人民共和国义务教育法》等，旨在推动“普九兴学”，形成了村村有小学、乡乡有初中的教育格局，但同时这也使乡村教师缺编的现象越发严重。

在我代课的那所小学里，仅校长和一名教师是正式编制，其余均为代课教师，其中还包括我的初中同学。在当时的农村，我算是拥有“高学历”的人；然而，我深受自卑的困扰，总是过分关注自己的不足，而忽视了自己的优势。我负责代课三年级，班上有约40名学生，所有科目都由我一人负责。面对校长的要求，我毫无头绪，只能凭感觉开始我的教学生涯。那时的我，对班级管理、教案编写、教学方法，以及与孩子们的沟通都一无所知，如同一个被扔进水中却不会游泳的人，生死未卜。

（二）为师第一年：在做教师的过程中学做教师

母亲常说“学活儿”就是“眼前转儿”，意思是根据实际情况灵活应变。我便是依据过往遇到的老师，摸索着自己的教学之路。其中有我心怀敬佩的老师，也有我认为尚有不足的老师，但正是后者激发了我成为“好老师”的决心。我努力模仿那些我喜爱的老师，同时也留意自己在工作中的不足之处。

初为人师，我尝试像朋友一样对待学生。第一周的教学还算顺利，然而，从第二周开始，问题便接踵而至：学生问题频发，如课上大声喧哗、读课文时怪声怪调、打闹嬉戏、频繁告状等。我虽努力保持耐心，维持“好老师”的形象，但学生们并未因此改变，反而更加肆无忌惮。我深感挫败，对他们束手无策，内心却又充满怜爱与不忍。我不愿惩罚他们，更不想让他们知道我对他们的真实感受。

那个周末，我身心疲惫，但在家人面前仍装出平静快乐的样子。我谨慎地选择与父母交流工作状况，避免他们担心。现在看来，那是一种有些虚伪的交流，但在当时是我认为最合适的方式。我把煎熬与沮丧的一面留给自己，把平静与快乐的一面留给家人。

我向同样在那所学校代课的初中同学求助，她建议我对学生严厉些，让他们怕我，才会听话。她以严厉著称，学生都被她管得服服帖帖。她的“厉害”我是知道的，但我不愿像她那样对待学生。所以我继续摸索着前行，希望找到最适合自己的教学方式。

尽管我仍不确定未来的教学方向，但我不愿模仿那些过于严厉的教师。我开始思考那些受学生喜爱的老师的特点：有的因上课精彩而赢得学生的敬佩，他们能倒背如流并准确指出内容的页码；有的因公平对待每个学生而受欢迎，不论学生成绩如何都一视同仁；还有的因与学生平等交往、没有架子而深受爱戴，让课堂活跃而不失控。此外，那些像父亲般朴实呵护学生的老师，也同样深受学生喜爱。因此，我逐渐明确了自己的教学方向：重新订立班规，公平对待每一个学生，认真备课。

周一早晨，孩子们的表现出奇地乖巧，认真晨读，仿佛从“魔鬼”变回了“天使”。这让我之前的担忧显得有些多余。在孩子们回家吃早饭的时候，我再次温习了课上要讲的内容，期待今天的教学能够顺利进行。

我早早地来到教室，等待孩子们的到来。预备铃响后，我提出了对学生的期望，并表扬了他们早晨的良好表现，希望他们能够继续保持。然而，一上课问题就出现了，有几个学生开始模仿我说话，其他学生也跟着怪声怪气地模仿。我认真准备的课因此没有办法进行下去，我感到愤怒和委屈，无法理解他们的行为。

我转身在黑板上写下我的疑问和苦恼，大致意思是：我是真心地爱你们每一个人，真心想对你们好，希望你们能快快乐乐地学习，不想凶你们，不想惩罚你们，我认真地备课，……可你们不领情，我哪里做得不好你们可以告诉我，我会努力去调整……

我一边写，一边默默地流泪，面对黑板，不去看也不管他们的吵闹。渐渐地，课堂的吵闹声变小了，安静了下来。我转头去看，发现孩子们竟然在认真地看我写的内容。有两个女生看见我流泪，居然也哭了，他们又变回了"天使"的模样。我问他们："你们为什么会专门和我作对，为什么要明知不好还要故意捣乱？"孩子们开始七嘴八舌地回答，但我根本无法听清他们的声音。这时，那个经常带头吵闹的男生大吼一声："安静！举手说！"教室里顿时安静下来，好多同学举起了手。我点名让他们说。有的孩子说："老师你太好了，要对我们凶一点！"立即有人附和："是啊，你不凶我们就不怕你，你就管不住我们了！"我问有多少人觉得我需要严厉一些，居然全班同学都举手了。我当时真的很震惊，为什么孩子们会希望老师厉害点？我不明白……

接着，孩子们开始给我出主意要怎么变得严厉。他们列举了很多方法：有人要是打人了就让他打墙；有人在课堂上乱说话就用胶布贴住他的嘴巴；捣乱一次就让他在座位上站起来，再捣乱就站到前面，更严重的让他站到凳子上，再不行就把凳子摞到桌子上再让他站上去；还有罚扫地、罚抄课文、开除他……等孩子们说完了，我告诉他们，我还是认为大家都是明事理的，我还是不愿意对大家那么凶。以后谁犯错了，我先提醒他，如果不管用，再用大家教我的方法。之后大部分学生都不再故意捣乱，个别有管不住自己的，在提醒后也会听从。孩子们提供的方法我只用过一个，就是罚扫地。被罚学生的母亲是学校的一个代课老师，罚他是他母亲给我出的主意，说这样可以树立我的威信——连老师的孩子都敢罚，其他孩子就不敢捣乱了，这好像确实是有效的。

之后的事情大部分都忘掉了，只留了个别片段在记忆中。比如，有一次早晨起床大雾弥漫，我和我的初中同学便一起组织学生去爬学校后面的山。当爬到山顶时，浓雾就在脚下，孩子们很兴奋。雾散了，我们就回学校写作文。又如，期末考学生的考试成绩还可以，当时全乡镇的小学都要排名，我们班属于中上水平，不比上一学年差，而且还在进步。这对我来说是一种莫大的认可，让我觉得自己做得还不错。

（三）经验重组：师生的行动共构了课堂秩序

后来在《班级管理》的课程教学中，我阅读过不少与我当时遭遇类似的案例，讲述老师被气哭后，学生突然变得乖巧。然而，现在回想起来，其实并不是因为我哭了，学生才变乖，而是因为我当时的情感是真实且真诚的。更为核心的是，我之后行动上的改变才是真正解决问题的关键。

我不再凡事都与学生商量，特别是在上课时，与课堂内容无关的话题我会要求他们下课再讨论。若有学生没有按照要求行事，我会直接告诉他们应该如何去做。这一行动改变的背后，是我对师生责权意识的重新认识。之前，我过于倾向于与学生平等协商，将师生放在了同等的责权位置上。然而，实际上，师生角色不同，所处的位置、所拥有的权利与承担的责任也各不相同。事事与学生商量，表面看似民主，其实无形中将本应由教师承担的责任转嫁给了学生。当我开始明确教师的责权界限，不再事事与学生商量时，反而是承担起了教师应承担的责任，学生也因此能够更清晰地定位自己的角色。

所以，现在我更能理解孩子们当初的行为。一方面，我与他们之前的老师在管理方法上存在较大差异，他们提出的很多方法在当时相当普遍，我在求学过程中也见过不少老师采用类似的方式。另一方面，我的性格过于温和，缺乏明确的原则，导致学生不清楚行为的界限。此外，我说话的方式他们不适应，我的语速偏慢，紧张了还会语塞，[①] 而且我讲课时会用普通话，因为这样我能够表达得更流畅。然而，当时农村地区老师们上课大多使用方言，只有我一人使用普通话，所以他们会觉得不适应。

二、适应角色：在与学生斗智斗勇的过程中学做教师

1992 年初，乡镇中学的校长告诉我，由于原先的英语老师因结婚迁居城里而无法继续任教，我可以在下学期到中学教授初三英语。我欣然接受了工作调动的安排，开始了我教师生涯的下一段旅程。

（一）老师爱学生是天经地义的事儿

凭借在小学积累的教学经验，开学的第一节课我便向学生明确了我的教学要求。首先，我强调每个学生都将在我这里得到平等的对待，不论他们过去的学习成绩或表现如何，一切都将重新开始。我不要求每个学生都必须达到顶尖的成绩，但每个人都要有学习的态度。他们可以从现有的基础开始，不懂就问，而我承诺有问必答，并且不会因此轻视任何人。随后，我阐述了课堂纪律，要求大家认真听讲，认真完成作业，犯错者将一视同仁受到批评。最后，我通过一份提前准备好的试卷进行了摸底考试。尽管我认为题目难度适中，但大部分学生都不及格，说明他们之前的学习基础十分薄弱。

第二次上课时，我鼓励学生们：英语其实就是说话，可以从任何起点开始。不要因为过去的不足就失去信心，只要用心学习，我一定能够教会你们。第一周的教学进行得相当顺利，学生们也展现出了认真学习的态度。

我任教班级的班主任恰好是我初中的老师，课余时间我找他了解班上的情况。他向我介绍了哪些学生比较调皮，哪些学生比较懂事。由于我初中时复读了一年才以压线的分数考入高中，我一直觉得自己并不是个好学生，甚

① 我的语速慢、语塞的主要原因是小时候经常因为爱说话、说话快被骂。

至有些自卑。因此，当老师向我传授教学经验时，我虽然表面上装得很懂，但内心其实非常忐忑。尽管我嘴上鼓励学生要有信心，并保证会教会他们，但实际上我并没有十足的把握；但同时我也有一股强烈的不服输的精神，想要通过自己的努力和成果来证明自己的价值，向他人展示我的能力和潜力。

很快，我就迎来了考验。第二周的第一节英语课，我刚走到教室门口，一个高大的男生拿着一个本子拦住了我，“老师，这句话怎么读？”我定睛一看，本子上写的是：“I love you!”我有些生气，觉得他是在故意挑衅。但随即想到自己上周的承诺，我强迫自己冷静下来，决定回答他的问题。我反问他是否真的不会读，他真诚地看着我，回答说真的不会。看他真的一脸茫然，我就读给他听。然后他又真诚地问：“什么意思啊？”我说：“就是‘我爱你’的意思。”我装作很平静地说，但心里既羞涩又气恼。在20世纪90年代，这样的表达并不像现在这样普遍，说出“我爱你”需要很大的勇气。当我表面平静地说出来之后，那个高大的男生愣住了，脸一下子红了，然后转头看向一个方向。我顺着他的目光看去，发现一个男生正在坏笑，我立刻明白了其中的缘由。原来，问我问题的高个子男生是班里学习成绩较差的，而坏笑的男生则是班主任口中的调皮学生。我猜是坏笑男生怂恿高个子男生来问的，而高个子男生可能没想到是这样的问题。后来通过与他们的交流，我的猜想得到了证实。高个子男生尴尬地把本子卷起来，低着头回到了座位。我走上讲台，完成课前礼仪后，[①] 在黑板上写下了那句话：I love you! 然后让那个坏笑的男生站起来回答我的问题。

我：我是谁？

生：你是老师。

① 当时的课前礼仪就是老师喊上课，班长喊起立，然后师生问好，落座。

我在“I”的下面写上“老师”两个字。

我：你是谁?

生：我是 ×××。(他说了他的名字)

我：你现在上学，在学校里，我是老师，你是什么?

生：我是学生。

我在 you 的下面写上“学生”两字。

然后，我说:“好，现在大家都认真听。”我直视着那个之前坏笑的学生说:“我是老师，你是学生，老师爱学生，这是天经地义的事儿。”随后，我在“老师”和“学生”之间加上了“爱”字。我又对全班同学说，“我是老师，你们是学生，老师爱学生，这是老师应该做到的。你们也常说师生如父子，所以我会像长辈一样爱你们每一个人，你们每个人在我心里都是一样的，遇到不会的问题就来问，不要不好意思。如果我也不会，我们还可以一起学习。”我当时心想，这件事既是学生对我的试探，也是对我的挑衅，如果我处理不当，很可能成为他们未来行为的一个借口。

于是，我再次强调了我的要求:“我希望每个人都能从自己现有的水平出发，遇到不懂的问题，不要害怕，尽管来问我。要相信自己，只要努力就会有收获。上课时，请务必认真听讲，若有听不懂的地方，可以从你能理解的部分开始学起。如果你们有需要，可以把之前的英语书也带过来，课后我可以为你们解答疑惑。课堂纪律是每位同学必须遵守的，不要扰乱课堂，更不要影响其他同学的学习。如果有人故意捣乱，我将严肃处理。”后来，大部分学生真的开始认真学习，当然也有初三升学压力的影响。让我欣慰的是，有甚至连 26 个字母都认不全的学生也鼓起勇气来问我。我由衷赞扬了他们勇于开始的态度，并鼓励他们要相信自己。我还让他们结成学习小组，互相帮助。

一切似乎都在顺利进行，我在心中默默感谢我的校长，也感谢那一年当小学班主任的经历。

（二）有付出才有收获

但顺利的日子并未持续太久，渐渐地，那些跟不上进度的学生开始不安分起来。有的同学向我坦言："老师，你就别管我了，我自己都放弃了，你就别费劲了。"我对他们说："学多学少没关系，我希望你能明白，只要付出努力，你是可以学会的。"为了激发他们的信心，我在课堂上设置了一些简单的问题，特意请那些进度落后的同学来回答。例如，在教完新单词后，我会确认他们是否已掌握读音，并邀请他们朗读，希望他们能从中看到自己的进步。就这样，我一步步引导他们向前，在这个过程中，我清晰地认识到我能为他们提供什么帮助，他们真正需要的是什么，以及我能够教授他们哪些知识。同时，这个过程也让我看到了自己的价值，我开始相信自己有潜力成为一名优秀的教师。

然而，生活总是在不经意间给予我们挑战，以免我们过于自满。期中考试前夕，课堂上发生了一件事。一个男生先是趴在桌上睡觉，我轻声叫醒他，他却开始与旁边的同学说话，我让他不要讲话，他却反驳道："你又不让我睡觉，还不让我说话，那我该干什么？"我再次提及开学时的要求，他却以学不会、不想学为借口。面对他的抵触，我一时语塞，因为课程刚开始不久。于是，我告诉他先不要打扰其他同学，下课后再谈。

下课后，我叫他跟我去办公室。我思考着如何与他进行有效沟通，直到看到墙边的脸盆，我笑着对他说："你拿着这个盆去前面的小河里打一盆水来吧。"他本来是一副垂头丧气的样子，似乎准备接受批评，没想到我会这么说，便高高兴兴地去了。小河距离学校不远，他很快就回来了，手里端着一盆水。我指着门前的地面说，最近天气干燥，地上满是灰尘，让他将水泼在上面。他照做了，地面立刻变得湿润而干净，一股清新的泥土气息也随之而来。我又让他再去打一盆水，他再次照做。但第三次时，他拒绝了，说觉得很累。

我趁机说道：“做任何事情都需要付出，付出就会有收获。你看，你两盆水就让这块地变得不再尘土飞扬了。”我笑着对他说，“如果你以后上课还是不知道该干什么，就来打水泼地吧。至少你有事可做，而且这个事情还能让我们的环境变得更好，同时也能锻炼你的身体。”

他听后笑了，认真地对我说：“老师，你就别逼我了，我实在是不喜欢英语，也不想学。我又不打算考高中，学英语有什么用呢？”

我好奇地问：“那你喜欢学什么呢？”

他回答：“我什么都不想学，都看不懂。”

我追问：“语文也看不懂吗？”

他说：“语文能看懂，但我喜欢看关于动物和植物的书，我对小动物和植物都挺感兴趣的。”

我说：“那以后上课你可以看自己喜欢的书，但前提是不能打扰其他同学。”

他爽快地答应了：“行行行！”

我笑着说：“那就这么定了，要么你就来打水！”

我们都笑了。

其实，在他第一次打水时，我还没有想好怎么和他沟通。当他一次次泼水时，我也没有意识到这与他的学习有何关联。直到他说觉得很累时，我才突然想到“付出才有收获”的道理。这段经历成为我代课期间与学生相处中最难忘的一段，也是我增长自信、为自己感到骄傲的重要节点。

三、在社会系统的压力中寻求改变

虽然在学生面前我满怀信心，但在同事间，我时常感受到不被认可的苦涩，尤其是在发工资的时候。20世纪90年代的工资普遍偏低，别人能拿到三百多元，我却仅有一百元。后来，通过参加县里组织的统一考试，我的工资才涨到了一百五十元。我深知自己付出的努力与成绩并不逊色于他人，为何薪资却不及他们的一半？这让我感到深深的被忽视和被排斥。当时，学校里还有其他的代课老师以及转正的民办或代课老师，他们已拥有正式的身份，而我，依旧是个代课老师。

1992年，我开始教英语，但内心总觉得自己的英语水平有待提高。当得知学校有教师进修读函授的机会时，我毫不犹豫地报了名。许多人对此感到不解，因为他们进修是为了拿到文凭评职称，而且学费由学校报销。而我，既没有评职称的机会，还要自己承担学费，他们觉得这样做很不划算。然而，在父亲和校长的支持下，我顺利考上了英语函授专科。其实我的分数可以进入河北师大的脱产班，但由于学校缺老师，我只得选择去了邯郸教育学院的函授班。我很珍惜这次学习机会，无论是面授还是自学，我都非常认真，是少数几个真正把教材学完的学员之一。

随着教龄的增长，我与学生的交往经验越发丰富，关系也越发密切，对他们的了解也更加深入。然而，困惑也随之增多。我很想帮助学生，但常常感到力不从心。我深知自己需要更多的心理学知识，但当时手里仅有的心理学书籍只是函授时的教材，信息十分闭塞；那时乡下连电话都不普及，更别提网络了。我为自己能真诚地为学生着想并得到他们的喜爱而自豪。在这方面，我始终坚守自己的原则，不随波逐流。然而，世俗的压力仍时常让我隐隐担忧和自卑。我能真切地感受到周围人对我和我的男朋友之间社会地位的评判，仿佛在他们眼中，我配不上我的男朋友，甚至认为他大学毕业后若没有和我分手，便是对我莫大的恩赐。

1997年，我的爱人大学毕业后留校任教。我们结婚后，我辞去了代课工作，在石家庄重新找工作，尝试过很多职业。两年后，我决定考研。尽管我的爱人希望我开个小店，但我拒绝了世俗的眼光，决定自学考研。虽然只有父亲支持我，但是我依旧坚定地开始自学并报名参加考试。得知专科毕业两年可直接报考研究生后，我毅然决定报考河北师大的教育学研究生。这次，爱人开始全力支持我备考。2000 年首次考研，我因政治差两分而遗憾落榜，但 2001 年，我和爱人都成功考上了研究生。

当我作为研究生再次回到家乡时，亲戚朋友们都对我充满了佩服和惊讶。然而，我内心仍在怀疑：这样真的就够了吗？我真的可以读研究生了吗？我不敢说我是我们村子里第一个考上研究生的，但我肯定是我们村第一个高中毕业后没有上大学却考上研究生的。我要深深感谢我的父亲和爱人，是他们给予我支持和鼓励，让我找到了属于自己的成长之路。

5. 处理系统复杂性的艰难与恐慌

回想与林玲玲及各位老师一路走来的经历，其实很不容易。

首先，走向工作岗位之后，真实的现场给我带来了巨大的内在冲突。如前所述，由于我个人的成长经历，我内心深处总有一种“不配得感”。即便在 2015 年我已经能够认同自己作为“大学老师”的身份，但这种认同在很大程度上还是由外在的认可决定的。因此，我常常寻求外部肯定，害怕被拒绝，甚至不敢拒绝别人。正如玲玲在 2015—2016 年的项目小结中所描述的那样：“我能清晰地感受到暴老师的不自信，以及她渴望得到赞扬的心情……”也正因如此，我内心深处极度渴望构建一个无等级、无评判、完全平等的和谐世界。因此，我总是强调平等，潜意识里回避自己作为大学老师与玲玲和其他老师在社会中的真实差异。然而，这种回避反而使我更加看不清组织的结构，也看不清自己的位置。

然而，现实是我从一个地位较高的大学，来到了一个在社会文化上地位相对较低的小学，与一位完全陌生的社会机构创办者共同“招募”了一个教师行动研究小组。同时，我居然还被放在了项目负责人的位置上。[①]虽然这个项目在我所在的单位并不受重视，但它是我和玲玲建立教师行动研究小组的基础。

当时，我只是想找到一个自己想做的事情的机会，从未想过要负责什么项目。在我的经验里，根本就没有项目的概念。我曾以为，签约挂牌只是换了个方式建立实践基地，这对我来说并不陌生。早在2005年，我时常作为带队老师，带学生去实践基地，也常去听课，课后与老师们深入交流。当参与蚶江行动时，我以为只是多了玲玲这个伙伴，并可以和老师们一起交流，支持他们追求梦想。然而，突破与改变并非易事。

原本以为找到了一个可以做自己想做的事的机会，没想到却将自己置于了一个尴尬的境地。在我所服务的组织系统中，尽管区域农村教师发展协同中心尚未正式挂牌成立，然而，当我涉足另一组织体系时，这个尚待完善的身份意外地成了我融入其中的标签。这种身份的转换，打破了我对平等、和谐世界的幻想。我必须承认，这个过程充满了痛苦，但我从未放弃！

其次，是我与玲玲关系的张力带给我的冲击。最初认识玲玲时，我被她返乡创业的勇气所吸引，对她的身份充满了好奇。我也曾尝试过自己办学，深知其中的艰辛，因此真心想要支持她。然而，玲玲是公益组织的工作者，这是一个我完全陌生的领域。我根本不了解它的运作模式，曾误以为它完全依靠社会捐赠来维持运营，公益组织的工作者也是不计报酬的，正如程清降

① 区域农村教师发展协同创新中心设有“农村中学教师发展研究团队”“农村小学教师发展研究团队”等7个研究团队，我是“农村小学教师发展研究团队”的成员，中心征集项目时，我和林玲玲设计的“海峡两岸乡村教师成长行动研究”被列为区域农村小学教师专业成长团队的工作计划之一。在这个小项目中，我是第一负责人，林玲玲是第二负责人。

老师所说："都是做好事的！"这是我对林玲玲最初的印象。

随着我们日渐熟悉，我好奇地询问她如何维持生计，她坦言自己是有工资的。她所在的机构受到某个基金会项目的资助，使她有机会回到家乡。在正式建立工作关系之前，我和玲玲保持着一定的距离，随着我俩的相处，我对她的认真和细致深感敬佩。然而，当我们正式进入工作关系后，她的这种认真和细致给我带来了不小的压力。

当我们的小组成员招募工作告一段落，准备启动第一次小组活动之前，玲玲向我提议，我们俩先召开一次行政会议。我心里不禁一愣，对"行政会议"这个词有些排斥和抵触。它在我脑海中唤起的画面是：台上领导发言，台下下属聆听的场景。而我内心所追求的，是一个平等、无身份高低之分的团队，每个人的差异仅在于经验和资源，这些差异正是我们合作的基础。

尽管我对玲玲口中的"行政会议"充满疑惑，但我并没有直接向她询问或表达我的感受，而是先观察、感知。因此，我回应道："我对金钱、报酬这些行政上的事情真的没什么概念。我只想着做我想做的事，其他的都没怎么考虑。之前也从没接触过这些，但现在才发现，有很多事情并不是我想做的，但又必须去做。"① 随后，我们以即将举办的"乡村教育与行动研究研讨会"为例，我向她说明了自己对行政事务的理解以及经费的使用和报销规定需要遵循财务处的制度。

现在回听当时的录音，我意识到玲玲可能是想将那次只有我们两人的会议分为行政会议和 11 月份工作进度讨论两个部分。她曾询问我："我们是先讨论 11 月份的工作进度，还是先开行政会议？"我现在明白，她当时是想将两者区分开来，但我误以为行政会议就是讨论下一步的工作计划。于是，我阐

① 第一次行政会议录音摘录。

述了自己的想法，玲玲则通过提问的方式引导我更具体、更实际地思考。

工作进度讨论结束后，玲玲询问我对她工作的看法。我坦诚地表示，她做得非常出色，如果没有她的努力，事情不可能有实质性的进展。接着，她向我提出了一个让我颇感意外的问题——她做这个项目是否值得一个月 3000 元的工资。我毫不犹豫地表示肯定，认为她的付出绝对值得这份报酬。但玲玲接下来的回答让我有些吃惊。她明确表示，如果工资少于这个数，她就不愿意继续参与这个项目了。我心里一阵惊讶，因为我从未想过她会提出这样的要求。我一直以为我们是因为共同的兴趣和热情，利用业余时间一起做事，从未涉及具体的工资问题。

我曾问过玲玲工资来源，她提到有基金会支持，但后来基金撤资了。我理解她有获取报酬的需求，因为她没有固定收入。我向黄清院长提出此事，他建议发放劳务费而非工资。我前往财务处沟通，但被告知需提供详细工作内容明细。在玲玲的配合下，我们完成了所需材料，并最终获得劳务费，但时间已经到了年底。当我告诉玲玲报酬已经报出来时，她却对扣税的问题表示不满。她认为扣税对有固定工资的我来说可能没什么，但对她来说却很重要。她希望我能与财务处沟通，减少扣税。但我并不了解相关细节，且年底报账繁忙，财务处已有些不耐烦。①

那时，我仍深陷于依赖他人认可与肯定的自我价值感中，面对他人的请求，我总是难以拒绝，只能尽量去满足。我内心充满了矛盾，一方面我认为玲玲的努力和付出应该得到相应的报酬，另一方面我又受制于既定的规定，无法擅自改变，更不愿违背原则。我对玲玲的动机也感到困惑，曾试探性地

① 我当时并不了解一次性报销和分批报销的区别是什么，而且当时已近年底，财务处报账的人很多，我的这一单报账已经反复了好几次，财务处也有些不耐烦了。

询问她报酬与工作量的问题。她直言钱多就多做，钱少就少做。这样的回答在当时确实让我有些失望，我开始质疑自己之前对她的看法。但事实上，玲玲并未因报酬减少而减少工作量，我的疑虑逐渐消解。

现在回想起来，我和玲玲确实有很大的不同。当时的我依然处于“等待安排，期待认可”的状态，对自己的角色和定位并不清晰。而玲玲则具有强烈的主体性，清楚自己的价值和位置。我总是迎合他人期望，难以直面自我；而玲玲则能直率表达需求和感受。她的语言中充满“应该”，这体现了她坚定的立场和原则。而我，则往往选择回避，这可能是我在过去的生活经验中逐渐形成的生存之道。

然而，“不应战”与“绕道而过”的策略并没有让我的内心变得轻松，反而充满了惶恐。因为我发现自己也常用“应该”否定自己。父母和爱人的“应该”要求让我感到压抑，我无力反驳，只能选择逃避。无论是认同别人的“应该”，还是因之陷入木僵，我都无法应对，只能惶恐地等待“赦免”。

6. 对层叠错置的系统关系的重新梳理

如今回首，才意识到玲玲早已清醒地站在她创办的小小社会机构负责人的位置上，并且通过与闽南师范大学的农村教师发展协同创新中心合作，将其发展得有声有色。而当时的我，只看到的是一个充满能力和勇气的返乡青年，尽管面临诸多困难，还是毅然选择回到故土。

在当时的我看来，林玲玲是一个独立的个体，而非机构的附庸。同样，我也只是以一个大学教师的身份参与合作，背后的组织对我来说只是一个模糊的轮廓，我无法明确自己在其中的位置。因此，我与玲玲的关系，更像是两个对教育怀有热情的个体之间的合作。

所以当玲玲提到工资问题时，我第一反应是她“自己”在向作为个体的“我”寻求报酬。虽然工资并非由我个人承担，但由于当时对个体与系统关系的理解有限，我误以为玲玲是在通过我向黄清院长提出要求。面对玲玲，我感受到了想要支持却力不从心的愧疚；面对黄清院长，我又担心自己的操作可能给他带来麻烦。

我曾试图与黄清院长讨论与玲玲的机构签订协议的事宜，但黄院长认为当时协同创新中心尚未形成正式的组织架构，人员未定，公章也未备，因此签订协议并不现实。最终，蚶江的乡村教师成长行动研究基地是以闽南师范大学教育科学学院的名义签署的。

这一项目的初期，各方关系并未理顺，甚至是交织错位的。项目虽以协同创新中心子项目的名义进入蚶江，协议却以教育科学学院的名义签署。这是当时的权宜之计，因为协同创新中心尚在筹备中，其项目交由教科院负责，黄清院长既是教科院的院长，同时也被赋予协同创新项目代管人的身份，[①] 最终以教育科学学院院长的身份签署了协议。这种错位让我倍感困扰，但还是要感谢黄清院长的变通与支持，使项目得以顺利落地。

回顾与林玲玲的合作，我更加理解她当时所面临的困境。那个小机构是她在家乡安身立命的所在，在基金会撤出后，协同创新中心的项目成为她唯一的支撑。玲玲一定程度上在以社会机构的视角看待合作，而我则习惯于师范院校与中小学的合作模式。我们各自带着自身的经验建立关系，但由于对彼此的经验了解不足，误解与冲突时有发生。然而，正是这些冲突促使我们更加深入地了解彼此，打破隔阂。

多年的合作让我深刻领悟到，实践行动研究方法鼓励我们直面差异与冲突，并将其作为成长与发展的资源。一次次的碰撞促使我们既向内辨识与检视自身的隐性认识并彼此交流，又向外觉察与理解我们身处的复杂的

① 虽然黄清院长没有协同创新中心的头衔，但项目经费的使用要他签字。

社会背景，并在不断走向理解人、成就人的过程中协同行动，既共同发展，也各自成长。玲玲以第三方社会机构的视角参与，打破了传统合作模式，为多方协作搭建了平台。这使项目能够深入地方，为深耕发展提供了可能。

虽然合作中难免会遇到碰撞与冲突，带来痛苦与挑战，但我们从未放弃。正是这些不断的碰撞与磨砺，使我们共同成长，实现了真正的改变与进步。

四、共享共学："我与你"结伴同行

当我首次遇见夏林清老师时，她的风采令我眼前一亮，我直觉地、不由自主地被她所吸引。然而，经过一段漫长而充满痛苦与纠结的探索之路，我仍然坚定地走在行动研究的道路上。这是因为我深刻体会到了行动研究带给我的转变，是我深思熟虑后做出的慎重且独立的选择。

痛过之后，我开始看见并重视自己的生命经历，而不仅仅停留在评判与苛责上；我允许自己的经验像连续的链条一样不断累积；我逐渐觉察到，自己的信念和价值观正变得越发清晰并得到自己的认同；我开始理解具体情境中他人的不易；我深切感受到社会变革如同汹涌的洪流，势不可当；我开始思考并抉择自己的位置，以及未来的方向。

这些看见和觉察的过程并不容易，但改变确实在我身上悄然发生，它发生在师生间、同伴间、同事间，也发生在家人之间。

（一）回看成长轨迹

在 2018 年 12 月 3 日至 5 日举行的"第二届海峡两岸乡村教育与行动研究研讨会"上，我以"一个混球的演变史"为题，报告了自己一路走来的处境和位置的变化，如图 3、图 4 所示。

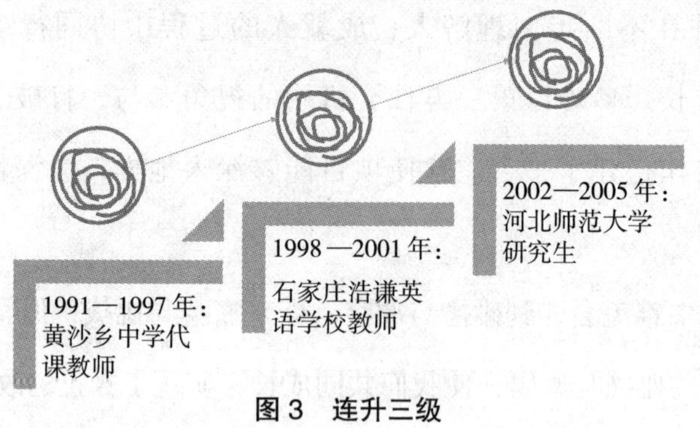

图 3　连升三级

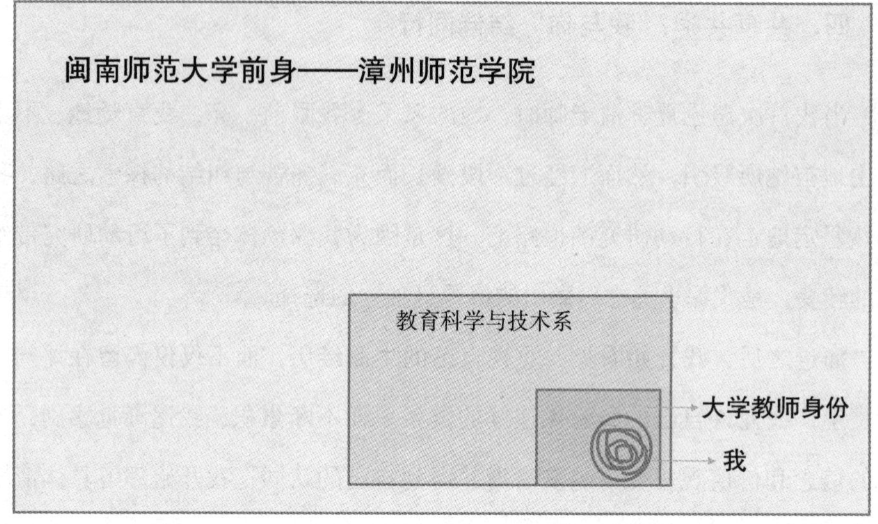

图 4　我配不上

2018 年的我回望过去，那时的自己宛如一个混沌初开的“球”，但即便身处迷茫之中，也未曾停止过对知识的追求，我戏称为“混球（求）”。因此，我对“混球（求）”的定义是：虽为混沌之球，却持续不懈地探索与追求。图 3 展现了我从一名乡村代课教师，经过 8 年的时间连升三级，以河北师范大学 2005 届优秀毕业生的身份成为一名大学教师。在当时，无论是连升三级，还是优秀毕业生，那都是别人看到的，我的内心仍停留在代课教师的位置上，并没有跟上自己的新角色。所以到了图 4，虽已在大学教师的位置上工作了 7 年，内心还是有强烈的“不配得感”。

图 5 展示的是在 2012 年至 2015 年，我的自我认同在很大程度上取决于学生给予我的反馈，时而信心满满，时而又妄自菲薄。这样的起伏不定的状态一直持续到 2015 年，直到我遇到了夏林清老师，我的发展轨迹才开始发生转变（如图 6 所示）。图 7 展示了那几年在乡村教师行动研究领域的跌宕起伏，以及我们共同经历的风雨同舟、酸甜苦辣。

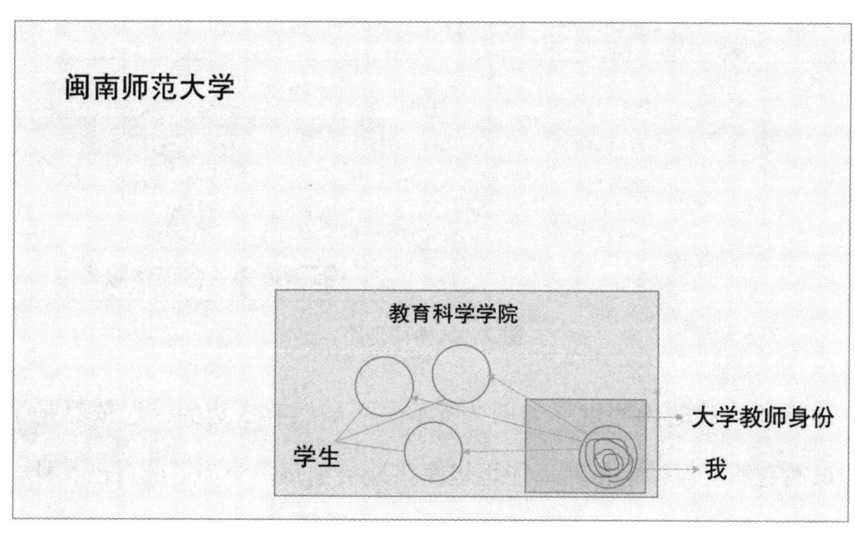

图 5　我的心牵在你的手中

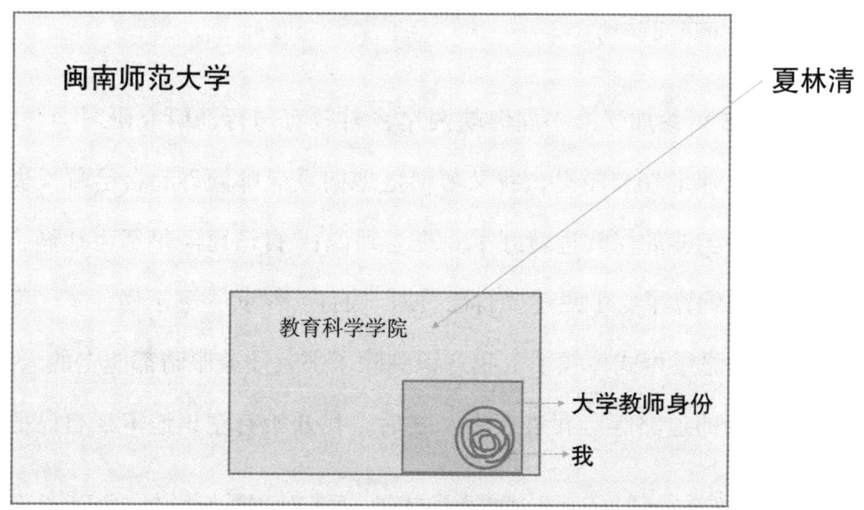

图 6　迷雾中看见微光

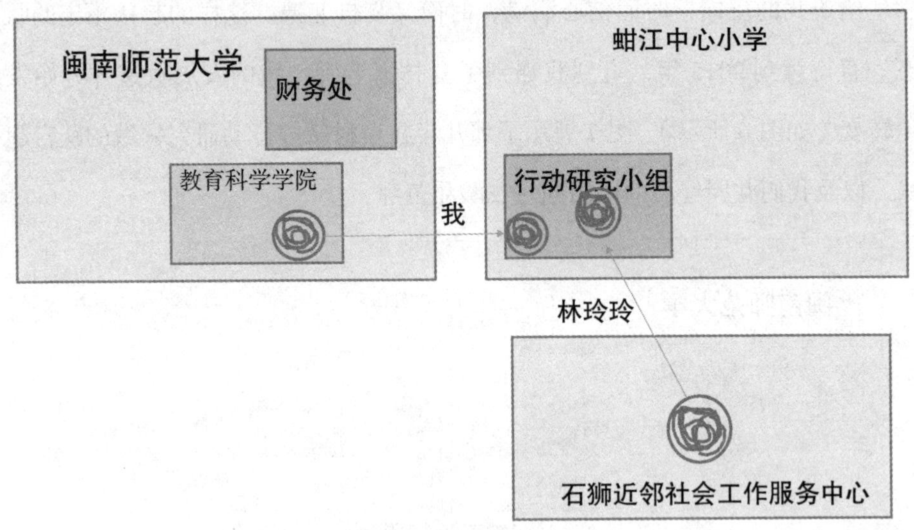

图 7　风雨同舟路

2018 年，我的内心世界如图 7 所示——虽然有了边界，但依然是平面的；虽然有所看见，但依然不能坦坦荡荡地接纳每一个当下的自己，社会的评判标准依然被我不自觉地套在身上，自惭形秽的感觉依然阵阵袭来。

（二）直面内心的恐慌

记得 2015 年参加“第一届海峡两岸乡村教育与行动研究研习会”时，有一次和夏老师走在校园里，我又习惯性地向夏老师倾诉起自己哪里做得不够好，要是能够如何改进就好了。夏老师说：“自己已经很努力地做了那么多，别人说就算了，干吗还要自己挤对[①]自己。”我一下子愣住了。那一刻，我惯常的思维模式停顿了，我意识到除了那条闭着眼睛都能走的老路，还有无数条新的道路等待我去探索。之后，我开始有意识地审视自己的恐

① 夏老师当时说的那个词我没有听清，但意思是这样的，后来又问过夏老师，但她也不记得当时用的是哪个词了。

慌，逐渐能够感知它在什么情况下悄然出现，但依然接不住别人“应该”的要求。

2020年6月，我参加了夏林清老师的《大小团体的动力学：理论、结构与工作方法》线上读书会，并在其中第一次尝试描绘出自己内心的那份恐慌。

作茧自缚[①]

——记暴露于复杂的大团体中央的我的内部恐慌

2016年12月6日下午，闽南师范大学逸夫楼202教室内，一场特别的学习活动即将展开。教室内汇集了教科院的领导、师生，以及来自其他院系的学生。夏老师静静坐在教室旁，而我，忐忑地站在讲台前，做授课前的准备。此时，教室外还不断有巡视的专家和领导经过。

那年，是我与夏老师相识的第二年。夏老师曾为我院研究生开设行动研究课程，我也以助教身份参与。后来，在张灵聪老师的支持下，夏老师提议由我主讲这门课程，她则在一旁指导。那个学期，我还主讲了本科生的《家庭教育学》课程，并借鉴夏老师的理念，鼓励学生分享家庭与成长的故事。

原本，我们计划在夏老师亲临现场的那几天，举办一场精彩的小组报告分享会。然而不巧的是，教育部对我校本科教学的审核评估工作也恰好安排在那几天。得知这一消息后，我不得不与夏老师临时调整计划。

12月6日上午，我与夏老师一同出现在课堂上。但下午，我们不得不分头行动，她给研究生上课，我给本科生上课。上午的课程中，我深感遗憾，觉得我们期待已久的学习机会被冲掉了。课间，我向夏老师表达了我的想法，

① 原文写于2020年6月22日，略有修改。

她建议我征求学生们的意见。学生们同样希望能有更丰富的学习体验，并得到了前院长张灵聪老师的支持。

下午，我承担了四节课的授课任务。在前两节课中，我敏锐地察觉到了各方力量的存在，并顺应课堂节奏前进。课间，我与夏老师交流了接下来的教学计划。然而，在后两节课中，由于评估专家的到来和其他领导的存在，我的思路变得混乱，无法像前两节课那样保持清醒。

上课铃声响起，我大脑运转迟缓，心中满是担忧——怕参与者无聊，怕专家和领导不满，更怕报告小组紧张失态。开场虽顺利，但学生报告内容与预期大相径庭，我原本的计划瞬间落空。

我感觉到自己的心跳加速，声音似乎变得陌生而不靠谱儿。脑海中不断回荡着夏老师、张老师的期望，评估专家的审视，以及同事、研究生、本科生，乃至家人的评价。在这混乱之中，夏老师提及的“留守儿童”主题成了我唯一的救星。我试图从报告中找寻与之相关的内容，但学生的家庭情况并不符合这一主题。

我想要抓住的最后一丝光亮也熄灭了，恐慌如潮水般涌来，大脑近乎宕机。观看录像，我的表现从言语结巴到最终沉默，无奈地向夏老师求助：“我大脑一片空白了。”

夏老师果断接手，通过与学生互动，重新组织课堂。不同群体开始交流，话题既深入又广泛。随着氛围的活跃，我逐渐恢复了思考，能够参与对话了。

因此，尽管那天我尽力应对各种情况，但遗憾的是，我并没有发挥出自己的最佳水平。不过，这次经历也让我深刻体会到了教学的不易和复杂，我会继续努力提升自己的教学水平。

“一个人，要逃避属于自己的责任是十分容易的，但要看清自己存在的方式并对它们负责任，反而是十分困难的（特别是在20人以上的大团体中）。"[①] 再次回看当时的整个历程，我看到了自己的内在矛盾与纠结——一边想要突破系统中强势规条的束缚，一边又无力拒绝系统中来自权威的"你应该"的要求，还希望自己突破束缚的行动得到权威的认可。

在第一个班级中，我之所以能够应对自如，是因为当时的团体氛围相对单纯。虽然团队内包含了不同性质的群体，但关键的压力源——由校领导和院领导陪同的"评估专家"尚未亲临现场。另一个重要的因素在于，团队尚处于磨合阶段，复杂的人际互动尚未形成，"应该"的种种要求尚未对我产生显著影响，因此我可以依据自己的经验和判断自如地行动。

然而，在第二个班级中，团体的动力变得更为复杂。评估专家的到来、张老师的嘱托、夏老师的期望，以及重复参与者的存在，都构成了我面临的压力。夏老师曾比喻说："在大团体中，团体的中心既像一摊泥泞，又像一盆烫水，谁也不愿轻易跳进去捡起属于自己的那一份。"[②] 而我，虽然勇敢地踏入了团队的核心，但在承担自己的责任时感到力不从心，几乎要被淹没。幸运的是，夏老师及时伸出了援手。

（三）在"我——你"关系中结伴同行

1. 重看身份认同困扰

虽然经过了十年的闽南师范大学教学生涯，但我对大学教师的身份依然抱有强烈的"不配得感"。这种感受不仅源于我的教学尚未达到自我预期，更在于我对社会评价价值观的接纳与解读。

高中毕业后，我作为代课教师工作了七年，没有经历通常的本科教育。

① 夏林清：《大小团体动力学：理论、结构与工作方法》，北京师范大学出版社，2020，第8页。

② 同上。

虽然通过函授专科获得了同等学力资格，并以优秀毕业生的身份研究生毕业，但我总感觉自己的基础不够扎实。这种感觉并非空穴来风，而是源于我对社会中显性和隐性评价标准的深刻感知。

作为代课教师，我的教学方法、成绩和师生关系都不逊色于正式编制的同事，然而工资相差甚远。这种同工不同酬的现象直接否定了我的身份价值，在这个显性的标准之后，隐藏的是“学历越高，老师越好”这一价值观的偏颇。我认同学历对教师的重要性，但高学历并不等同于好教师。社会评判标准常常是粗线条的，它会超越具体的社会情境脉络，到最后几乎就简化为——高学历等于高能力，这种逻辑忽略了教育的复杂性和多样性。

在教师资格证的向下兼容制度中，也能看到这种逻辑的体现。然而，事实上，不同层级的教师并不一定能胜任其他层级的教学工作。这种层级鄙视链的形成，不仅忽略了教育的实际需求，也忽视了教师的专业成长。

在认识到社会系统的复杂性之前，我感受到了来自强势规则的压力，但由于缺乏清晰的自我认知和定位，我选择了逃避或抗拒。我只做我认为有意义的事情，忽视了主流的规则。然而，随着对社会系统的深入理解，我开始意识到自己的逃避和对抗其实是一种无意识的反应。我开始尝试以不同的方式应对主流学术规范，并在近年来发表了多篇论文，晋升为副教授。尽管职称的晋升并不能完全代表我的能力变化，但它确实反映了我在社会评价体系中的位置变化。

2. 回看我的“恐慌”

回顾过去的经历，我发现自己身上的“恐慌”并非个人情感，而是社会恐慌通过家庭关系在我身上的一种投射。我的祖父、父亲和母亲都经历了社会的变革，他们身上的恐慌烙印深深影响了我。

从小到大，这种恐慌一直伴随着我，而我也逐渐学会了与之共处。然而，这种共处方式往往是一种自动化的反应，我并未真正意识到它的存在。直到2015年夏老师提醒我“不要自己挤对自己”，我才开始关注并反思自己应对恐慌的方式。

通过不断地反思和书写，我逐渐找到了一种新的应对方式——“事是事，人是人，不必没完没了地纠缠在一起”。当我能够将人和事分开看待时，我的自我否定感不再那么强烈，也更能理解和接纳自己与他人的处境。虽然恐慌的感觉仍然会不时袭来，但现在我已经能够在意识范围内选择不同的应对方式。

3. 关系中的主体性

正如我2015年对夏老师所述，我怀揣着与小学老师们并肩工作的梦想，这一想法不仅源于我曾经的代课经历，更源于我对教师主体性的深切关注。

基于对主体性的重视，我阅读了郭湛的《主体性哲学——人的存在及其意义》，书中详细论述了狭义的主客体关系。在此框架下，活动的人被视为主体，而人的活动则指向五类客体：自然界、人化自然、人自身、社会以及人的活动本身。[①] 当我运用这一框架来解读我与老师们的协作时，我清晰地看到，老师是教育教学活动的主体，而我则扮演着协助他们反思和深化自身教育教学活动的角色，而非取代他们进行教育教学活动。

马丁·布伯（Martin Buber）的《我与你》让我对人的主体性有了不一样的理解。因人对世界持两种态度，世界因之向人呈现为双重世界。并将之称为“它”之世界与“你”之世界。人筑居于“它”之世界，为了自我的生存及需要，人必须得把他周围的在者——其他人、生灵万物——都当作与“我”相分离的对象、与我相对立的客体，通过对他们的经验而获得关于他们的知

① 郭湛：《主体性哲学——人的存在及其意义》，中国人民大学出版社，2010，第12—13页。

识，再假手知识以使其为我所用。“它”之世界是人的经验世界，与我产生关联的一切成了我的经验、利用的对象，是我满足我之利益、需要、欲求的工具。[①]

人也栖身于“你”之世界。在其间人与作为在者的“你”相遇，此时，在者与我不复为与我相分离的对象。这意味着：首先，当我与你相遇时，我不再是一个经验物、利用物的主体，我不是为了满足我的任何需要与你建立起“关系”，而是以我的整个存在，我的全部生命，我的真本自性来接近你；[②]其次，我与你的关系直接无间，没有任何概念体系、天赋良知、梦幻想象横亘在“我”与“你”之间。我实现“我”而接近“你”，在实现“我”的过程中讲出了“你”。[③]“你”之世界是关系的世界，“我—你”关系是相互成全，而非经验和利用。

为了生存和发展，人需要在这两个世界中穿梭转换。这些年来，我与伙伴们结伴而行的过程何尝不是一个在双重世界中穿梭转换的过程？我们在经验世界中相遇，彼此学习，也难免会有碰撞。而在关系世界中，我们彼此照见，也彼此成全。

2013 年，我与阳莉华老师开启了合作教学模式，这种模式在我们之间逐步展开，并经历了一段断续的历程。2016—2017 年，我与阳莉华、郭丹丹两位老师共同教授行动研究课程；2018 年，何燕堂老师加入了我们的小群体；2019—2022 年，行动研究课程主要由何燕堂老师主讲，而我们则共同参与其中。此外，2018 年孔凡芳老师希望为学前教育的学生开设一门独特的教育研究方法课程，于是邀请了阳老师共同设计并参与，我和索磊老师也一同参

① 马丁·布伯:《我与你》，陈维纲译，商务印书馆，2017，译者序第 4—5 页。

② 同上。

③ 同上书，第 14 页。

与了教学过程。在这个过程中，我们教学的目的早已超越了知识的传授，而是在努力用我们的生命与学生建立一种“我—你”的关系。正如马丁·布伯所言:“教育的目的非是告知后人存在什么或必会存在什么，而是晓谕他们如何让精神充盈人生，如何与‘你’相遇。此即是说，要随时准备为人而转成‘你’，向他们敞开‘你’之世界，不只是准备，要反复不断地亲近他们，打动他们。”[①]当代中国教育的内卷现象，其实反映了人们过于强调和追求“它”之世界，而忽视了“你”之世界，以至于人本身也沦为了工具。可以说，这种教育内卷现象是人们对“它”之世界的工具理性过度依赖，从而遮蔽和僭越了人的主体性与主体间性。希望我们的行动能够为学生带来一种不同的教育体验，让他们感受到真正的教育生态。

① 马丁·布伯:《我与你》，陈维纲译，商务印书馆，2017，译者序第41页。

探寻有灵魂的团体：团体心理辅导课程教学改革

阳莉华[①]

2005年7月，我硕士毕业后进入闽南师范大学（原漳州师范学院），成为一名高校教师。次年，我承担起心理师范本科生的团体心理辅导课程的教学任务，并持续至今。在此期间，我坚持以课后反馈、实习实践及对毕业生追踪调查的方式，对教学效果进行监控和反思，并持续进行教学目标、内容与方法的改革探索。

2018年，在夏林清老师及闽南师范大学教科院行动研究小分队的指导协助下，[②]我首次对过去13年的教学改革行动进行了梳理，并形成了反映回观文本。这一书写过程及在此基础上的反映对话，[③]帮助我突破了教师教学策略与学生学习效果之间的线性因果思考逻辑，将对教育现象的观察与思考拓宽到教学活动所处的高校教学科研评价体系、社会发展、用人单位需求，以及心理学学科发展等复杂系统中。同时，这也促使我深入反思自己的教育信念及

---

① 阳莉华（1978—），籍贯湖北，中共党员，闽南师范大学教育与心理学院心理学副教授、硕士生导师。主要从事《团体心理辅导》《家庭治疗》等课程的教学与研究工作。

② 几位“资深”讲师（学前专业孔凡芳、小学教育郭丹丹、暴侠和心理学专业阳莉华）因对行动研究的学习而集结成为民间小团队，自称“女人帮”。

③ 主要发生在“第二届海峡两岸乡村教育与行动研究研讨会”期间。

教师个人生命历程背景对教学改革的影响，进一步厘清了教改现场中的同事（不同专业）、师生、毕业生等角色间的复杂关系，逐渐看到教改行动背后跨越时空的行动研究社群。

这些新视框的建立不仅丰富了我对课程、教学、师生关系的理解，也刷新了我对自己的认知。教师身份从当初懵懂的职业选择，逐渐升华为更具价值认同的生命选择。此外，我也成功地将教改行动的主控权从个人历史的种种束缚中解放出来，在行动科学方法论的指导下，开展了更具创造性和实效性的反映实践人才培养体系的行动探索。

本文主要分为四个部分。第一部分将按时间顺序梳理 2006—2018 年我的教学改革历程；第二部分为我在 2018 年反映回观与反映对话所带来的视框转变；第三部分将介绍 2018—2022 年我们在学校心理健康教师反映实践型人才培养体系方面的探索及初步成效；第四部分则是对整个行动研究过程中所积累的实践性知识的回观与总结。

一、从“复制粘贴”到“返身创造”——“非科班”教师教学改革的埋头找路

自称为“非科班”教师，确实反映了我对自身受训经历与所具备知识能力的不自信。我本科主修化学师范专业，毕业后有两年的中学化学教师任教经历。之后，我跨专业考研，成功进入厦门大学高等教育研究所（现教育研究院）深造。在高等教育学专业下，选择了心理学作为我的研究方向，并主要跟随两位具有丰富咨询实践经验的老师（罗启秀和钱兰英[①]）学习。然而，

① 钱兰英，厦门大学教育研究院助理教授。作者于 2002—2005 年在厦门大学高等教育研究所（现厦门大学教育研究院）攻读硕士学位，在此期间，钱兰英老师负责心理咨询课程，带领研究生展开个案咨询、团体辅导实践训练。

由于研究生专业培养体系中并未设置专门的团体心理辅导课程，我对这一领域的学习主要依赖于各种主题工作坊[①]。此外，我还曾在钱兰英老师主持的篮球队凝聚力提升团体中担任助手，这段经历为我提供了宝贵的实践机会。因此，在接手团体心理辅导课程时，由于没有系统的课程学习经验可以参考，我只好踏上了新手教师探索课程教学的道路。

（一）第一阶段：讲授式课堂——照本宣科（师）与知行分离（生）

由于之前的团体心理辅导学习经验仅限定在团体成员、领导者协助者，以及观察员等角色，我缺乏领导者角色的实践经验。在正式承担团体心理辅导课程之前，我主动组织并带领了多种形式的大学生团体辅导活动，以丰富自己的带领经验，为课程教学做好前期准备。然而，即便如此，在进入专业学术领域之前，我仍因仅有实践经验而缺乏系统理论知识而感到自我怀疑："那只是我个人在实践中积累所得，凭什么以'非科班'的身份去培养心理学本科专业的学生？""我该怎么做才能确保不会误人子弟？"

当一个人陷入自卑情绪时，往往会放弃对自身资源的挖掘，转而寻求对权威的投靠和依赖。中国团体心理辅导的权威教材是樊富珉的《团体心理咨询》，该书系统介绍了团体心理咨询的基础知识、发展脉络、主要理论、团体过程、影响机制、操作技术、常用练习、方案设计、效果评估以及应用案例。[②]我以这本书为框架，同时参考了中国台湾、中国香港和国外的相关书籍，如林孟平的《小组辅导与心理治疗》、徐西森的《团体动力与团体辅导》、黄惠惠的《团体辅导工作概论》以及埃德·雅各布斯（Ed E. Jacobs）的《团体咨询：策略与技巧》等，以丰富我的教学内容，并据此初步构建了我的课程教学体系，如表1所示。

---

① 厦门市关怀心理咨询中心常提供各类主题心理工作坊，团体带领者以来自香港的社会工作者为主。

② 樊富珉:《团体心理咨询》，高等教育出版社，2005，第5页。

表 1　讲授式课程教学大纲（课程改革第一阶段）

教学内容体系			教学时长	教学方法
教材架构	教材内容	补充资料		
第一章 团体心理咨询概论	第一节　团体与团体心理咨询 第二节　团体心理咨询与个别咨询 第三节　团体心理咨询的特点 第四节　团体心理咨询的类型与功能 第五节　团体心理辅导、团体咨询与团体心理治疗 第六节、团体心理咨询的目标与原则	小组辅导的目标（林孟平）	6 课时	讲授
第二章 团体心理咨询的历史与发展	第一节　团体心理咨询的探索期、发展期 第二节　团体心理咨询与治疗的现状、未来发展趋势	—	1.5 课时	自学 / 讲授
第三章 团体心理咨询的主要理论	第一节　心理咨询理论的贡献 第二节　团体动力学与社会学习理论 第三节　人际沟通理论	—	1.5 课时	讲授
第四章 团体心理咨询的领导者	第一节　领导者的条件、角色与功能 第二节　专业伦理与专业训练	小组辅导效果的关键——组长本身的修养；小组辅导的专业道德与课题（林孟平）	3 课时	讲授
第五章 团体心理咨询的阶段及影响因素	第一节　团体心理咨询的发展过程 第二节　影响咨询效果的因素 第三节　团体凝聚力与团体气氛 第四节　团体咨询独特的治疗机制 第五节　特殊成员及其应对	小组辅导的动力——具有治疗与促进成长功能的因素（林孟平） 小组辅导过程——不同阶段（林孟平）	15 课时	讲授
第六章 团体心理咨询常用技术	第一节　常用基本技术 第二节　不同阶段的技术	团体领导者基本技巧；焦点；阻止引导；轮流发言和两两组对；练习；介绍引导推进练习（埃德·雅各布斯）	6 课时	讲授 / 示范
第七章 结构式练习及其应用	第一节　团体练习的目的与应用原则 第二节　团体练习的类型与方法 第三节　不同目的的团体练习	方案与案例（徐西森）	18 课时	体验 / 讲授
第八章 团体心理咨询方案的设计与实施	第一节　方案设计的内容与步骤 第二节　方案设计举例 第三节　方案实施	方案与案例（徐西森）	1.5 课时	讲授
第九章 团体心理咨询的评估	第一节　评估的目的 第二节　评估的方法	团体辅导相关评量表格（黄惠惠）	1.5 课时	讲授

由表 1 可知，教学内容以团体心理辅导的“是什么”“机制原理”以及“怎么做”为主，而示范体验等实践类教学活动所占比重约为总课时量的 40%。在教学过程中，我深感课时压力较大，因为理论讲授和实践演练都很重要，特别是当进行班级（30～50 人）团辅活动演练时，由于从活动体验到分享总结的细致呈现通常需要三个课时，理论与实践常因课程时间有限而难以兼顾。

这一阶段的教学效果呈现出两种截然不同的反馈。一部分学生表示：“我们了解到团辅是一个有用且重要的技术，也明白了团体带领者应该怎样做，但我恐怕难以达到那些技术标准，因此将来不会主动去做团辅。”而另一部分学生则在课余时间主动实践，他们自发组织并招募感兴趣的主题团体。这部分同学在毕业后都投身于与团体相关的职业领域。在毕业后的追踪访谈中，他们反馈称虽然上课时讲的理论知识已经遗忘，但在实践中所锻炼出来的能力持续发挥着作用。

学生的反馈让我明白，团体心理辅导是一个需要通过大量实践才能内化的技能体系。与其花费大量时间解释“是什么”和“怎么做”，不如让学生亲身体验并尝试带领。因此，我对课程进行了第一次大胆的改革。

（二）第二阶段：体验式课程——师徒相授（师）与照搬套用（生）

基于第一阶段的教学反思，我将第二阶段的教学目标设定为激发学生对团体心理辅导的兴趣，并提升他们从事团体心理辅导的勇气与信心。在课程内容分配上，我尽量减少了理论讲解的时间，转而以示范演练为主。课程围绕一个核心主题展开（如“自我概念”），前半部分由我带领全班体验团辅，后半部分则分组进行，让同学们尝试担任领导者角色，并自选主题进行小组辅导实践。我构建了一个以实践为主的教学体系，包括“教师示范—讲解为何这么做—学生模仿—反馈—调整—再反馈”等环节，如表 2 所示。

表 2　体验式课程教学大纲（课程改革第二阶段）

教学内容体系	教学时长	教学方法
班级团体主题活动 1—8 单元	24 课时	示范体验团体 / 学生针对活动历程提问，教师回答
相关理论知识介绍	6 课时	结合实践过程讲授
分组团体活动体验 1—8 单元	24 课时	分组实践团体 / 答疑

这种以实践为主的课程深受学生喜爱。示范阶段为学生提供了体验式学习平台，让他们在“玩”中深入探索自我、认识他人、相互讨论，并亲身体验团体心理辅导的助人过程及效果。理论介绍阶段则结合前阶段的体验过程进行，使理论与实践建立更为紧密的联系，既促进了感性经验的理性化，又加深了对理论知识的理解。分组实践阶段为学生提供了一个相对安全的尝试空间，他们在同伴小组中模拟带领练习，快速获得真诚的反馈。这种教学方式使师范生在做中学，迅速建立了对团体辅导工作的效能感。课程成功达到了让学生“喜欢做、敢于做”的预期目标。

然而，这一教学方法的局限性在实习阶段开始显现。学生普遍倾向于使用课堂上教师演示过的活动，导致实践过程中活动重复率高、创新度低。实际上，经过多年的积累与开发，团体心理辅导的经典活动已有约 200 个，涵盖自我意识、人际关系、价值澄清等多个领域。这些活动都有明确的目标、规则、实施注意事项以及分享要点。在团体心理辅导的初期阶段，这些活动的趣味性和启发性确实受到了广泛欢迎。但随着中小学心理健康教育的普及和发展，对经典活动的重复使用已经不能满足日益增长的工作需求。因此，活动设计的创新能力成了团体心理辅导人才迫切需要具备的重要能力。

（三）第三阶段:活动设计型课程——原创设计（师）与“无脑操作”（生）

此阶段，为解决理论与实践的时间分配问题，我申请将团体心理辅导课程扩充为两门课程，即团体心理辅导理论和团体心理辅导实践。在实践课程中，为了避免学生简单地复制教师的课堂演示，我不再在课堂上实施完整的团体心理辅导活动，而是将活动实施演示与活动设计方法相结合进行讲授，鼓励学生进行原创活动设计。此阶段的教学体系如表 3 所示。

表 3　活动设计型课程教学大纲（课程改革第三阶段）

<table>
<tr><th colspan="3">教学内容体系</th><th>教学时长</th><th>教学方法</th></tr>
<tr><td rowspan="3">团体心理辅导理论</td><td colspan="2">团体心理辅导基础理论
团体心理辅导动力与影响因素
团体心理辅导领导者</td><td>12 课时</td><td>讲授</td></tr>
<tr><td colspan="2">班级团体心理辅导活动体验</td><td>12 课时</td><td>演示体验</td></tr>
<tr><td colspan="2">团体心理辅导阶段划分
团体心理辅导方案设计
团体心理辅导评估</td><td>30 课时</td><td>讲授</td></tr>
<tr><td rowspan="8">团体心理辅导实践</td><td colspan="2">班级团体主题活动 1—2 单元</td><td>6 课时</td><td>体验</td></tr>
<tr><td rowspan="6">结构式活动设计与体验</td><td>结构式活动基础理论</td><td rowspan="6">36 课时</td><td rowspan="6">讲授 / 示范体验</td></tr>
<tr><td>结构式活动素材——言语</td></tr>
<tr><td>结构式活动素材——非言语</td></tr>
<tr><td>结构式活动素材——游戏任务</td></tr>
<tr><td>结构式活动组织方法</td></tr>
<tr><td>结构式活动原创设计方法</td></tr>
<tr><td colspan="2">分组团体活动实践</td><td>12 课时</td><td>实践 / 点评</td></tr>
</table>

1. 教学效果

由于课时量增加了一倍，理论与实践均得到了充分的展开。在实践教学中，我特别强调了团体心理辅导活动的原创设计意识与方法，以经典活动为例进行活动设计分析和活动改编练习。这一阶段，学生的设计思维得到了充分的激发，大量形式新颖、富有启发性的原创活动在课堂上涌现。

2. 问题反馈

然而，此阶段的教学效果存在一个核心问题，即团体心理辅导倾向于以活动为中心。具体表现为以下三类现象：一是实习阶段的学生在实施团辅活动时缺乏明确的目标，往往为了活动而活动；二是对活动对象的心理现状把握不足，过于追求营造活动氛围和渲染情绪，导致活动过程流于形式，甚至有时活动效果会出现偏差；三是学生往往难以清晰地解释某个特定活动的设计依据。

例如，在一节面向小学三年级学生而开设的感恩课程中，实习生选择了“泰坦尼克”的活动。[①] 活动过程中，许多孩子哭了，实习生认为此现象反映活动达成了效果，暗自欣喜。然而，在分享环节，大部分同学表达了对亲人的不舍与依恋。这时，一个男生站起来表达了他的意见和不满，他质疑道：“老师，你们为什么要这样说我们的家人？”原来，他深爱的爷爷正在住院，想象中他带上爷爷同行，准备度过一段亲情之旅，结果却因活动导语的强行规定而面临抛弃亲人的局面。而最近他时刻牵挂着爷爷的身体健康，担心爷爷会突然离开。面对学生的不满和质疑，实习老师不得不解释：“这只是一个假想的游戏，不是真实的，更不是我们的愿望。”然而，课后学生的情绪依然难以平复。这一情绪延续到此后的一个星期中。深入反思后，我们发现，当

① 指导语大致为：想象在一个风和日丽的假日，你决定带上这个世界上对你而言最重要的四个人坐上游艇出海旅行，请想好这四个人分别是谁。你们在游艇上看风景、聊天、晒太阳，享受美好的生活。这时候突然天色变暗，云层变厚，和煦的微风转变成狂风，紧接着暴雨来了。你们的游艇出现故障，有沉没的危险，这时你们必须选择舍弃一个人，放弃他才能让其他人活下去，你必须做出选择。此后舍弃第二个人、第三个人，直到船上只剩下最后一个人。

学生只是简单地照搬套用活动，[①]而缺乏对活动疗效机制的深入分析，以及对活动对象心理特点的细致考虑时，很容易导致活动选择失当，从而产生消极后果。

由此可见，团体心理辅导虽然常常借助游戏作为互动媒介，但绝不等同于简单的游戏。作为一种在团体情境下进行的心理辅导形式，其目的指向促进个体认识自我、探讨自我、接纳自我，调整改善与他人的关系，学习新的态度与行为方式，以增强社会适应。[②]活动的恰当选择与使用是达成特定辅导目标的必要途径。因此，团体辅导活动的选择、设计和使用必须建立在对活动对象身心发展特点的科学分析，对辅导活动改变机制的深入理解和活动目标清晰明确的基础之上。

（四）第四阶段：问题解决型课程——强化“目标—工具”设计思维（师）与理想现实脱轨（生）

为避免上一阶段活动设计存在的目标针对性不强、科学严谨性不足等问题，我在新一轮课程中开始着重强调团体心理辅导作为助人工具的问题解决功能。这一问题解决过程涉及将日常生活中的特定心理现象界定为问题解决的初始状态，随后依据科学原理与现实条件，确立问题解决的目标状态，进而在既定的问题空间中进行搜索，以寻找一条从问题初始状态到目标状态以团体心理辅导为主要方法的通路。[③]基于这一思路，我重新调整了课程内容体系，如表 4 所示。

---

① 某督导师给研究生做集体咨询督导时使用过该活动，研究生在针对本科生的朋辈心理咨询师成长团体中使用，本科生体验后感觉很有启发，便决定在实习时在小学生的感恩教育课堂中使用。

② 樊富珉：《团体心理咨询》，高等教育出版社，2005，第 5 页。

③ 彭聃龄：《普通心理学》，北京师范大学出版社，2012，第 302 页。

表 4　问题解决型课程教学大纲（课程改革第四阶段）

<table>
<tr><th colspan="3">教学内容体系</th><th>教学时长</th><th>教学方法</th></tr>
<tr><td rowspan="4">团体心理辅导理论</td><td colspan="2">团体心理辅导基础理论
团体心理辅导动力与影响因素
团体心理辅导领导者</td><td>6 课时</td><td>讲授</td></tr>
<tr><td colspan="2">团体心理辅导阶段划分；团体心理辅导评估</td><td rowspan="2">30 课时</td><td rowspan="2">讲授 / 分组项目设计</td></tr>
<tr><td>团体心理辅导方案设计
原因机制厘清
生成机制厘清
明确团体目标
总目标划分为阶段目标
阶段目标划分为活动目标</td><td>主题概念、常见现象厘清</td></tr>
<tr><td colspan="2">小组方案汇报与反馈</td><td>18 课时</td><td>研讨</td></tr>
<tr><td rowspan="10">团体心理辅导实践</td><td colspan="2">班级团体主题活动 1—2 单元</td><td>6 课时</td><td>体验</td></tr>
<tr><td rowspan="3">结构式活动设计</td><td>结构式活动基础理论</td><td rowspan="3">15 课时</td><td rowspan="8">讲授 / 示范体验</td></tr>
<tr><td>结构式活动素材、组织方法</td></tr>
<tr><td>结构式活动原创设计方法</td></tr>
<tr><td rowspan="5">团辅活动阶段任务</td><td>团体招募阶段任务与技术要点</td><td rowspan="5">15 课时</td></tr>
<tr><td>初始期工作任务与技术要点</td></tr>
<tr><td>过渡期工作任务与技术要点</td></tr>
<tr><td>工作期工作任务与技术要点</td></tr>
<tr><td>结束期工作任务与技术要点</td></tr>
<tr><td colspan="2">分组团体辅导招募与实施活动实践汇报与反馈</td><td>18 课时</td><td>实践 / 点评</td></tr>
</table>

课程内容分为理论和实践两大模块。其中，理论部分旨在使学生在理解团体心理辅导相关理论知识的基础上，重点掌握团体辅导方案设计的科学思维过程。实践部分则侧重于让学生掌握团体心理辅导的实施技能，并根据实施过程中的反馈来评估和优化方案，从而构建问题解决的方案设计与实施反馈的完整反馈环，以培养学生创造性地开展能解决现实问题的团体辅导能力。

在问题解决的教学策略上，我主要采用了案例教学以及基于问题的教学

（也称为抛锚式教学或课题式教学）。[①] 在本阶段的教学中，这两种教学方式被结合使用，以促进学生进行自主探索的项目式学习。在理论课程部分，我为学生选定特定的主题（如耐挫力），由学生自行查找相关文献资料，明确概念，并选择自己感兴趣的子主题领域（如人际耐挫力、学业耐挫力等）和对象群体（如小学生、中学生、大学生）。学生将组成项目小组，通过合作进行文献的查找、整理与分析，并在小组讨论的基础上作出团体目标的决策，进而自主开展团辅方案设计工作。在第二学期的实践课程环节，学生将招募相应的对象，实施上一学期小组的方案，以检验方案设计的合理性与有效性。

项目式学习的组织形式极大地激发和提高了学生的学习积极性和责任心，教师则退居二线，扮演引导者和陪伴者的角色，仅在小组工作陷入僵局时给予适当的指导和建议。由于有了明确的方案设计步骤作为支撑，设计小组必须在班级团体中清晰地阐述其设计的理论依据，并回应各种提问与质疑。这使学生的设计思维变得更加明晰与严谨，减少了手段与目标之间“牛头不对马嘴”的现象。对学生而言，这仿佛是一场魔鬼训练营，因为他们不能“拍脑子”做设计（每一步都需要有理有据），也不能像玩“拼盘游戏”那样随意组合（必须考虑活动与实际目标、特定对象的契合度）。每一步的推进都需经过严谨而细致的文献查找、逻辑推理和反复推敲。

课程收效明显的：学生逐渐摒弃了复制粘贴的习惯，每当面对团辅工作任务时，他们会对问题深入思考、积极查找资料、进行访谈。团辅活动的设计也开始基于活动目标、对象特点和自身特点进行针对性的活动创设，这使得活动设计的理论性、严谨性和创造性都得到了提升。

问题反馈：原认为经过这样的教学改革，团体效果能够得到提升，但实

① 张大均:《教育心理学》，人民教育出版社，2005，第409页。

际上在实施过程中又出现了一系列新的问题。经过反复打磨的科学方案在实际操作中遇到了各种困难，其中几个常见问题如下。

第一，对团体主题及对象的设定有时脱离现实。例如，某小组原计划围绕“婚前协议”这一主题，针对有婚姻打算的大学生情侣进行活动设计，引导他们理性规划婚姻关系。但招募结果显示，对此议题感兴趣的大多为单身人士。进一步沟通访谈后得知，因为当前离婚率较高，大学生对未来婚姻的稳定性持怀疑态度，对“如何在婚姻中保护自己的权益”这一问题心存焦虑和困惑。也就是说，这恰恰反映了当代大学生在缔结婚姻关系这一问题中的迫切诉求，也是婚前协议产生的心理基础之一。这一意外带来了新收获，现实“客户需求”帮助设计者拓宽了视野，对自身工作在大众需求中的位置和功能有了更为深刻的理解。

第二，团体主题假设有时与成员的真实处境相差较大。某项目主题是“高峰体验”，初衷是探讨自我实现带来的积极体验，并将缺乏高峰体验归咎于依赖型自尊（把自己的价值建立在他人评价的基础之上，日常生活中常被年轻人界定为没有“自我”）。但在实施过程中，成员们对“依赖型自尊”产生了强烈共鸣，纷纷分享了自己的故事。然而，当活动设计转向如何转变为“独立型自尊”时，成员们显得无所适从，因为他们不知道如何摆脱父母和朋友的期望，成为一个真正独立的人。这一冲突反映了文化差异对自我实现概念的影响，也提示我们在设计活动时需要考虑更多文化和社会因素。

第三，实际实施与方案设计有时完全脱节。比如在青少年夏令营的活动组织中，现场动态复杂的互动完全打乱了基于理论严谨性的设计方案，迫使带领者根据现场变化灵活调整活动内容。

第四，设计者与参与者对团体辅导的期待也存在差异。以“哀伤”治疗小组为例，成员们在“暴露”阶段表现出强烈“阻抗”，不愿提及涉及“悲痛”

的事件。带领者因无法按照预设方案进行而感到挫败，但在与成员深入沟通后发现，他们更期望的是一个支持性团体，而非达成所谓的“深度”治疗目标。

这些来自实践一线的反馈使我们有机会反思自身专业知识的简单挪用和错置。我们只看到了团体辅导在问题解决中的工具性位置，没有看到目标是伴随着模糊情境的厘清过程而逐渐生成的，不是简单地把一个模糊现象“概念化”，用精确化的实证范式强硬地将一个可能复合了很多概念的现象归为一个可操作概念，同时为了方便控制和思考，放弃和忽视了完整事件的其他重要的有机部分，硬生生地将事件分拆为因素和成分。把改变的过程简单还原为对事件的组成成分进行人为操控，以简单线性关系的控制模型来理解事件的复杂因果关系。另外，我的课程中并没有让学生了解“变化”和“预想—现实”存在差异是必然的，这使他们没有调整好心态，虽有计划，但也要做好随时应对变化的准备。也就是说，这些“目标—工具”导向的设计，过于控制和主观，对情境及情境中的人缺乏深入理解和梳理，就导致无法适应真实的复杂情境。

二、从严谨教书到协同行动——反映对话中的视框改变

2018 年底，夏林清老师邀请我在行动研究研讨会上就团体心理辅导教学改革作报告，这使我有机会回顾自己在团体心理辅导课程教学中所实施的改革实践。原本以为，基于如此扎实的实践基础进行书写会比撰写一般论文来得容易，然而，当我试图用几句简单的条框性语言总结后，发现难以流畅地表达我的思考和感受。我陷入了对教学实践“没有任何理论依据”的贬低性评价，被理论先行的论文书写模式产生的自我期待所束缚，难以自拔。

在论文写作陷入僵局许久后，我尝试模仿之前读过的行动研究文本，开始叙述我如何成为一名教师，如何学习团体心理辅导，如何看待教学的故事

叙述。随着这些看似随意的个人成长和教学实践故事的展开，融于我血肉中的实践思考与价值追求逐渐被触动，竟然促成了一次对自己内心的深刻直面。我突然明白，是什么样的成长经历让我当初在众多课程中选择成为“团体心理辅导”的任课教师；又是哪些内在与外在因素促使我将“创新意识与创新能力”设定为课程的核心目标。

作为新手教师，我曾因自我怀疑而将“教材内容体系”设置为“应该掌握的知识”。然而，在多年课程教学的探索中，我不断自我质疑、修正，逐步走出了一条从教学内容“以理论为中心—以实践为中心—以工具为中心—以问题为中心”，教学主体“以教材为主体—以教师为主体—以学生为主体”的转变道路。我意外发现，自己近十年摸索出的教学模式，竟然与研究生时期“师徒共创”① 的学习模式不谋而合。

这一成长与工作历程的叙说回观过程，充满了意外、惊喜与震撼，它不仅让我更加深刻地认识了自己，也让我理解了自己的行动是如何发展演变的，以及为何会如此演变。同时，这也让我更加明确了自己的目标、当前所处的职业发展阶段、尚存的不足，以及未来的努力方向。

（一）我是谁?

1. 想当园艺师的教师

少年时期，我对未来的想象是成为一名园艺师，而非按照父亲在对家族发展的总体规划下希望我子承父业② 成为教师。原因有二：一是我性格敏感内

---

① 研究生时期，我在一个团体心理辅导项目中与指导老师（钱兰英）共同设计并实施方案。

② 我的父亲转业前是一所军队院校里的教师（教官），从小常听他绘声绘色地讲述教学比武或公开课的情形。我们家因他的职业才有机会从农村迁移至城市，获得了那个年代非常宝贵的“农转非”的机会。

向，被人注视常令我感到拘谨不自在；而与植物的天然亲近感，让我在与花草树木的互动中找到了乐趣，并幻想着通过园艺给世界增添美好。二是我的父亲作为一名教师，常以“我教你……”为口头禅，对孩子们有极强的控制与约束欲，他常常自恃权威，强迫我们按照他的要求行事。虽然在家里，我凭借表面乖巧与“阳奉阴违”的策略得以生存得很好，但我对被控制（无论是人际还是组织上的）始终怀有抵触情绪，也并不想成为控制他人的人。

然而，命运似乎总喜欢捉弄人。高考时，我作为省重点高中里为数不多的“卫星”（指成绩低于平时水平的学生），勉强达到了武汉市江汉大学的录取分数线。这所原本是大专院校的学校，正尝试与武汉大学合作创办师范专业。为了读本科，我选择了高中时比较喜欢的化学（师范类）作为专业。

在武汉这个名校云集的城市，江汉大学与那些重视理论的科研型高校相比，继承了职业学校重视实践能力培养的传统。我懵懂地跟随学生组织，在武汉市商业氛围浓厚的环境中，尝试了产品销售、入户市场调查、家庭教师、促销活动设计与管理等各种兼职，因此磨炼出了一张“厚脸皮”和一套推进目标达成的“工作策略”，这意外地提升了我的自信，也坚定了我将心理学作为专业方向的决心。

刚进入学校不久，就有学姐介绍给我一个做兼职家教的机会，对象是一个初中二年级的女生。第一次去她家时，我被吓了一跳，她竟然骑在阳台上说要跳楼自杀，她的父母焦急得不知所措。我不知道哪来的勇气，竟然把她痛骂了一顿。这一骂，不仅让她放弃了轻生的念头，还让我与她们家建立了亲近的关系。这次经历让我第一次感受到，原来当老师还能这样改变世界。

我还给一个单亲家庭的男生做过家教。这个男生对传统科目不感兴趣，但对画画无师自通。我陪伴他、鼓励他，同时也支持他的妈妈。由于短时间内他的成绩难以提升，我建议他们将原定目标转向能发挥他优势的美术上。

凭借在绘画方面的天赋，他在美术专业科目上名列前茅，最终从大专升入大学，从事了漫画设计工作。

还有一个休学在家的初三男生，他的父亲是企业老板，为他请了家教全天陪读。这位父亲在与我讨论教学目标时强调，不要不停地给孩子讲题，如果可以的话，经常带孩子出去散步，边走边聊，谈谈我眼中的社会和生活，以帮助他树立正确的价值观。他认为，成绩并不是成才的必要条件，视野开阔和正确的价值观更为重要。他提到自己的经历，虽然只有小学文化水平，却懂得如何看人、用人。

这些家教经历让我深刻认识到，教育的价值远不只传授知识，更重要的是育人，包括提升自信、树立价值观和规划生涯等方面。

此外，我还做过入户商业调查、商品促销员、书吧管理员等工作。这些经历让我有机会深入社区家庭，与陌生人建立关系；独立设计促销计划并提升销售业绩；向书吧老板（一位海归女性）学习装修、经营与管理工作。这些丰富的课外生活，把我的人际圈子扩大到了社会，与不同背景的人共事，于我而言都是成长的资源。与中小学时单纯的课堂知识学习相比，大学更注重如何做人的学习，这些经历也让我更加意识到心理学专业的重要性。

大四时，我第一次考研未能成功，于是进入一所高中担任化学老师。在入职的第一年里，我将心理学知识运用到化学教学中，形成了独特且受学生欢迎的教学风格。我根据学习心理原理自编的同步练习得到了学科带头人的认可，并被指定为全年级统一学习辅导材料。我开始感受到作为一名教师，理解学生、掌握教学规律，并有效推动学生成长的美好。这种美好与园艺师创造精神世界的美有着异曲同工之妙。然而，在给高中一、二年级同学开设讲座时，同学们所提出的种种问题让我意识到青少年对心理成长的巨大需求，以及我自身理论知识的不足。因此，在工作一年后，我毅然辞职，继续考研。

这次，我的目标非常明确，就是要成为心理学专业的教师，用“心”从内推动人的改变，创造世间美好。

2. **我与团体辅导**

在研究生阶段，虽然学校没有给我们开设团体辅导课程，但我仍积极利用周边的资源，积累团体辅导的实践经验，如参加社工的小组辅导等。最为重要的一次学习机会，是担任钱兰英老师所负责的某篮球队的协助领导者。2003年底，该篮球队教练因球队发展遭遇瓶颈而求助于钱老师。教练分析指出，球队在赛场上的失利并非技术或战术问题，而是队员间的不和谐。他希望通过团体心理辅导来提升团队的凝聚力。钱老师便邀请了我和另一位研究生作为助手，在活动中协助钱老师担任观察员并承担后勤工作。

这段团体设计与带领的经历成为我在担任课程教师前最为重要的专业学习之一，在这期间积累了大量宝贵的经验。同时，这也是我第一次亲身感受到团体辅导这种工作方式的独特魅力。它能通过自然的人际互动深刻影响他人，但又不控制他人，这种工作方法令我深感着迷。

第一个令我印象深刻的部分是分组设计。鉴于我们事先了解到篮球队内部存在人际冲突，为了全面了解团队内部人际关系的整体情况，老师巧妙地设计了一份前期调查。调查的指导语为：“为了在接下来4天的团体活动中，你和你喜欢的人能够共处同一组，更轻松舒服地度过培训时光，请告诉我你最希望和谁在一组，最不希望和谁在一组。”这份调查不仅为我们描绘了篮球队中真实的人际关系网络，还为后续的分组提供了有力的依据。在活动实施过程中，我们按照队员的意愿进行了分组，活动设计主要着眼于小组间的互动。这样的分组策略既为成员们营造了一个安全舒适的小组心理环境，又通过活动设计为他们提供了公开澄清和解决冲突的机会。

第二个印象深刻的部分是老师化解篮球队成员阻抗的方式。活动原定于早上9点开始，但篮球队员们无一人按时到达指定场地。我们耐心等待了约15分钟后，一位高大的篮球队员姗姗来迟，他穿着宽松的运动服，头深深地埋在帽子里，只露出嘴巴和下巴，几乎成了一个“行走的被子”。钱老师询问其他队员的情况，他茫然地回答说：“他们应该还在宿舍睡觉吧。”当我们问及大家是否知道今天的活动时，他回答说他也不清楚，并随即在场边的椅子上躺下继续睡觉。钱老师立即与教练沟通此情况，教练到场后，陆续有队员带着抵触和不屑的情绪走进场地。教练开始发火，质问队长在哪里，而那位最先到场的队员懒洋洋地说：“我叫过他们啊。”教练准备继续发火时，钱老师及时制止了他。钱老师表示理解队员们的辛苦和不满，但同时也强调了活动的必要性。他提议大家坐下来谈谈如何安排接下来的四天，这时教练也悄然离开。队员们逐渐放下了抵触情绪，开始提出自己的想法和需求。钱老师耐心地倾听并回应，最终使队员们接受了活动安排。第二天，再也没有人迟到了。

第三个令我难忘的环节是“信任背摔”活动对团队信任的提升作用。当篮球队员们了解到活动规则后，他们纷纷表示怀疑和抗拒，认为自己体重过重，无法被接住。钱老师先让我们两个助手进行示范，当看到我们成功被接住后，队员们的信心逐渐增强。活动从体重较轻的队员开始，逐渐扩展到体重较重的队员。每个人都尝试了这个活动，并感受到了团队的力量。活动结束后，队员们士气大振，纷纷表示团队的力量超乎想象。这个活动让我深刻体会到，一个设计合理的团队活动能够改变个体的信念，甚至整个团队的信念。

第四个印象深刻的是团队关系问题的暴露与解决。在活动的工作期，我们重点关注了团队内部矛盾和冲突的暴露与解决。例如，在盲行活动中，我们发现了由于文化差异导致的冲突。闽南队员喜欢一边洗澡一边唱闽南歌，而北方队员对此感到不适，双方因此产生了冲突。在“我的五样”活动中，我们发现了价值观上的冲突。虽然大部分队员重视人际关系，但也有少数队员将篮球比赛的胜负看得过重，这导致了团队内部的紧张氛围。钱老师通过引导队员们深入理解和尊重彼此的需求，帮助他们找到了解决冲突的方式，并达成了新的行动约定。

最终，活动的结果令人十分满意。在活动过程中，篮球队的士气有了巨大的转变，队员们从最初的抵触转变为投入和喜欢。在活动结束的最后一天，队员们纷纷主动要求增加活动天数。据说在之后的四场比赛中，他们都取得了胜利。

我很庆幸我的第一次团体辅导经历是成功的，它让我认识到这种方法能够产生如此强大的改变力量。正因如此，我一踏上工作岗位，便全身心地投入团体心理辅导课程的教学工作中。

入职高校后，出于对团体心理辅导方法的认同与热爱，我不仅在各类通识课程中运用团体辅导作为教学方法，还利用课外时间在全校范围内招募以抑郁、睡眠障碍等为主题的治疗团体。此外，我还在心理学班级内开设了心理剧治疗团体，旨在进一步夯实自己的实践基础。我衷心希望通过课程教学的努力，让团体心理辅导这一充满神奇改变力量的工作方式得到更广泛的传播和认可。

（二）我在哪里?

我所在的闽南师范大学心理学（师范）本科专业于2003年开始招生，其设立的背景源于一系列国家关于学校心理健康教育的文件的出台。1999年8月13日，教育部发布《中共中央　国务院办公厅关于加强中小学心理健康教育的若干意见》，对中小学开展心理健康教育的基本原则、主要任务、实施途径、师资队伍建设、组织领导，以及需要注意的问题等提出了指导性意见。2000 年 12 月，中共中央、国务院颁布《中共中央办公厅 国务院办公厅关于适应新形势进一步加强和改进中小学德育工作的意见》，进一步强调“中小学校都要加强心理健康教育，培养学生良好的心理质量”。2001 年 3 月，青少年心理健康教育被写进《中华人民共和国国民经济和社会发展第十个五年计划纲要》。2002 年 8 月，教育部印发《中小学心理健康教育指导纲要》，从指导思想、基本原则、目标与任务、主要内容、途径和方法、组织实施等方面对中小学学校心理健康教育提出具体要求。这一系列文件的出台，标志着中国改革开放以来，以传统德育工作为土壤，以素质教育为新的契机，参考中国台湾、中国香港等地区的学校心理辅导探索经验，借用西方学校心理学、心理咨询等技术方法，在民间实践尝试和学者理论探讨推动的一项教育活动，正式从基层探索上升到国家有计划地推进。①2003 年，福建省教育厅发布《关于进一步加强福建省中小学心理健康教育工作的意见》，对本省学校心理健康教育的开展实施进行部署。

闽南师范大学（原漳州师范学院）作为福建省第二所设立心理学（师范）专业的省属师范类院校（第一所是福建师范大学，于 2000 年从学校教育学专业中独立出心理学师范专业），其主要任务之一是培养中小学心理健康教育的师资。该专业自创设之初便确立了“为培养适应中小学心理健康教育、心理咨询需要的应用型专业人才”的培养目标，并秉持“立足师范、面向社会、强化实践、注重应用”的办学理念。为此，学院摸索建立了一套不间断实践的心理学师范生专业实践能力培养模式，确保每届学生从大学三年级开始，

① 叶子青、叶一舵：《学校心理健康教育三十年：历史演进与未来走向》，《福建师范大学学报（哲学社会科学版）》2020 年第 2 期。

每学期都能到中小学、社区等地进行至少两周的专业见习和实践活动。这种培养模式使师范生在毕业前能够积累至少 18 周的学校专业实践经验，实现课堂学习与实际应用的紧密结合，为师生构建了“课堂学习—实践活动—理论学习—实际应用”的教学反馈螺旋体系。

闽南师范大学心理学师范生生源主要来自福建省，大部分毕业生都选择进入福建省内的中小学工作，就业率一直保持在省内同专业的前列。这些毕业生不仅得到了用人单位的普遍赞誉，还逐渐成长为各地的教学骨干，为福建省乃至全国的心理健康教育事业作出了积极贡献。

（三）与谁一起?

1. 闽南师范大学心理学（师范类）学子

从 2006 年至今，课程的教学改革始终在我和学生的深入讨论中稳步推进。每学期伊始，我都会先向学生介绍本课程的过往教学思路及学长们的反馈建议。在此基础上，我提出本轮课程的教学目标、内容与方法，并在得到同学们的认同后，一同开启新学期的探索之旅。课程期间，我随时收集学生的反馈，灵活调整教学进度与方案。课程结束时，我邀请每位同学在期末作业中回顾所学，并提出宝贵的意见与改进建议，内容涵盖对以后学习者的建议与忠告，以及对课程内容与教学方法的看法。我会尽我所能将这些建议融入下一轮的课程设计中。

每届师范生为期 18 周的中小学实践，是我极为宝贵的教学反馈来源。在陪伴他们实践的过程中，我通过观课、磨课等方式近距离观察和督导。由于我和学生在课堂内外建立了深厚的感情，许多学生在毕业后仍与我保持密切联系，分享工作场景中的故事，探讨对团体心理辅导的新认识与新疑问。这些互动为课程改革提供了更接地气的内容，使团体心理辅导课程改革成为与历届师范生共同参与的过程。

2. 教育与心理学院的暴侠老师

暴侠老师与我同年入职，因她年长且性格温暖包容，我们成了亲人般的好伙伴。暴侠老师负责小学教育专业的班主任工作课程，她曾邀请我进入她的课堂，将心理学专业知识融入教育学课程中。这使我回想起心理学专业的学生在毕业后常面临班级管理方面的困扰。有时，校领导和同事会认为心理老师是处理学生问题的“专业人士”，将难以管理的班级或学生交给他们。然而，对于心理师范生来说，班级管理与以个体咨询为核心的专业训练存在较大差异。有时，不恰当使用“无条件积极关注”甚至会让他们被学生视为“好欺负”的老师，从而在课堂或班级管理上遇到更大的困难。在好奇心的驱使下，我深入中小学观察优秀教师的课堂，发现他们拥有一套简单而有效的“心理改变术”和“班级动力操控术”。我意识到这些以教师个人“经验”命名的实践知识值得心理健康教育专业深入研究和总结。因此，在我的提议下，心理学专业学生开设了班主任工作课程，我也积极参与其中，深入了解班主任工作与心理学之间的关系。同时，暴侠老师也加入了我为小学教育专业和心理学专业开设的团体心理辅导课程。我们创设了一种特殊的教学形式，跨心理和教育两个学科，将班主任工作与团体心理辅导两门课程相结合。在同一个教室中，两位老师同时面向学生，展开知识与经验的对话。

3. 夏林清老师及其带领的行动研究学会

2015 年，夏林清老师应邀来我校讲学。当时，我对市场流行的心理咨询技术培训持有怀疑态度，并试图从社会学、人类学及基础认识论、方法论中寻找更为有效的解决现实问题的方法。这些问题既存在于来访者的生活中，也困扰着我自己的生活。我觉得现有的心理咨询解释体系与方法技术显得有些苍白无力。因此，我对与心理学方法有关的讲座产生了抵触情绪。然而，在暴侠老师的反复推荐和热情邀请下，我抱着好奇和防御的心态参加了夏老师的讲座。当时，我对夏老师讲授的反映对话、行动研究等关键概念感到有些难以消化。这主要有几个原因：一是当时我自己的心理状态不佳，[①] 在人群中会引发焦虑反应，难以专心听讲；二是我的学习和科研训练使我的思维和学习方法倾向于简单化和结构化，而夏老师的阐述常将理论与叙事相结合，内容复杂且结构多元，导致我难以跟上她的思路；三是长期的心理学专业训练使我的概念体系和思维方式固化，当我试图用已有知识体系去加工行动研究中的新概念时，常常陷入混淆和疑惑。

幸运的是，我偶然捕捉到了夏老师的一个观点："我们是'与历史断层'的一代人，口述历史是重新联结的重要方法。"这个观点触动了我，我确实因为家庭从农村迁徙到城市而几乎与家族失去了联系。于是，我回家用心做了父母家族历史的访谈与梳理。这一行动意外地将我从多年的惊恐障碍中解救出来，虽然我难以解释究竟是什么带来了如此巨大的改变，但这种强有力的问题解决方法正是我多年来苦苦追寻的。从此，我成为夏老师及行动研究的追随者，开始了虽然头脑昏沉但持续行动的学习历程。我凭直觉感受到行动研究的价值，但头脑中的认知却迟迟未能修通。此后，夏老师向我介绍了大量行动研究学会成员的研究成果，并提供了各种学习机会。她利用休息时间与我进行反映对话，帮助我逐渐了解自己到底在做什么、这些事情的价值在哪里，并鼓励我将这些行动探索历程整理出来、书写发表。

4. 第二届海峡两岸乡村教育与行动研究研讨会（2018 年 12 月 2—5 日）

2018 年 8 月，我应邀参加了"第四届亚太地区学校护理与卫生教育专业学术研讨会"。在准备会议报告的过程中，我对数位身处中小学心理健康教育

---

① 2003—2015 年，我一直深受惊恐的困扰，心理学的学习虽然有些许帮助，但始终无法从根本上解决这一问题。因此，我长期处在惊恐内耗之中，身心疲惫。

一线的毕业生进行了深度访谈，也因此感受到她们的工作困境与艰辛。我目睹了中国台湾地区的学校护理人员通过行动研究这一方法论，几十年如一日地探索实践，向社会展示了学校护理工作的价值，捍卫了校园护理人员的工作权益与职业尊严，完善了校园护理的相关工作制度。她们以实际行动诠释了专业技术人员如何积极承担社会责任，并努力推动社会与教育发展的重要角色。

得知“第二届海峡两岸乡村教育与行动研究研讨会”将在闽南师范大学举办的消息后，我积极向会议的主要设计者暴侠老师申请，希望为心理学毕业生开设一个分会场。我的初衷是引导心理老师接触并学习行动研究，将这一方法论引入心理健康教育工作一线，激励心理老师们积极行动起来。这一倡议得到了许多心理老师的积极响应，他们在繁忙的工作之余，纷纷整理并书写自己的工作经历。我们最终以“教育工作路上心理学人的挣扎与探索”为主题设置了分会场，三位来自中小学一线的心理老师作了精彩报告，共同展现了心理学学子毕业后在学校教育现场所面临的“水土不服”问题，尤其是在身份认同和工作开展方面所遭遇的困难。

（1）无处安放、四处挪用的专职心理老师

自2000年福建省心理健康教师专职专岗进入学校后，许多校长对如何有效利用这一“新增”的人力资源感到困惑。这导致心理健康教师的工作内容和角色定位在很大程度上取决于校长与心理老师之间的互动。按照相关文件要求，大部分学校首先需要依托心理老师进行心理咨询室的硬件建设，而心理健康课能否真正落实，则取决于每所学校的具体情况。有的老师由于没有授课任务，只能在中午午休或下午的少数自习课时间里为学生提供个体咨询。在一些校领导眼中，心理老师成了校园里无所事事的闲人。因此，学校里的临时、紧急任务或教育管理类工作往往落在了心理老师的肩上。Q老师就是其中的一员，她曾在工作后担任了两年多的数学老师，之后除了担任心理老师，她还成了校内的机动代课老师。一旦有老师因生病或其他原因请假，她就要顶替上。此外，大部分心理老师还同时承担少先队、团委、党务等工作。原本，她们对心理学专业抱有极高的认同感和责任感，如今却只能自嘲为“一块砖”“万金油”或“打杂的”。

我的身份发生了一个转变，我成了一个以行政职务为主，心理专业更像是兼职的老师。我的工作重心都集中在了团委的工作上……在团委工作上，我取得了出色的成绩，被评为福建省优秀团员、市级优秀团干部，所在的团委也被评为市级五四红旗团委。正因为这些出色的成绩，领导更加看重我组织策划活动的能力，开始将越来越多的德育工作交给我。学校里的活动策划、大小活动的主持、学生会志愿者以及学生自主管理等工作，都落在了我的肩上……在做这些工作的时候，我内心其实是有所抵触的，因为我越来越不清楚自己究竟扮演着什么样的角色，是团委书记？还是一个心理老师？我深感迷茫，但回想起上一任校长或者前辈们说过的“有为才有位”，我明白我应该先确立，或者说先巩固好自己在这个学校里的地位，这样我才有资本去开展我真正想做的心理健康工作。

——以上经YSP老师同意，选自其行动研究文本《追光者》

（2）“水土不服”的专业知识与技能体系

面对班级管理的混乱，我常常感到困惑：“当学生来找我时，我究竟是谁？是他的心理咨询师，还是他的老师？我要做的是什么？”这种模糊感一直困扰着我。我印象最深的是有一次学生找到我，告诉我他被人欺负了。面对他，我竟手足无措。我究竟应该扮演什么角色？是主持公道的法官，维护正义的裁判，还是他的老师、长辈，或是他求助的对象？他的诉求又是什么？是希望我帮他解决问题、维护公平、讨回公道，还是只是把我当成一个情感的倾诉对象？所以，每当面对这种情况，我总是犹豫不定，不知道该如何满足学生的需求。我深感自己还没有找到一个合适的立场来处理这类欺凌事件，常常是凭感觉在应对。

想到这里，我不禁思考，作为心理咨询师，一贯的原则是“不给建议”“不帮忙做决定”“不控制”“价值中立”，这样的观念在一年级的班级管理中是否适用？这确实是一个值得商榷的问题。教师必然会有自己的价值倾向，我们想要培养的班级，当然需要有一个明确的目标来指引，而不是毫无边界地自由生长。所以，我似乎也逐渐明白，在建设班级的过程中，我所缺少的正是“自由的边界”“规则和规则的适用”。

——以上经S老师同意，选自其行动研究文本

《当心理学遇上小学教育，记成为小学教师的点滴》

（3）封闭在咨询室里与世隔绝的专职心理老师

虽然有关文件规定心理老师的师生比应为1∶1500，但在中小学心理健康教育刚起步的阶段，很多学校能有一名专职心理老师已属不易。人数稀少、缺乏团队支持以及边缘化的处境，是心理老师们的共同痛苦。以下记录了H老师在其职业生涯初期，独自在咨询室中度过的孤独时光。然而，由于对专业理想的执着追求，H老师艰难地主动走近师生，努力推动学校心理健康教育工作的开展。

我入职时，学校的心理咨询室才建立了一年。我的前任L老师，也是我的大学同窗，她凭借自己的努力，从无到有地争取到一个仓库作为办公

室。放学后，她还会亲自去宿舍走访，与学生交流，甚至成功组建了一个心理社团（尽管当时并未得到学校官方的认可）。说实话，我对她的坚韧与付出深感佩服，也非常感激她为我打下的坚实基础。如果换作是我，或许也能在困境中逼自己突破，但有些事情，比如下宿舍，不知道我能不能做得到……然而，真正投入工作后，我才深切体会到旁观与真正面对之间的差异。

在第一个学期里，我共接待了144位来访者，进行了总计219次咨询。最忙碌的时候，我一天接了六次咨询。那时的我仿佛有用不完的精力，每天都自发加班，但咨询工作似乎总是做不完。我渴望能尽快取得一些成绩，得到领导和同事们的认可。然而，学校规模庞大，有一百多个班级，我与其他科目的老师不同，在这个学校里总感觉自己像个异类。我曾和同行们自嘲，说我们就像蝙蝠一样，非禽非兽，似乎有些边缘化。在这里，我没有得到“老带新”的关怀，也没有明确的年级归属，虽然隶属于德育处，但咨询室与德育处之间有一定的距离。我的编制是教师，但又不是行政人员，因此领导似乎也不知道如何妥当地安排我。

工作的第一年，我几乎每天都独自上下班，一个人来到咨询室，开门，静静地待在那里。我生怕走开时被人发现咨询室没人。有时十天半月过去，也没有一个老师过来。上课的时间段，这里会安静得让人心慌。我本身不擅长与他人打交道，但那时总希望有人能注意到我，听到走廊上有人经过，我既希望他们能进来咨询，又担心自己应对得不好。每天只有到了放学的时候，我才会感到些许轻松和开心。学生们会陆续过来，大家一起说说笑笑，问我各种问题，也会有预约的来访者过来。这些时刻，我才能真切地感受到自己的价值和存在的意义。毫不夸张地说，是那些孩子给了我前进的动力和信心。

总之，在开学之初的宣传和后续的活动推动下，心灵驿站逐渐打开了局面。我的咨询工作虽然总是很忙，但仍有不少人认为“去心灵驿站就是心理有问题”，有时还会有学生在门口故意大声取笑。这种偏见不仅存在于学生中，有些老师也同样持有这样的看法。

——以上经H老师同意，选自其行动研究文本

《我的人生三分之一——十年职业生涯回顾》

一场研讨报告会成为我们共同的“吐槽会”，中小学心理健康教育工作开展的各种艰难可见一斑。然而，研讨会中的对话交流让我们获得了超越困境的力量。

张燕老师深刻共情了报告人对专业和教师职业的热爱，她提出了“有为方有位”的理念，并强调了行动研究的三大要素——团队协作、批判性反思以及追求社会公平与正义。

林香君老师则对三位报告者的叙述进行了回应，她认为这些报告不仅是回顾与反思，更是对我们当前处境的辨识。她指出，以困难为起点，在错误中学习，这本身就是一种行动研究。她强调，我们需要深入思考是什么让我们陷入这样的处境，同时更要明确自己的身份——作为心理学专业人员和辅导老师。她还特别强调了心理学的本土化问题，提醒我们要在真实的关系中工作，要贴近学生，这才是心理学真正的应用。在补充张燕老师的观点时，她提到“位置”或许并不那么重要，真正重要的是“有为”才能“有力”，即我们的力量来自实际行动。

夏林清老师则引导我们反思，为何要对这个研讨会进行入场人员的限

制，[①] 这种界限划分究竟反映了什么。她同样强调了心理学专业在社会中应该如何找到自身的生长点。

李文英老师则从另一个角度提醒我们，当前中小学心理健康教育的心理学专业路径深受西方心理学知识的影响，尤其是大学咨询模式的挪用。研讨报告会结束后，她迅速整理了参加这次研讨会的感想并分享给我们。她对比了两岸学校心理健康教育建制所带来的不同工作面貌，并指出中国台湾地区将辅导专业过度谘商化、个案问题三级化，以及辅导与教学的切割，反而限制了辅导发挥的空间。

反观另一位老师，因机缘巧合进入教职后，被安排担任一年级班主任（导师）及数学老师的角色，并未担任心理咨询师。面对专业期待的落差，她只能自嘲地说心理学和数学唯一的共同点就是都带个“学”字。这两个学科知识的实践，能否在人与人的对待关系中统整，实际上是对一位老师能力的极大考验。当这位老师能从数学教学中领悟到数学运算并非核心，真正重要的是培养学生的数学思维能力和运用数学解决问题的能力；同时，从班级管理中，她观察到学生间看似微小的争执和纠纷，思考着如何给予学生适度的自由以及如何有效运用规则；在课堂教学的具体实践中，她努力厘清课程教材目标、教师引导角色、学生参与主体这三者之间的关系，承担起作为“教师”的责任。

真实的教育环境有其规范性，正如每个学生的成长环境都有其独特的限制。苏纹老师开始坦然面对自己不仅是“心理师”，更是一位“教师”的身

① 由于一线教师的回观报告里涉及大量工作困境的表达，难免涉及相关人与组织管理制度等敏感话题，大家不确定在公开场合进行这类讨论是否合适，便一致决定这一分会场限定为行动研究学会的老师们参加。借此将这场反映对话限定为教师个人专业发展的对话交流属性。

份。带着这样的认同，能够引领孩子在面对日常生活时，落地于真实的人与人互动关系的难题，包括自己的和他人的。因此，我认为身为一位导师，和孩子共同在关系中面对与成长，正是一种专业心理与辅导工作者的面貌展现。

——从咨询室到教室：一条课程转化的辅导路径　李文英

上述对话使我对自身行动的认知从单纯的教学改革扩展到对心理学学科定位、学科发展历史，以及中小学心理健康教育发展背景与现实需求的深入辨识。我开始反思自己的行动在更大社会系统运转中所处的位置，从而有机会看清楚一线心理老师工作困境，以及我自身课程教学困境的复杂系统因素，为更有效的路径探索奠定了重要的基础。

（四）我们在做些什么?

反映对话转变了我对自身行动内容的理解，从最简单朴素的教书育人转变为认识到教学与改革行动在心理健康教育师资培养体系建设中的作用，即通过师资培养推动中小学心理健康教育工作发展，推动心理学专业立足本土实际发展。

1. 朴素认知：教学改革

任教十几年来，我一直怀着朴素的心愿，希望自己能成为一个对得起课堂、对得起大学生及其家人托付的合格教师。我的主要任务就是把课讲好，把学生教好，确保毕业生在就业市场上具备竞争力，能胜任岗位工作，并得到用人单位的认可。这样不仅能提升闽南师范大学在人才市场上的口碑，也能帮助学生在职业生涯道路上走得更稳更远。我始终坚信，心理学能够为基础教育提供有力支持，帮助更多青少年健康成长。正是这样的自我定位，促使我不断进行教学改革，将学生的学习效果与毕业生的工作反馈作为衡量课程效果的重要指标。回顾前述的四个阶段，不难看到这种边实践边调整的改革探索的朴素历程（如表5所示）。

表5 课程改革各阶段的教学要素变迁

课改阶段	课程目标	教学内容	教学方法	教师	学生	教学反馈
第一阶段	掌握理论知识	理论知识为主	讲授为主	自我怀疑；依赖教材；照本宣科	自我怀疑；记忆知识	知行分离
第二阶段	体验认识团体；掌握实施团体的方法	实践技能为主	示范体验为主	启用实践经验	实践技能积累	无脑操作；会做但不会思考
第三阶段	体验认识团体；掌握设计原创活动并加以实施的方法	设计思维为主	示范讲授；实践反思	启用活动设计经验	启用生活经验；展开原创设计	以活动为中心；忽视问题分析
第四阶段	体验认识团体；掌握以问题解决为导向的团体心理辅导方案设计与实施方法	问题解决为主	示范讲授；实践反思	启用问题解决的思维过程	被训练成为解决问题者	能分析问题、设计方案；但常与实际脱节

（1）教师观与教学资源的改革

从教师对教学资源的调动与使用的变化中可以发现，教学改革过程伴随着教师自主意识的提升。最初，由于“非科班”教师的身份认定，我否定了自身实践经验的价值，主要以权威教材中的理论作为教学资源。但随着教学反馈的积累，我逐渐减少理论讲授的课时，转而利用自身的实践经验，通过示范团辅活动带领技术（怎么做）并讲解相应原理（为什么这么做），实现实践与理论的有机结合。随后，我更进一步地反思和挖掘自身的行动库，包括活动原创设计思维与以问题解决为目标的团体心理辅导方案设计思维。在这个过程中，我逐渐从知识的传递者转变为应用心理学实践知识的生产者，教学资源也从单一的书本理论知识转变为基于团体心理辅导实践的原创成果，如表6所示。

表 6　课程改革各阶段教学资源与教学拟解决问题

教改阶段	教学资源	教学拟解决的问题
第一阶段	权威教材	团体心理辅导应该如何做？
第二阶段	教师团体带领经验及反思 学生团体参与体验与疑问	团体心理辅导可以怎么做？ 这么做会有怎样的结果？
第三阶段	教师结构式活动设计经验及反思 学生结构式活动设计经验及反思	结构式活动可以怎么设计？ 这么设计会有怎样的结果？
第四阶段	以问题解决为导向的团辅设计经验及反思（教师）（学生）	以问题解决为导向的团体心理辅导可以怎么设计与实施？ 这么设计与实施会有怎样的结果？

（2）教学目标与教学内容改革

在课程改革初期，应根据学生学习效果的反馈，将教育目标从理解掌握知识体系转变为团体心理辅导实施方法掌握与能力的提升。根据学生实习及毕业生工作的反馈，我意识到中小学团体心理辅导的工作规律与在心理咨询机构里开展的存在差异，所以将教学目标转变为以问题解决为导向的方案设计与实施能力提升。将教学内容从知识掌握转变为活动实施操作程序的学习，从而再进一步转变为以问题解决为导向的方案设计思维训练。

（3）学生观改变

学生从最初的被动接受规范标准知识与技能的受教育者转变为探索实际问题的解决方法的探究者，与教师建立师生协同行动团队，共同探究在学校心理健康教育中团体心理辅导应如何开展，师范生团体辅导课程如何实施更有利于学习。师范生或中小学心理健康教师的身份认同也发生了转变，从原先按标准行事的知识搬运工，转变为问题的探究者、工作方法的设计者，进而成为相关实践知识的生产者。

（4）教学方法改革

教学方法随着对教学目标、教学内容以及学生角色的认知变化而不断调整。最初，教学方法以讲授为主，后来逐渐转变为师徒相授的形式，即教师示范、学生模仿。再后来，教学方法进一步演变为教师与学生共同建立协同探究共同体，在学生自主选择的情境中，以项目式学习的方式展开教学活动。

在对整个课程改革历程的回观整理中，我意外地发现，经过十几年摸索所得的教学方法，竟然与我最初自认为“非科班”的学习历程相吻合，即师生协同探究。由于我的跨专业经历，我在心理学及团体心理辅导方面的学习并未遵循传统专业学习的一般轨迹（以基础理论为始，继而进入实践操练环节的系统学习），而是以师徒相授为基本关系架构，先作为成员参与团体活动，再作为助手观摩并协助领导者从解决问题的角度出发，设计与实施有针对性的团体辅导。逐渐地，我开始尝试独立设计与带领团体，并邀请学生作为观察员，边实践边学习，查阅文献，补充相关理论知识。有时，我甚至先踏入实际情境中去尝试，从错误中学习，向问题本身学习，向团体成员学习。我的知识体系就是这样围绕具体的问题情境建立起来的，在不断地反馈和反思中，我逐渐改变和成长，最终“水到渠成”地形成了一套可行的工作方法（如图 1 所示）。

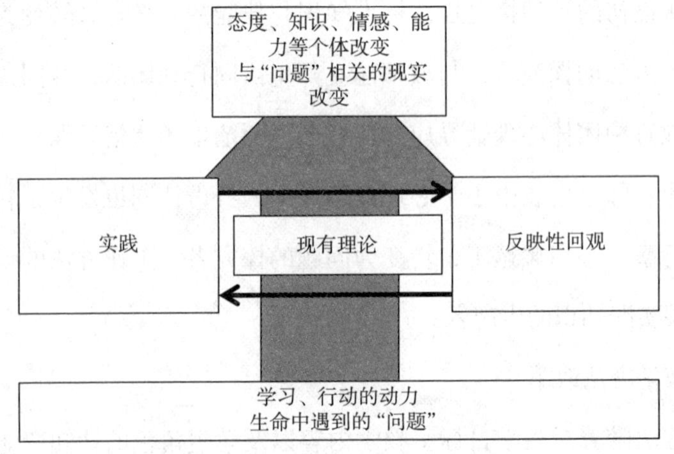

图 1　问题情境中的实践学习历程

（5）教学成效演变

教学改革四阶段的教学效果提升显著。学生们不仅乐于、敢于实施团体心理辅导，而且深入了解了如何进行原创设计，并掌握了以问题解决为导向的方案设计的思维方法。他们逐步开始尝试开展更具针对性和实效性的团体工作。然而，尽管取得了一定成效，截至 2018 年 12 月第四阶段教学改革结束时，仍存在方案设计与现实需求脱节的问题。经过研讨会上的报告及深入对话，我意识到这一问题的根源在于我一直过于关注技术方法的教学，视野局限在如何完善这些方法上，却完全忽视了团体心理辅导开展的环境——中小学学校教育的实际场域中的现实需求到底是什么。虽然我也曾提出过一些问题，但这些问题大多是基于团体设计者根据心理健康理论及发展心理学等理论推测出的假设，它们无法与现实需求完全吻合，因此出现了设计与实际脱轨的现象。这促使我进行了新一轮教学改革，这次改革具有更强的自主意识和更全面的视角。

2. 系统认知：师资培育与学科发展

我主动策划并组织了研讨会中的心理学分会场，初衷仅仅是希望推广行动研究，以惠及更多人。然而，研讨会的深入交流与对话使我站在了一个新的视角上，即与毕业生共同分析中小学心理健康教育所面临的困境，以期探索出更为有效的工作路径。[①] 自此，我开始更加认同自己课程教师的身份，也

① 在 2018 年 12 月 5 日的研讨会外工作坊中（主要参与者为在校师范生），夏林清老师与我进行了一对一的深入对话。这次对话促使我更加坚定地站在师资培育者的立场上，对过往的行动进行批判性反思，并进一步思考师资培育的未来方向。在夏老师的引导下，我进行了三个重要的视框重构：首先，将困境的解释从原有心理师范所学专业知识与心理健康教育工作场景的“理想与现实”差距，转变为“西方心理咨询下的知识体系”与“中国校园心理教育工作方式的独特性”之间的差异性解释；其次，将心理老师面临的困境从非专业岗位的错置归咎，转变为对学校工作场域的不了解是导致心理老师工作难以开展的主要原因；最后，人才培养目标不仅局限于“创造性”，更要强化在教育现场中自我身份的认同和工作开展的灵活性。

就是中小学心理健康教育师资的培育者。我们共同直面中小学心理健康教育工作到底该如何开展的实际问题。同时，我也意识到，在思考这些问题时，我们所学习的心理学专业知识将成为我们思维方法和问题解决方向的重要影响因素。只有对这些专业知识的发展历史与特点进行深刻反思，我们才有可能跳出当前心理学知识结构体系的局限，在解决实际工作问题的过程中，创造出符合本土文化与场域的心理学知识。

三、反映实践的师范生团体心理辅导课程体系探索

对“我是谁”“我与谁一起”以及“做着什么”这一系列问题的深入梳理和反映对话，提高了教师教育者的自觉性与能动性。这使课程教学改革行动有可能突破传统的课程和课堂界限，转而构建一个协同行动共同体。这个共同体由在校师范生、中小学心理健康教师（含本校毕业生）、非心理老师（其他行业与岗位的毕业生）、高校心理与教育跨专业教师，以及行动研究学会成员（涵盖中小学基层辅导老师和高校研究者等）共同组成。我们围绕学校心理健康教育的发展问题（例如，福建地区中小学心理健康教育最需要什么，心理老师及师资培育应如何回应这些发展需求，如何让心理学更好地服务于学校教育等）开展行动研究，这一研究以团体心理辅导课程教学实践为基础，旨在探索新型的人才培养模式。

本轮改革在增强心理学师范生教师身份认同的同时，主要聚焦于解决三个方面的问题。一是适切性问题，即专业知识与学校教育场域的脱节。传统的团体心理辅导课程过于侧重于应用心理学的临床实务技术，忽视了学校教育场域中心理专业实践的特殊性，导致专业人才在中小学学校中常面临边缘化、工作开展困难等问题。二是融通性问题，即专业知识能力的碎片化与缺乏整合。学校心理健康教师的胜任力与其解决问题的综合能力密切相关，但

在当前的人才培养体系中课程结构疏离，导致师范生的专业能力缺乏整体性。我们需要在真实的问题解决任务情境中促进专业知识能力的整合。三是创新性问题，即专业素质过于强调“实践模仿”而忽视“反思探究”。现有的心理辅导实务训练多侧重于“如何做”的实践，缺乏对行动背后的“理论假设”“伦理立场”和“价值选择”的深入反思，这导致学生常常盲目模仿，缺乏探究精神，抑制了专业实践的创造性。

（一）人才培育目标：反映实践型教师

深入分析当前中小学心理健康教育工作所面临的边缘化、误解、工具化对待，心理教育教师常感到“孤军作战”“不被重视”等问题，我们发现这些问题反映了心理健康教师在应对学校复杂教育场域的挑战时的知识能力缺失，本质上反映了基础心理学与应用心理学在明确的分工下，出现了学校心理健康师资培育中过度强调“应用型”人才素质定位，培养内容重实务轻研究、培养方式重模仿操作轻设计反思的倾向，进而导致专业人才素质能力有所偏狭。

为此，新一轮课程改革将反映实践型教师作为学校心理健康人才培养的核心目标。首先，需要重新界定学校心理健康教师专业实践的特殊性。作为镶嵌在教育情境中的心理学专业教育工作者，他们不能仅依赖临床咨询的专业知识和技术，而应在深入理解学校复杂多变的教育日常、校园教育行政系统的工作特点与要求、学生及其他教育工作者的需求及其交互作用的基础上，发现问题、界定问题、分析问题，并尝试制定解决方案。同时，他们需要通过行动后的反馈来监控方案的有效性，并不断优化行动方案，逐渐积累形成学校心理健康教育的实践性知识。这意味着反映实践型教师不仅要能应用知识，更要具备开展教育行动实验的能力，成为教育现场的探究者。其次，教育探究工作及实践知识的生产需要始终拥有与科学研究社群同质的科学性监控，否则容易落入主观自证或自限的窠臼。因此，反映实践型教师应重视建立协同行动团队，在不同角色背景、不同使用理论、不同行动策略的参照和对比中考察反思行动方案的科学性与合理性，促进潜藏于实践能力和事务应对直觉反应中的“默会”知识得到辨析、完善和发展，如图 2 所示。

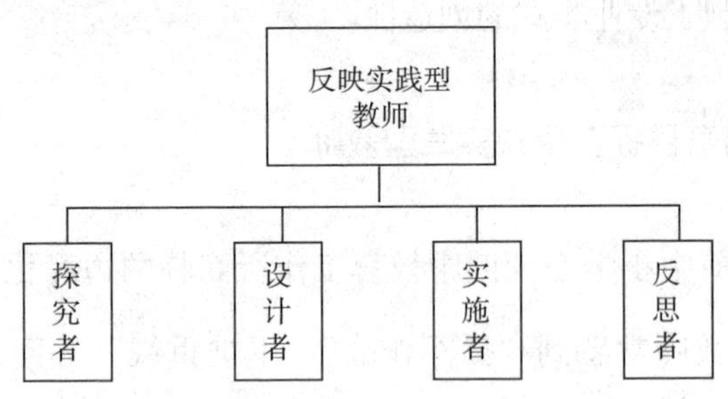

图 2　反映实践型教师的角色构成

（二）内容体系：团体心理辅导行动实验

以“如何在学校开展团体心理辅导行动实验”为主题贯穿始终，以“做中学”的方式向学生呈现实践情境中团体辅导行动的开展过程（如图 3 所示）。其中，“设定问题”指在真实的教育情境中发现问题，对复杂、模糊与易变的问题进行事件内在关系脉络梳理，以明确团体心理辅导行动实验的起点；“拟定目标”指基于自身经验、访谈和文献查询等多种方式展开逻辑严谨的问题分析。运用分析综合、归纳演绎、类比想象等方法，提出问题解决的基本假设，结合有限的现实条件寻找问题解决的切入点，明确团体辅导工作的总目标；“设计方案”指综合团体心理辅导发展阶段理论、各流派辅导（咨询）理论、问题领域现有理论（如心理弹性领域的理论模型），将团体辅导工作总目标分解为阶段目标，形成逻辑严谨的工作流程，结合结构式团体活动的素材及设计原理设计活动方案，支撑各单元子目标的达成；“方案实施”指了解团体发展阶段理论所提出的团体各阶段特点及工作任务，掌握团体心理辅导各阶段的重要工作方法和技术；“反映对话”指树立在行动过程中始终保持对行动进行反映的意识，掌握与协同行动者开展反映性对话的工作方法。借由情境对行动的反馈产生对于问题、问题解决方案、行动者自身等的不同理解和再框定，并将这种全新认知通过反映对话与其他教育工作者（如班主任）展开富有创新性的协同行动。

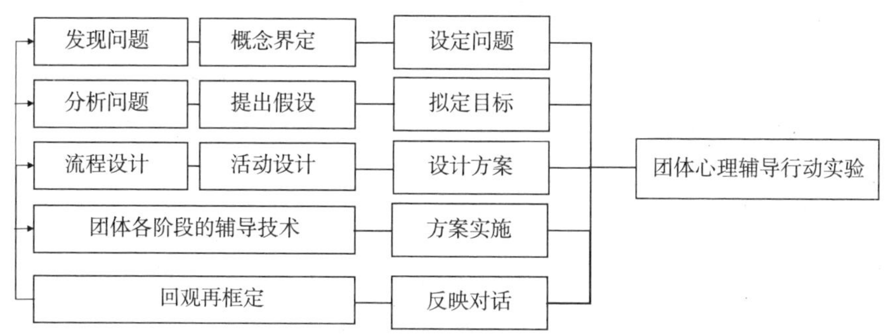

图 3　反映实践型人才培养（团体心理辅导）内容体系

（三）教学模式：问题导向的“双模块三阶段”教学模式

问题导向是以基础教育现实问题的解决为指引，通过发现问题、科学分析和着力解决等过程来开展情境教学。其中，“双模块”指的是本课程突破了传统教学中“重实施轻设计”的内容安排，实现在问题解决的真实情境中设计、实施双模块的相互呼应和推进。在方案设计中展望实施的可行性；在实施过程中回顾设计的初衷，并重并行，以此促进学生知识能力的融通与整合。同时，“三阶段”则是指在教学全程中始终坚持“在实践中反思”和“对实践反思”的原则，并根据内容属性将实践反思划分为“是什么”“为什么”和“怎么做”三个阶段，如图 4 所示。

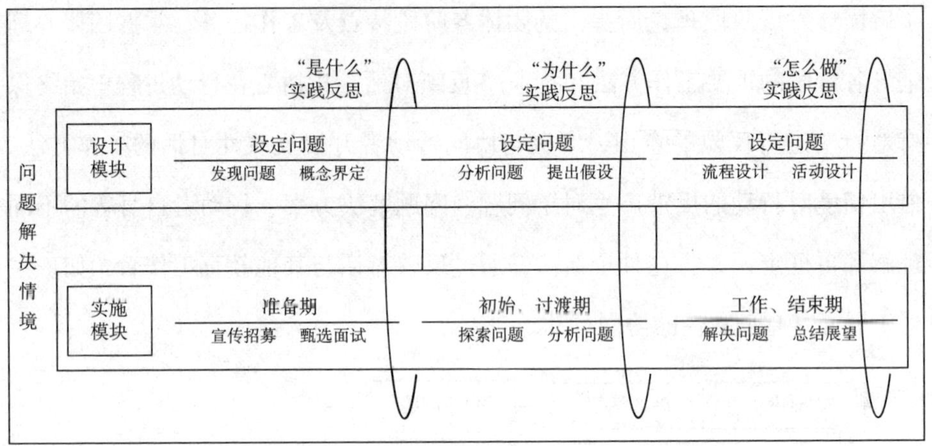

图 4 问题导向的"双模块三阶段"团体心理辅导教学模式示意图

以 2019 级心理学（师范生）WNX 同学的学习历程为例，她与另外四名同学共同成立了项目研究性学习小组，进行了两个学期循序渐进的团体心理辅导学习。在第一学期，课程学习主要安排在某初中的一年级五班和六班。第一步，她们进入初一班级的教学现场，通过听课、课间观察和访谈（对象包括班主任、科任教师和学生）来收集资料，然后在小组内整理与讨论这些材料，生成该班级学生发展现状报告，明确存在的问题，并设定团体辅导的工作目标。第二步，她们在团体心理辅导课程中汇报第一步的工作进展，并听取教师和其他小组成员的反馈与提问，进一步深化对问题内涵的认识，并完善团体辅导的工作目标。第三步，她们再次回到中学班级场景，向班主任汇报问题界定和目标设定的情况，并根据班主任的建议进行调整。第四步，她们根据工作目标设计心育班会方案，并在大学课程中汇报并实施了该方案，收集大学生的活动体验反馈，并据此对活动方案进行修改。第五步，她们在初一班级实施团体辅导，收集同学和教师的反馈，并在小组内进行实施效果的反思讨论。第六步，她们在大学课程中汇报实施与反思的结果，并听取教师和其他组同学的反馈建议，准备下一轮工作方案设计的改进。

到了第二学期，由于受新冠肺炎疫情影响，她们无法继续进入初中校内开展团体辅导工作。但WNX同学重新组建了项目小组（均为女生），并以小组成员共同感兴趣的主题，展开了新一轮的团体辅导实践工作。整体的学习过程与上学期类似，依然以课外实践反思和课上汇报反思为主。

（四）教学成效

与上一轮教学改革相比，本轮教学设计真正实现了让师范生深入学校团体心理辅导工作的实际场景。在第一学期，我们"试水"初步探索，旨在了解问题情境的复杂性，并与情境中的主体（辅导对象）进行真实互动，从而深入剖析问题产生的根源。通过这种方式，我们能够制定出更贴近实际问题的工作目标及行动方案，并迅速在与辅导对象的互动中检验其可行性。基于效果反馈，我们不断反思并改进方案设计。到了第二学期，项目小组根据前一阶段行动探测实验所收集的信息，制定了更为系统细致的工作方案，并进行了第二轮的实施与尝试，再次收集了行动反馈。这种以行动研究为方法论基础的实践反思学习，不仅使团辅学习的难度阶梯化，提升了学生的挑战信心和成就感，也更符合实践学习的心理机制——在实践中学习、在错误中成长，从而让自主学习成为可能。

在学期初，我们便接到了以小组为单位开展八次团体辅导的任务。这对我们这些团体辅导的新手领导者来说，既是一次巨大的挑战，也是一次宝贵的机会。在上课过程中，我们一边着手准备小组团辅活动，一边聆听老师讲授团体辅导的知识，两者相得益彰。我认为这种知识点与实践相结合的教学方式更有利于我吸收团体辅导的知识。在这一过程中，我们不仅可以在带领活动中发现问题，还可以及时补充所需的理论知识，真正实现了在做中学。经常听说理论要联系实际，而这一学期的课程确实让我深有体会。完成八次团体辅导后回头反思，我深刻认识到，只学习知识而缺乏实际操作，会让人觉得空洞无物；而缺乏理论基础的实操也是难以成功的。（截取自 2019 级心理学本科生吴婉婷团体心理辅导课程作业）

1. 加强对情境复杂性和辅导对象处境的重视

在此前的教学体系中，团体心理辅导既有的技术工具常被作为教学互动的重点内容，这催生了工具方法至上的教学行动特点。在这种模式下，学生往往只能“搬运”知识或追求知识创新，却忽略了团体辅导工作的核心对象是人，其根本任务是促进人的发展与成长。当师范生毫无准备地进入真实问题解决情境中时，他们必须重视与辅导对象建立良好的关系，并重视从辅导对象和辅导情境中学习，以深入理解问题的本质，从而制定出有针对性的行动方案。

到中学进班级做团体辅导这次经历，让我真正体验到了与学生近距离接触的感觉，也让我原本动摇的决心变得更加坚定，我更加确定了自己想要成为心理老师的愿望。通过和学生的真实接触，我深刻体会到了计划落实的美好，也真切地感受到了学生的年龄特点和需求。我很庆幸能有进班级的机会，也很庆幸自己遇到了初一六班的同学们，这让我对教师生涯开始充满期待。我发现，与现在的学生相处，最重要的是让他们放下戒心，学会接受你，把你融入他们的体系中，而不是去做一个高高在上的老师。

当我第一次去班级听课并进行学情分析时，我发现班里的同学都很热情，他们总是有无数的问题要问我，并且一直期待着我来上课。因此，我们小组在课后尽快地设计方案，并不断修改，力求使其更贴近他们的实际生活。然而，第一次的计划被批评得很惨，原因在于我们的活动设计过于生搬硬套，缺乏创新。经过老师的指导，我们意识到一直以来设计的目标都过于宽泛，不够贴近实际，而活动的选择也仅仅是按需给予，没有深入探究问题产生的根本原因。在老师的提示下，我们重新审视并修改了目标，将其由宽泛的概念细化为三个小点，更加专注于引导学生理解他人。同时，我们也共同设计出了一个新颖的游戏——神秘拼图。

我也很庆幸能和第三小组的小伙伴们分在一起。我们的合作过程大体上很和谐，虽然偶尔有分歧，但通过协调都能解决。我们对自己的共同作品感到很自豪，它在两个班级的实施效果也很好。虽然我不是班级团体辅导的主负责人，但我从一个旁观者的视角，更加清晰地看到了同学们在这次活动中的积极性和参与感。通过这次活动，我和班级的很多同学都建立了深厚的感情。课程活动结束后，许多同学都向我们要联系方式，并在之后偶尔与我们聊天，咨询一些问题。这让我能够更贴近中学生的生活，真实了解他们的具体生活，而不再仅仅依靠自己的经验和想象。

这为我下学期的课程设计奠定了良好的基础，使我能够更快地融入学生之间，并了解他们的具体需求，从而进行有针对性的辅导。值得一提的是，班级里有一个智力障碍的学生，起初班主任希望我们不带他参与活动。但与老师商量后，我们决定让他一起参与。因此，我们巧妙地设计了活动，将神秘拼图的关键线索交给他，希望他能够融入其中，并受到他人的关注。在分享环节，我请他上台，询问全班同学是否有人注意到他的线索与大家完全不同。由于有些同学一直在询问我们谜底是几个字，许多同学才意识到，这份唯一且重要的线索就掌握在某一位同学手中。虽然由于时间限制，我们没有邀请更多同学上台分享，但课后有同学告诉我，他们通过这个游戏真正体会到了他人的重要性。当自己无法解决问题时，通过集思广益，大家很快就能猜出谜底——这让我感到非常欣慰，我认为活动的目的已经达到了。

此外，我还旁听了12班的团体辅导，通过对比，我发现了两个班级学生之间的差异和问题。例如，在12班中出现了我们班没有出现的情况：一位同学因爱吹牛，尤其是说一些不切实际的谎言，而被其他同学排挤和调侃。课后我了解到他对同学的调侃感到非常不开心。这引发了我的思考：如果在我的课堂上真的遇到类似的情况，我该如何妥善处理？这是我需要深入思考的问题。（截取自2019级心理学本科生吴诺希团体心理辅导课程作业）

2. 具备组建团队开展协同行动的合作意识

学校心理健康教育工作需要多方协调，理顺各项工作细节，并积极开展教研以提升工作品质。因此，突破心理学专业的限制，与学校其他教育工作者共同开展研究，应成为学校心理健康教师的必备素质。实践型人才培养模式以组建学习共同体并开展对话作为重要的教学形式，通过持续的小组研究性学习和协同工作训练，促进师范生树立平等意识、尊重差异、整合资源、建设性地应对冲突，从而培养他们自信开放、乐于担当的合作意识。

团体辅导结束的那一天，我邀请了团体的所有成员参加我的生日聚会。一个成员非常真诚地看着我说："你知道吗，我以前一直以为小组作业就是'小组作孽'，意味着组长要一个人完成所有任务，是一项非常艰难的个人作业。直到看到你们，我才发现原来可以存在这样完美配合的小组。你们让我相信，在未来我也许还会遇到像你们一样的小组成员。"

在这次团体辅导开始之前，虽然我知道组员们是足够负责的，但我还是带着一丝担忧。我担心我的声音不被听到，担心团体不能顺利运行，担心会虎头蛇尾。我能很明显地感觉到自己的焦虑。老师上个学期和我说过，大家会包容我的焦虑，但不管怎样，在我焦虑的时候还是能感受到团体成员之间的不融洽。即使我相信我和他们之间的关系足够稳固，即使我承认我的成员可能在某些方面比我优秀很多，我还是会担心，无法以一种“完全把自己托付给团体”的状态在团体中存在。

一直到12月6日，团体活动全部实施完毕，我向全班做了一次汇报。整个汇报过程长达一个多小时。我的伙伴们说，他们很久没有看到我站在讲台上如此侃侃而谈了。即使后来也有同学提出了一些我完全不会回答的棘手问题，但小组成员都在讲台下替我作答。当我向他们投去求助的眼神时，他们很快就接收到了。他们坐在第一排，转过身去和我一起面对那些提问的同学。那一刻我站在台上，和他们隔着一个讲台，但是又好像被他们紧紧包围着，感到很温暖。一个组内的每个人都有自己的专长，可能有的人在某些模块上更擅长一些，有些人则相对弱一些。我一个人不是一个团队，要他们和我一起，我们才是一个真正的团队。（截取自2019级心理学本科生姬乐颖团体心理辅导课程作业）

3. 承担行动探究主体责任，拥有反思创新能力

反映实践型人才培养模式强调实践者的行动自主，通过情境化教学中的自选课题促使师范生深入教育现场发现问题，以问题解决为目标导向的研究性学习发掘其内在驱动力，挖掘创造潜能，促进心理健康教师的可持续发展。

这学期，我一直在反思上学期的不足，并努力改进。相较于上学期仅参与两次团体辅导，这学期我们开展了为期一个月（共计八次）的团体辅导。无论是时间成本还是活动难度都大大增加。然而，我认为这学期的团辅活动是成功的。尽管八次活动较为漫长，且过程中遇到诸多问题，但通过不断复盘、及时讨论并向老师请教，问题都得到了很好的解决，也使团辅顺利进行。整个团辅过程，让我获得了强烈的自我效能感，甚至多次沉浸其中，不再将其视为一个高难度的作业任务。

反思这八次团辅，我认为两学期团辅活动效果差异显著的原因，除了我们领导者团体的凝聚力，更重要的是相关理论知识的扎实程度。有了扎实的理论作为支撑，我们才能更好地了解在当前社会背景下出现的问题，确定团辅活动的主题和目标，进而查找相关的文献和资料。没有科学的理论依据作为基础，团辅活动就会像无源之水，难以持久。

团辅活动的设计是一个不断“尝试—错误—再尝试”的过程。我们要敢于尝试，不怕失败，一旦出现问题要及时补救。上个学期的“班级凝聚力”主题团辅活动之所以未能成功，很大程度上是因为我们事先没有安排时间进行活动方案的预实施，也没有充分考虑到团辅过程中可能出现的问题。而这学期的八次团体辅导活动，我们前期投入了大量时间来设计和实施方案，经过多次推翻和修改，充分考虑了各方面的问题，最终确定了方案。尽管如此，团辅一开始实施时还是出现了问题，但我们及时寻求老师的帮助，使得团辅能够顺利继续。因此，学习就是在不断尝试、验证和修改的过程中进行的，许多宝贵的知识和经验也是在这个过程中积累的。

这一学期的团辅活动让我感觉自己取得了很大的进步，这离不开组员的相互促进和学习。人不能被一时的挫败所打倒，而是要学会发现问题、分析问题、解决问题。上个学期的团辅活动曾让我信心受挫，怀疑自己带团辅的能力。经过深入思考和分析，我意识到自己的理论知识并不扎实，仅仅依靠课堂听讲是远远不够的。团辅活动的设计同样需要坚实的理论支撑。吸取上学期的教训，这学期我努力学习理论知识，不仅关注团体辅导的理论，还深入研究了咨询理论。我逐渐认识到，团体辅导的理论需要个体咨询理论作为支撑和辅助。如果没有对团体中所运用的理论有清晰的理解，团体辅导将难以顺利开展。因此，当我们小组决定采用叙事疗法作为这次团辅活动的理论支撑时，我积极翻阅了相关书籍，深入了解了叙事疗法的理论假设和技术应用。我们小组的态度始终是细心、全面的。（截取自2019级心理学本科生吴婉婷团体心理辅导课程作业）

四、教师实践性知识的生产：有灵魂的团体心理辅导

在持续探索教学改革的路上，我把自己追寻的目标称为“有灵魂的团体心理辅导”，却从未对这个出自直觉的“灵魂”隐喻做出理性澄清。以下部分拟借用陈向明提出的“教师实践性知识”，从关于自我的知识、关于科目的知识、关于学生的知识、关于教育情境的知识四个方面，[①]尝试对团体心理辅导及师范生团体辅导课程教学的“灵魂”进行梳理。

（一）关于教师自我的知识

一是教育价值观。回观自己对教师角色的态度转变，从最初的抵触到如今的喜爱与认同，我逐渐形成了与“在尊重个体自主性前提下推动共同成长与改变”这一生命价值相契合的教育观。在大学时期，家庭教师等社会实践让我深入体验社会生活的多元性，增强了对生命苦难的共情能力，也使我

① 陈向明:《搭建实践与理论之桥：教师实践性知识研究》，教育科学出版社，2011，第77—97页。

更加明确教育助人者所肩负的推动改变、创造幸福的责任。我将“博爱务实”“独立思考”和“突破创新”作为自己的终身追求，并作为课堂教育的核心理念，同时这也是我与学生们对理想生活方式的共同向往。

二是教学效能与自我价值认同。在十余年的教学改革中，我逐渐从“非科班”教师的自我怀疑中走出来，认识到自身实践经验与师生共同探索反思的知识价值，并坚定地投身于师范生反映实践型人才培养体系的创新之路。课堂上，以学生提问为起点的师生互动，促使我深入反思教学实践，而学生持续的教学反馈则是对我实践经验的高度认可。正是为了满足学生的学习需求，我得以突破技术实践观的局限性，深刻认识到以问题解决为中心的实践知识体系的重要性。

三是教师责任感与使命感的提升。对社会责任和义务的认识深刻影响着教师的责任感。当我意识到教师的责任不仅限于课堂和学生，还涉及毕业生专业发展、学校心理健康教育工作乃至心理学学科的发展时，我对课程改革在社会系统中的作用有了更深刻的理解，进而增强了自身的责任感和使命感。

（二）关于师范生团体心理辅导科目的知识

一是学校心理健康教育工作体系下的团体心理辅导。早在1997年，就有学者指出，学校心理健康教育工作不可对根植于西方文化土壤的各种心理咨询与治疗流派方法直接照搬，应重视理论与实践的衔接，倡导理论工作者参与指导实践，同时实际工作者将实践经验总结上升为理论，形成理论研究与具体实践的“双向调节”。[①] 本课程改革实践也证明：虽然学校心理健康教育工作体系下的团体辅导借鉴了西方团体心理咨询与治疗的理论和技术，但由

① 叶一舵：《我国中小学开展心理健康教育的回顾与展望》，《中国教育学刊》1997年第2期。

于其工作环境和对象的特殊性，团体辅导具有较大的模糊性、复杂性和变化性。例如，班级团体动力与小团体动力之间的差异，以及学校教育管理机制和复杂人际关系对团体辅导工作的影响等。因此，师范生团体心理辅导课程必须超越小团体心理辅导的框架，构建适应中小学素质教育和现代化学校管理需求的独特内容体系。

二是中国本土文化下的团体心理辅导。在教学实践中，我们发现许多基于西方团体动力理论的技术方法在中国文化背景下存在适应性不佳的问题。西方社会人际关系的基本假设与学校教育场景中的互动规范存在较大差异。因此，课程教学必须充分考虑师生在日常生活中积累的经验，与现有小团体心理辅导知识进行文化差异的辨识和批判性学习。

（三）关于学生的知识

一是作为实践者的学生。建构主义教育观强调，学生在学习过程中携带的个人经验至关重要。在参与团体心理辅导课程前，学生已积累了丰富的团体经验，如家庭、同伴、班级及社团等团体中的不同角色体验。这些团体经验深深嵌套在社会系统中，遵循着中国文化的人际互动原则。学生作为社会行动者，已在生活中积累了大量本土团体实践的默会知识。若能在课程中通过对话挖掘这些个体知识，将极大促进本土文化下的团体心理辅导实践性知识的发展。

二是与教师协同开展课程改革的学生。师生协同的课程改革，起初仅限于教学反馈。但随着改革第二阶段的开始，学生开始对教师示范过程提出疑问，探究其背后的假设、信念和目标。这种协同探究关系使教师在学生的协助下，对实践中的“默会”知识进行反思与整理，进而生成新的教学内容，如团体心理辅导技巧、活动设计思维等。课程改革正是在这种互动中不断推进。

三是作为反映实践者的学生。学校心理健康教育绝不是某种生产链上的例行工作，它在全国各地各类学校推进的过程中，逐渐形成与区域教育发展相适宜的多样形态，许多具体工作方式依然处于探索阶段。师范生毕业后，将面临复杂多变的工作情境，需以探索者的姿态创造性地开展工作。在课程改革过程中，学生逐渐学会对自我身份、工作期待和思路进行反思与监控，将实践反馈融入后续行动，成长为研究型实践者，持续在工作中进行环境与行动的反思。

（四）关于教育情境的知识

一是课堂团体。课堂是一个独特的成长空间，每节课都是团体互动的环节。教师是团体的带领者，学生为团体成员，课程教学过程本身就是团体带领的过程。团体心理辅导课程为学生提供了一个释放自我、交流新知、促进成长的平台。

二是跨越时空的课程团体。随着课改的深入，团体实践不再局限于课堂，而是融入学校教育的广阔天地。中小学的班主任、科任教师、心理教师（毕业生），以及学生们都参与进来，共同为学校的心理健康教育贡献智慧和力量。课程团体逐渐演变成一个多元共舞的平台，共同探索学校心理健康教育的未来发展。

团体心理辅导是人在特定情境中，建立在团体动力思维（它是一种以团体情境中的个体现象、团体现象与人类生存发展及变革经验之间关系为对象，融合了开放系统、脉络主义、辩证改变思想的思考方式）[①]基础之上做出的一

① 夏林清：《大小团体动力学：理论、结构与工作方法》，北京师范大学出版社，2020，第15—17页。

种助人行动选择。

在这一过程中，行动者的主体经验应被充分尊重和看见。他们需要仔细梳理和分辨所处的行动情境，如学校教育、组织关系、社会文化等。在此基础上，他们选择合适的行动方向，与协同者共同展开尝试、反思和持续推进。人的共同主体性、协同性、反思性以及与情境的对话性是团体心理辅导的灵魂。有灵魂的团体心理辅导应将工具与目的一体化、[①] 问题解决与人的发展一体化，从而成为人类灵动的生命行动。

① 弗雷德·纽曼:《心理学的迷思》，王东美、郭姵妤、龙炜璿译，五南图书出版股份有限公司，2021，第6页。

社会田野中大小团体的“野蛮生长”

孔凡芳[①]

我既没有心理咨询与治疗的实践背景，又缺乏组织团体活动的经验，因此在团体的洪流中时沉时浮，有时甚至感到被淹没。尽管我曾偶尔尝试抽身观望团体，但未曾深入思考，因此始终未能厘清团体的错综脉络和层叠关联。或许是缘分使然，在阅读中我偶然读到了夏林清教授的《大小团体动力学：理论、结构与工作方法》一书，其开篇序言便深深触动了我。

对于渴望真正掌握团体工作方法的专业工作者而言，多年从事与推动团体工作的经验使我坚信以下三个课题至关重要：第一，不被心理咨询与治疗小团体既定的操作形式局限了对团体场域中人类现象的理解与探究；第二，避免成为操弄团体活动的“专业技工”；第三，有意识地走入团体经验发生及运作的生活场域，敏感地观察与体会。[②]

或许我有所断章取义，但这段描述与我的状态极为契合。我以“无知一身轻”的态度全身心地投入团体，随其洪流起伏。我虽非“有意识地走入团

① 孔凡芳，闽南师范大学教育与心理学院讲师，四川师范大学教育学硕士，主要从事叙事教育学、阅读与国民教育、学前教育研究。

② 夏林清：《大小团体动力学：理论、结构与工作方法》，北京师范大学出版社，2020，第 1 页。

体”之人，却可以成为“有意识地走出团体”的探索者。尽管我不确定自己是否有足够的资格和能力对参与其中的大小团体进行回观和辨识，但我仍找到了叙说的理由：希望通过回顾和整理这几年作为当事人参与大大小小团体的经历，重新梳理和反思自己的行动与思想，为当下及未来的团体生活提供行动指南。若我的分享能为当前身处各大团体中的朋友们带来些许启示，助其少走弯路，那将是一件令人欣慰之事。

我将回观并梳理四个团体十余年的发展历程，这四个团体分别名为“女人帮”“疯爸狂妈乐宝团”“故事妈妈团”和“创享人生之旅”。这四个团体共同的关键词是：教育、阅读、女性、交往。从团体活动内容来看，它们涉及高等教育、幼儿教育及家庭教育等多个领域。阅读是每个团体不可或缺的活动，特别是“故事妈妈团”，更是以阅读为核心而成立的团体。参与这些团体的人员包括高校教师、学前教育师范生、幼儿、幼儿教师和幼儿家长。除主要面向的幼儿群体外，团体的成员多为女性，男性幼儿教师和学前教育师范生相对较少，愿意与他人交流育儿经验的父亲更是罕见，因此目前最多的是多样的妈妈团体。

在团体中，我作为高校学前教育专业的教师，既承担培养学前教育师范生的责任，也与当地幼儿园的幼儿教师保持紧密的合作。在高校教师、学前教育师范生、幼儿、幼儿教师和幼儿家长等个体构建的复杂团体关系中，我因多重身份而成为联结这些个体的桥梁。“一个人要逃避属于自己的责任是十分容易的，但要看清自己存在的方式并对他们负责任反而是十分困难的。在大团体中，团体的中心既像一摊泥泞，又像一盆烫水，谁也不愿轻易踏进去捡起属于自己的那一份。”[1] 在不同的团体中，每个人的行动与使命都受到团体

① 夏林清：《大小团体动力学：理论、结构与工作方法》，北京师范大学出版社，2020，第8页。

结构的制约。通过回观团体生活，我能够更清晰地认识自己在团体中的责任与使命、处境与角色。

一、“女人帮”——随遇而安的学习团体

（一）团体的出现和消失

首先要说明的是，“女人帮”并非与男性对立的“女权组织”，其得名仅因最初成员均为女性。此组织的宗旨在于共同学习。暴侠老师作为我们的“老大”，扮演着大姐般的角色，她常常协助我们解决各种问题。我们在群里探讨教育、课程、孩子，偶尔也聊聊家中的琐事。由于每个人的思维方式不同，对问题的理解也各异，尤其是阳莉华，她凭借心理咨询与团体辅导的专业背景，总能提出独到的见解。“看不到人”也许是教育最大的问题，这也是后来阳莉华老师与我合作教学的原因——我们希望能为学生展示不同的思考方式，特别是让他们关注自我，真正体会“以儿童为中心”的教育理念。

在“女人帮”成立之前，暴侠、阳莉华和郭丹丹几位老师已建立了深厚的联系，她们不仅在课堂上密切合作，还共同组织了在蚶江的一系列活动。我加入这个团队相对较晚。有一次，在听完夏林清老师的讲座后，暴老师感觉又发现一个“同道中人”，便邀请我一同聆听夏老师的讲座并参加工作坊，我毫不犹豫地加入了这个组织。夏林清老师虽非我们团队的成员，却如明灯般照亮我们前行的道路，使我们能够更清晰地看见彼此。

“女人帮”的首次公开亮相是在2018年的“第二届海峡两岸乡村教育与行动研究研讨会”上。我在报告中偶然提及了这个“组织”，被夏林清老师敏锐地捕捉到并给予了积极回应。会后不久，我们的团队迎来了新成员——索

磊老师。[①] 随着时间的推移，我们的团队逐渐发生了变化，闲聊少了，学术讨论多了。后来，我们进入了一段相对静默的时期，并被一个名字更为响亮的群组——“星空写作组”所取代。在“星空写作组”中，常常能看到暴老师催促我们完成任务的消息，如开会、审稿、交稿等。我们简短地回复着，有时也拖延着，期待着暴老师下次的催促。我们并非易于管理的团队，但或许正是这种不同，使我们能够聚在一起，共同前行。暴老师需要有牵着蜗牛去散步的耐心，我相信她有，因为我们是一类人，都有着对知识的渴望和对理想的追求。

（二）团队课程的协作和出场

1. 跨学科教学整合实践的初尝试——我与阳莉华老师的协作

（1）我的课程经验

通过接触夏林清老师的行动研究，我结识了一群围绕在她周围的行动研究者。在跟随夏老师的云霄行动之旅[②] 中，我与阳莉华老师在《学前教育科研方法》[③] 的课程设计方面达成了共识；阳老师决定加入我的课堂，与我并肩作战，使我对这门课程的变革充满了勇气和期待。长期以来，我对这门课程一直缺乏成就感，同学们的兴趣也始终不高。尽管我不断尝试新的教学方法，但效果并不显著。然而，阳老师拥有心理学团辅的专业知识和丰富的实战经验，她的加入无疑为我的课程注入了新的活力，带来了无

① 索磊，闽南师范大学教育与心理学院副院长，小学教育系教师，暴侠老师的爱人。

② 云霄，福建省漳州市下辖县，云霄行动之旅是指我们跟随夏林清老师一起去云霄县下河乡内龙村，了解本土公益项目“好厝边”计划。发起者是返乡创业青年林炉生，林炉生是“北京农民之子文化发展中心”的创办人之一，他先后创办过多家公益组织，2003 年在北京师范大学跟随夏林清老师学习。2014 年夏老师第一次来闽南师范大学就是由林炉生引荐的。

③《学前教育科研方法》是闽南师范大学学前教育专业的一门专业课程，主要由我讲授。

限的可能性。

我们的课程设计主要围绕绘本展开。绘本如同游戏一般，点亮了孩子的童年，它在学前教育领域受到了广泛关注，也成为学前教育师范生们感兴趣的新鲜事物。阳老师和我对绘本更是情有独钟。以绘本为载体进行课程设计，我们需要解决绘本如何与学生自身相关、如何体现学前教育专业特色，以及绘本如何与科研方法课程相结合等问题。经过深入的讨论与融合，我们决定让学生通过绘画自己的童年经验，自制绘本，以此完成教学设计。借助行动研究的路径，让学生在研究中学习研究方法。整个过程中，学生将通过“忆童年—绘童年—思考童年—创编童年主题绘本”的行动来开展研究。

在课程教学中，我们始终关注“育人”目的的实现。绘本制作的主题定位于“儿童的发现”，旨在通过制作一本有灵魂的书，塑造学生成为一个有灵魂的人。在制作绘本的过程中，学生将深入了解孩子的喜好，包括他们喜欢的人物、故事、语言和颜色等。这个过程不仅让学生逐渐走进自己的童年，也让他们更加了解孩子。课程推进的机制也发生了转变，从过去的“了解科研方法—我为研究服务”转变为“了解自己和他人的童年—研究为我服务”。过去的教学虽然尝试了自选课题、开展研究和模拟答辩等方式，但许多学生仍只关注研究方法的应用，对研究内容本身缺乏兴趣。现在，课题研究的目的是深入了解自己和他人，特别是童年时期的经历，研究过程也成为学生自我成长的过程。因此，学生不仅关注研究任务的完成，更关注研究过程中的思考和成长。每一组的课题都从不同角度聚焦童年，如“家庭”“同伴”“游戏”等，大家共享童年经历、情感和认识。

通过对童年的回忆、描绘和思考，学生走进了儿童的世界，用孩子的眼睛看绘本、读绘本、琢磨绘本和创编绘本。在这个过程中，学生得到了自身和他人童年经验的滋养，对童年有了更深的认识和敬畏，理解了童年的多样性和独特性，学会了尊重自己和生命，善待他人。在思考与探索的过程中，他们也认识到了自己作为幼教工作者的责任，从而实现了课程的“育人”目的。

从科研方法理论的学习来看，通过一个学期的学习，我们完成了对绘本设计的研究。在此期间，同学们不仅分享了童年经验，还通过文献检索界定了核心概念，整理了研究过程与结果，有的组甚至还采用调查法了解学生的家庭情况。然而，由于课时的限制和同学们的实际研究需求，本学期未能完成教材上所有科研方法的学习。如何在有限的时间内兼顾理论的讲授和实践的分享，将是今后教学中需要思考和解决的问题。

在课程改革实践中，我最大的收获莫过于在课堂上感受师生思想火花的碰撞，体验彼此童年故事的温度。特别是阳老师的加入，不时带给我惊喜，她的独特见解源自不同的知识背景和思维模式。尽管我们的课程有整体设计思路，但每一次课程内容的发展都是未知的。这种不确定性既令人焦虑，又让人充满期待。当然，课程进展并非一帆风顺。第三次课的“分享作品”[①]环节一度陷入僵局，学生因共享作品而感到压力，产生了被窥探的不安全感以及对窥探他人的道德疑虑。对此，我和阳老师产生了分歧，她不断征求学生意见，而学生意见也越来越多，在我看来已经到了“矫情”的地步。当时，我急于打破僵局，让课程顺利进行下去，这毕竟不是心理辅导课程，目的在于集体成长而非个人疗愈，因此难以解决每个学生的个人问题。此外，学前教育专业的学生缺乏心理学思维和训练，他们可能不愿或没有足够时间敞开心扉。然而，经过教学反思，我逐渐理解了阳老师的立场。她始终尊重学生

① 分享作品，指“绘童年”的部分，每位同学将自己印象中的童年绘成一幅作品，对绘画技巧不做要求，课堂内绘制完成，展示分享。

作为“人”的尊严，而我则急功近利，忽视了课程中的“人”，违背了课程设计的初衷。通过此次课程协作，师生共同成长，我们都收获了什么？一时之间好像说不清、道不明。这或许正如爱因斯坦所言：教育，就是一个人把在学校所学全部忘光后剩下的东西。

在《让课程贴近儿童心灵——改革开放四十年的幼儿园课程》主题报告中，虞永平教授提出的“让课程贴近儿童心灵”理念，深刻揭示了幼儿园课程设计的核心。在当前的学前教育中，幼儿主体性的忽视问题屡见不鲜。尽管幼儿教师忙碌而辛苦，但若因此忘却教育初心，则应深刻反思。幼儿的学习以直接经验为主，课程应融入其生活、游戏及与环境的互动中。理论虽有指导意义，但适合幼儿、贴近其心灵的课程需在实践中逐步构建。幼儿园课程反映了教师的儿童观和教育观，而这些观念的形成同样依赖于实践。师范教育过程中，若学前教育师范生受到关注和尊重，未来他们更可能尊重和关注幼儿；若在学习中采用研究式方法，他们或许会将这种探究性学习方式带入未来的教育实践中，这正是学前儿童所需的学习方式，有利于其全面发展。因此，通过行动研究路径，让“准幼儿教师”接受心灵的滋养，未来他们方能更好地让幼儿园课程贴近儿童的心灵。

2018年，在“第二届海峡两岸乡村教育与行动研究研讨会”上，我作了关于师范教育课堂教学改革行动实验的专题报告。报告主题为“基于‘儿童发现’的学前专业课程改革”，分享了我与阳莉华老师跨学科的教学协作经验，这也是我们团队首次公开亮相。

（2）学生的课程反思①

学生的课程记录和反思是对课程成效的最佳反馈，它们不仅为课程提供

① 每次课后学生都要进行课程记录和反思，这是节选本课程学生提交的作业。

了前进的动力，还精准地校正了课程行进的方向。在欣赏同学们作业的同时，我也开始欣赏这些充满思想、自信且敢于表达的年轻人。

A同学：本以为这门课会与常规的上课方式一样，然而老师采用了一种我未曾体验过的授课模式，确实激发了我的兴趣。课堂上，同学们的思维火花不断碰撞，氛围轻松自在。我们有了充分表达自己想法的权利，这样的课程设计让学习变得更为有趣。

B同学：首次课上，我们主要探讨了课程如何展开、各自的阅读观以及绘本阅读的相关问题。当老师问及“课要怎么上？”时，我感到有些惊讶。以往，这类决策通常由老师来定，学生很少有机会参与。然而这次，随着心理老师的加入，课堂变得充满活力与激情。我们与老师一同讨论课程的走向，一切都是未知的，这种未知让我们能够大胆表达自己的观点，尽管尚不成熟，但过程十分有趣。在讨论绘本阅读推广时，我深刻感受到在农村地区，很多人对绘本的了解几乎为零，这确实是一个值得关注的现象。此外，我也对绘本的高价表示疑惑，我们都在探讨绘本的价值是否真的与其价格相匹配。

C同学：这次课我们开始了课题研究的分享。我内心有些忐忑，因为我们组对如何开展研究尚感迷茫，起初只是停留在个人的看法和见解上，还未能结合更多人的想法和相关书籍。科研确实是一个需要长时间、耐心、多次讨论和分享的过程。虽然初次分享可能无法带来实质性的成果，但旁观者的意见和建议为我们下一步的行动提供了方向。在这次分享中，我看到了不同视角，也感受到了分享者与聆听者之间的分歧，这是一个相互辩解、理解和捍卫的过程。这让我意识到，看客和经历者之间的距离在无沟通的情况下是无法调和的，如何在无直接接触的情况下让这种距离变得有意义，是一个值得思考的问题。

D同学：回顾本学期的课堂记录，那些原本有些遗忘的内容再次浮现在我的脑海中。从最初的童年画作，到按画作分组、讨论内容、确定小组主题，再到我们的研究发现与实验，以及最终的绘本制作，整个过程清晰有序。这种课堂方式不仅让我们的学习氛围更加浓厚，还打破了宿舍界限，使班级同学之间的交流更加频繁。

E同学：随着绘本展示的结束，科研法的课程也画上了句号。我要感谢孔老师和阳老师在开学之初就敢于创新，为我们带来了这种不同于传统“老师讲、学生听”的教学模式。通过内省和小组讨论的方式，我们得以自主学习。在整个学期中，我们主导着课堂的发展和进度，而老师则更多地扮演着答疑解惑、助我们一臂之力的角色。一学期下来，我们收获的不仅是丰富的研究过程记录，还有书本之外的宝贵经验，如真正使用问卷调查法进行实际操作的体验。

（3）同行专家的回应①

2018年，在“第二届海峡两岸乡村教育与行动研究研讨会”上，索磊老师对我、郭丹丹、阳莉华等几位老师的报告进行了回应。以下内容系根据研讨会报告录音整理所得。

索磊老师：我听过孔老师的课，那堂课学生们讨论了儿时的游戏，并从童年游戏的角度探索了对学生未来的影响。这些学生将来都将成为幼儿园老

① 同行专家的回应，主要是暴侠老师、索磊老师多次参与到我和阳莉华老师协作的课程中来，希望通过他们对课程的评价，更多元地反观课程。

师。每组学生大约有十人，他们讲述的游戏都很精彩。我了解到他们大多是“90后”，还有“95后”。其中，还有来自贵州的学生，让我惊讶的是，那些孩子在小学一、二年级的时候，上学时间非常随意，早上9点才往学校走，路上还会边走边玩儿，甚至帮忙干农活。这让我想起了自己的童年，没想到在他们这一代人身上依然存在。我听得津津有味，觉得每个故事都非常有趣，大家都听得十分入神。

然而，我当时不禁产生了一个疑问：这真的是科研法的课吗？老师在这其中应该扮演什么角色呢？我在听的同时，也在思考这个问题。我认为，可以先从游戏的主体角度对学生的经验进行分类，比如游戏的伙伴，包括同学、邻居、亲属等。接着，可以从游戏的内容和方式进行分类，探讨他们所做的是哪种性质的游戏，是角色扮演类的，还是其他类型的。此外，还可以从他们互动的方式进行分类。在我的脑海中，这样的课程框架体系逐渐清晰起来。

原本我准备在课间休息时去指导孔老师，建议她最后进行一个类似的总结，这样会更符合科研法的课程要求。但我很庆幸，当时由于某种原因，我没有说出来。现在看来，如果我说了，可能会让学生觉得老师很厉害，一讲出来就很有条理。但这种赞叹并不会让学生觉得自己也很厉害。然而，在接下来的课上，我看到了学生们的表现，真的非常棒。这种棒，正是因为老师没有过多展示自己。

这并不是说我们的老师不棒，相反，能做到这一点，对老师的要求其实非常高。这种棒并不是要和学生比较，而是要让学生能够更棒。那一组学生展现出来的研究状态，真的让我非常佩服。这四位老师的发展历程，让我不禁想到了《教学勇气》这本书中所描绘的内容。从他们身上，我看到了自我认同和自身整合的力量。我感觉今天这四位老师[①]在台上真的绽放了。

2. **在故事中成长——我与暴佚老师的协作**

之后的《学前教育科研方法》课程，由于阳莉华老师未能参与，我并未继续沿用先前的课程思路，而是回归了以往熟悉的模式。这主要是因为我对自己的团队领导能力和心理学素养缺乏足够的自信，尤其担心当学生在课堂上敞开心扉、倾诉心声时，我会手足无措，无法给予他们有力的心理支持。因此，我没有进一步巩固和推进这一课程实验，这确实令人遗憾。然而，回顾这几年的教学经历，我发现自己已不再原地踏步，而是在逐步向前迈进。例如，在设计学生研究主题时，我更加注重选择学生关心的话题，聚焦于他们的个人成长。

我遵循打破专业壁垒的理念，不仅打破了所授课程之间的界限，还将《学前教育科研方法》与《幼儿早期阅读与指导》这两门课程进行整合。我将与幼儿早期阅读相关的课题作为研究方法课程的主要内容，使学生在自主研究中实现专业成长。在科研过程中，我注重阅读的意义、故事叙事的价值、故事共同体的构建，以及情感认同和叙事认同的价值。这些变化或许是受夏林清老师行动研究理念的影响，或许是与团队一路相伴的动力所致。我的教学理念已悄然发生改变，我开始在记录中反思教学，在反思中不断成长。

以下是 2021—2022 学年第 1 学期《幼儿早期阅读与指导》课程的教学反思摘录。

---

① 四位老师，指在“第二届海峡两岸乡村教育与行动研究研讨会”上，四位老师进行了师范教育课堂教学改革行动实验的专题报告，索老师作为专家回应人进行集体回应。本书省略了索老师对其他三位教师的回应部分。

（1）我的课程构思与实录

2021年8月30日

本学期《幼儿早期阅读与指导》选课学生众多，因此分为两个班级授课。开学之初，我了解到暴侠老师团队的“闽师附小课后延时学伴活动记录”，[①] 由此深受启发。看到老师和同学们的记录，我深感震惊，既佩服又感动。我开始思考，我的这门课程是否也可以采用学习记录的形式来提高学生的参与度和反思能力。在与暴老师交流时，她对我的想法表示了支持。更巧的是，我第一天上课时发现暴老师就在隔壁教室授课。课间，我再次找到暴老师交流，希望她能在有空的时候进入我的课堂，为学生们分享她们的“课后延时学伴活动”经验，特别是如何做好记录。这样既能激发学生记录的积极性，又能为他们提供记录的方向。暴老师欣然接受了我的邀请。

本次课程主要介绍了学习的大致方向和任务。课程内容涵盖了图画书的解读和意义提取、图画书教学活动方案的设计、模拟试教和现场试教，以及完善活动方案等方面。我们期望能够仿照暴老师团队的思路，汇编一本案例集。这不仅仅是案例的简单堆砌，而是一本充满温度的案例集。我鼓励同学们在每次课后都进行记录和反思，记录自己的收获、困惑和想法。通过一个学期的共同努力，两个班级的同学将为我们今后在幼儿园进行图画书教学积累一笔宝贵的财富。

① “闽师附小课后延时学伴活动记录”是暴侠老师带领小学教育学生进行的一个大学生创新创业项目，活动内容是大学生到附属小学为数学学习困难的学生进行放学后的延时辅导。“活动记录”是项目的成果之一。

2021年10月11日

学期初，我计划邀请小学教育专业的暴侠老师来为同学们分享她们团队在闽南师大附小实施的“延时学伴”活动经验。今天，暴老师不仅亲临我们的课堂，还带来了团队的核心成员。这几位2019级小学教育专业的同学与我们共同交流了四节课，而暴老师更是额外参加了两节课，引导同学们进行小组讨论并分享各自的故事。我相信，同学们从中学习到的不仅仅是教学技巧、团队合作和记录经验，更有那份对教育事业的奉献精神、积极的学习态度和满腔热情！在故事分享的过程中，我们也体会到了彼此学习经验和成长经历的紧密联结。这样的跨界分享无疑能够开阔同学们的视野和思路，使他们更加了解不同专业的学习内容和教育观念。正如一位同学课后给我的信中所言：“您今天带我们见识了外面的世界，让我们产生了共鸣，也让我对自己有了更深的认识。”以下是我整理的课堂实录。

暴侠老师：感谢大家的热情接待。刚才孔老师提到，故事确实具有强大的力量，因为我们每个人都生活在故事的海洋中。人生是一个连续的生命体，而我们的历史正是由这些故事构成的。所以，故事确实能够让我们深入了解一个人所处的环境、他所做的事情以及最终的结果。当我们听到这些故事时，会有一种强烈的代入感，这就是故事的力量所在。今天，我就为大家讲述一下我们“学伴计划”的故事。

“学伴计划”起源于4月份，当时小学教育专业的刘老师找到我，希望带领学生进行大学生创新创业项目。虽然我之前从未参与过此类活动，但刘老师表示在阅读了我的日志后深受启发，因此决定开展这个项目。今天，我也将展示一下我的日志，让大家了解它到底写了什么。

从一开始，我就为我的每一篇日志命名为“改变何以可能”，因为我们都渴望生活能够发生改变，但改变究竟如何发生呢？这就是我一直在探究的问题。我的故事就从2014年4月13日开始。那天我去听实习生上课，遇到了一个特别的小男孩。他问我多重，我就反问他，然后他告诉我，他64斤。他好奇地问为什么1公斤等于2斤，我解释说是规定的。过了一会儿，他居然算出如果我是64公斤的话，体重就是138斤。我非常惊讶，追问他是怎么算的，他却支支吾吾，没有给出明确的答案。我感觉他知道自己算错了，但又不愿意承认，或者他可能真的不明白其中的原理。于是，他转而问我1000乘以100是多少。

正是因为这件事，我开始反思我们的教育方式。后来有一天，我问刘老师：这样的思考过程反映了什么？她看了我的日志后，认为大学生如果只在校园里学习理论知识，而不深入实践去接触孩子，那么这些知识只是停留在脑海中，无法真正转化为能力。因此，当刘老师看到大学生创新创业项目的机会时，她决定带领团队去实践，将理论知识与实际操作相结合。

在这个团队中，我扮演的是“学困生”的角色。我们去之前会进行集体备课，同学们备好课后会讲给我听。如果我都听不懂的话，那么小学生可能也会听不懂。因此，我就成了检验他们备课效果的人。虽然我小时候数学成绩一直不好，现在却反过来辅导学生数学，这确实是一种奇妙的体验。

现在，我也在思考：我们所做的事情到底意味着什么？我们的目标是什么？我认为可以从两个层面来看待这个问题。首先，从我和我的团队成员的角度来看，我们是脚踏实地的，不是纸上谈兵。我们深入真实的教育现场中，这种体验与坐在教室里听课是完全不同的。这对我们来说是一个实践智能增长的机会。其次，从我们的目的来看，我们最终的行动目标是陪伴孩子成长。我们要创造一个环境，提供一些条件和支持，帮助这些孩子在这个环境中有所收获、有所成长。这种收获和成长可能涉及多个方面，比如如何创造一个让孩子可以自由生长的环境、制定什么样的规则来保障孩子们的成长，以及如何通过一种方式真正让学生去思考、激发他们内在的主动性。

我：首先，我要向暴老师和2019级小学教育专业的几位同学表示衷心的感谢，他们两次[①]来到课堂与大家分享行动经验，我非常感动。在同学们与孩子们的互动中，虽然有些稚嫩和不清楚的地方，但你们的热情和努力，让我看到了未来“好老师”的样子。有情怀，并愿意为之付出努力，这就是暴老师团队给我们带来的深刻启示。关于小学教育专业同学进行学伴和玩伴[②]行动的动力和经验，请同学们继续和大家分享。

徐同学：上次我分享了四点，那都是临时想的。现在，我想更具体、更深入地讲讲这个活动给我个人带来的四点收获。

第一，关于我和小学生之间的关系。在大学环境中，我们平时很难接触到小学生，他们的学习内容和性格特点，以及他们在课堂和学校中的状态，对我们来说都是未知的。他们的奇思妙想和突发状况，更是我们无法预料的。因此，到小学去，深入课堂和孩子们身边，了解他们的真实情况，将大学所学与小学教育联系起来，变得尤为重要。

第二，关于我和课堂之间的关系。面对整个班集体，我们需要思考如何将所学知识有效地应用于小学教育情境中。如何照顾到每一个孩子，发现他们在课堂上出现的问题，并抓住教育契机，这对我们来说是一个挑战，也是一个成长的机会。

第三，关于我和集体的关系。在这个项目中，我有幸与暴老师和其他团

---

① 由于本门课程分两个班，所以暴老师和团队成员分别在两个班进行了分享交流，本文呈现的内容为第二次分享交流的录音记录。

② 该团队在“学伴”计划的基础上，又开始实践“玩伴”计划，用游戏的方式激发小学生的数学兴趣和思维。

队成员一起工作，从他们身上学到了很多课堂上学不到的东西。我们一起研究九连环的教学活动，[①]共同探讨如何让小学生更好地掌握这项技能。在这个过程中，我感受到了团队的力量和幸福。大家一起努力，朝着共同的目标前进，这种经历是非常宝贵的。

第四，关于个人成长。通过这个活动，我学会了如何进行资料的记录、汇总和反思。这些详细的记录让我能够清晰地看到自己的成长轨迹，也让我更加明确自己的目标和方向。

杨同学：我在小学教育部的部门里，负责向大一的同学宣传这个项目，鼓励他们积极参与到小学实践中来。在学习理论的过程中，我们很难想象幼儿园小朋友和小学生的真实状态。没有实际接触过学生，我们又如何做到“台下无学生，眼中有学生”呢？我喜欢“延时服务学伴行动”的原因在于，它能够让我们有机会亲自到小学去接触孩子，开展各种活动。这样，我们就可以将课堂上学到的心理学、教育学的理论知识和教育模式付诸实践，去探索它们的优势和不足。同时，我也告诉大一新生，实践之后再学理论，会更有方向性。遇到问题时，他们会更有针对性地去学习和重视某一项理论。我觉得这种实践对我们的学习是非常有帮助的。

我：再次感谢“学伴”团队为我们带来的宝贵经验和心得！我注意到，同学们在分享中已经对第一次的实践经历进行了更深入的反思和总结。分享的过程不仅是我们学习的过程，也是他们总结提升的过程。我记得杨同学上次分享了一个关于指导小朋友的故事，今天也希望你能再次将我们带入你的故事中，让我们在故事中对照、思考。

杨同学：上学期我第一次参与延时服务时，对接了一个孩子。他在数学

① 应用九连环的游戏，激发小学生的学习兴趣，培养小学生的逻辑思维，属于“玩伴”计划的内容。

上遇到了很多困难，我尝试以类似家长的方式辅导他，但结果并不理想。第二次去的时候，他直接告诉我不喜欢我，希望我离他远一点。后来我才了解到，这个孩子的母亲就是一位小学数学老师。我猜想，可能是他母亲在辅导他时也采用了比较严格的方式，导致他对这种方式产生了抵触情绪。之后，我在辅导学生时变得更加友好，他们把我当作朋友，但这也导致他们不太尊重我，只是觉得和我玩很开心，并不真正听我的话。因此，我一直在思考如何在与学生友好相处的同时，又能树立自己的威严。我也听过很多实习的学长说，当他们和学生玩得很好时，学生在课上就不太听他们讲话了。我也看到小学一线的老师，他们一进班级，学生就能立刻安静下来，但他们依然很受学生喜欢。这是怎么做到的呢？这是我接下来要思考和寻找的方法，也请老师多给我一些指导。

暴侠老师：关于刚才的话题，我一直在思考如何创造一个能让每个孩子都得以成长和发展的环境。这样的环境需要什么？它需要明确的界限。我注意到，有同学第一次辅导时因为过于严厉而被学生拒绝，但之后他与学生关系融洽，又感到迷茫。那么，我们如何激发孩子的内部动力，如何发挥他们的主观能动性？我一直在探寻这个问题的答案。为何那位孩子的母亲是小学数学老师，而他的数学成绩却不尽如人意？这其中隐藏着什么问题？

我认为，无论是人与人之间，还是老师与学生、家长与孩子之间，能够促进孩子成长的首先是关系。这种关系必须建立在良好的沟通、信任和尊重之上。有了这样的关系，学习才有可能发生。我们的关注点应该是孩子的主观能动性，是他们作为人的根本特性。

无论我们做什么，最终的目的都是关注孩子的成长。要建立良好的关系，我们首先要尊重孩子，将他们视为与我们平等的个体。当孩子有情绪时，我们需要先理解他们的情绪，然后再引导他们。人与人之间的联结是通过理解和共情建立的。当孩子感受到我们的理解和关心时，他们才会更愿意接受我们的引导。

然而，界限同样重要。我们需要明确哪些是我们的事情，哪些是孩子的事情。我们要接纳孩子，但并不意味着接纳他们所有的行为。行为有对错之分，但每个孩子都值得尊重。当我们能够明确这些界限时，我们与孩子的关系会更加和谐，也更能有效地引导他们成长。

我近期一直在思考这些问题，现在似乎有了一些答案。我们与孩子的关系不仅是师生关系，更是人与人之间的关系。我们需要尊重孩子，理解他们的情绪和需求，这样才能真正影响他们，引导他们走向更好的未来。

我：刚才听了暴侠老师的分享，我联想到了学前教育专业的同学们也在思考和实践的问题。他们都希望既能树立教师的威严，又能与孩子们建立同伴般的互动关系。正如暴老师所说，我们和孩子之间的关系不仅仅是师生关系，更是人与人之间的关系。我们需要尊重每一个孩子，通过理解和共情来建立关系。有一句教育名言说得好：“教育的本质是一棵树摇动另一棵树，一朵云推动另一朵云，一个灵魂唤醒另一个灵魂。”只有当我们成为一棵树，才能摇动另一棵树；同样，只有当我们成为一朵云，才能推动另一朵云。也就是说，我们必须要与孩子建立联结，才能真正影响他们。听完大家的分享，我深受启发，也更加坚信我们的课程设计是正确的方向。

彭同学：上次在孔老师的课堂上，我们探讨了活动的动力所在。最近一周，我在汉诺塔的教学中有了新的体验。面对四年级的学生，第一次的课堂教学确实让我感到有些吃力，他们过于活跃，难以静心听讲。但第二次教学时，我注意到他们已经对汉诺塔产生了浓厚的兴趣，尤其在竞赛环节。当我引导他们完成任务，看到他们脸上的成就感，我心中也涌起了满足与喜悦，这便是我的动力来源。

蔡同学：对于孔老师提到的研究动力，我认为它主要源于对教师职业的热爱与兴趣，以及团队间的相互激励。过去三年，我们学习了许多理论知识，但真正的课堂实践让我意识到，教学不仅是传授知识，更重要的是营造一个良好的班级氛围。例如，上次活动结束后，我负责组织学生清理教室。为了确保每个学生都参与进来，我关上门，强调只有完成清理任务后大家才能一起离开。在这个过程中，我观察到有些学生非常负责任，不仅清理了自己的位置，还主动帮助他人。这让我思考，或许通过安排值日等方式，可以增强学生的班级归属感。然而，如何与学生建立良好的关系，仍是我面临的一大挑战。

我：小学教育专业的同学们面对的是个别孩子的纪律问题，而我们学前教育专业的同学则需要应对多数孩子的纪律挑战。实习经验告诉我，简单的严厉并非解决问题的最佳方法。我们需要寻找更为温和而有效的方式，既保证活动的有序进行，又能与孩子建立融洽的关系。我鼓励大家多与小学教育专业的同学交流，分享经验，共同进步。

暴侠老师：谈到师生关系，我认为老师应该是一个能理解学生的成年伙伴。我们不应将自己定位为管理者，用刻板的规则来约束学生。相反，我们应该以目标为导向，关注学生的成长过程，实施恰当的控制。作为老师，我们的角色是理解、尊重学生，陪伴他们一同成长。当学生感受到我们的理解和尊重时，他们会更愿意亲近我们，信任我们。

我："大姐姐"的角色定位也是不错的选择。我们无法像孩子一样完全融入他们的游戏，但我们可以以一个有爱、有经验的大姐姐的身份，既表达对他们的亲近，又保持一定的威信。教育不仅是传授知识，更是通过故事和经验来影响和启发学生。我很感动于收到学生的深夜来信，他们在思考、在回味，这是教育最美的时刻。让我们一起努力，用故事、用经验、用爱心陪伴孩子们成长，无论走到哪里，都有美丽的风景等待我们。

课后，我收到了一封学生写给我的信。这封信是我在次日早上看到的，发送时间竟是深夜1点58分。这位同学在夜深人静时还在回味课堂内容，并与自己的思想产生共振，而且愿意将自己的思考分享给我，这让我感到非常温暖。这封信让我重新认识了现在的年轻人、现在的大学生。他们不仅有思想，也渴望知识，更需要理解和沟通。我非常愿意，也会更加努力地带领大家一起向前走，因为我们相信不管走到哪里都有风景！征得学生同意，附上信件原文。

学生的一封信

孔老师您好：

冒昧打扰您，我是刘×。今天有幸上了您的课，我感触良多，非常感谢您为我们提供这次宝贵的机会，让我有幸与暴老师及团队成员们相见，仿佛为我打开了一扇通往新世界的大门。

今天课上您谈及的师生交流，我深有体会。我们“00后”的年轻人，大多数生活在二维世界里，手机成了我们生活中不可或缺的一部分。我曾一度对手机产生莫名的抗拒，觉得人与人之间似乎变得日益冷淡。这种冷淡，就像一层无形的隔阂，弥漫在空气之中。

直到今天，在您的课堂上，通过与您和暴老师的交流，以及和同学们的互动，我恍然大悟，原来我之前抗拒的正是这种人与人之间的冷淡与隔阂。它让我们失去了温情，让我们的生活变得越来越封闭。我意识到，无论是师生之间还是同学之间，都缺乏一种温情。我们每个人都有自己的精彩思想世界，却不愿与他人分享。我不知道这是应试教育的弊端，还是现代化生活的必然结果。

暴老师的那句话让我深受触动，那就是人与人之间需要互相靠近、互相看见。在这个时代，这或许是一件至关重要的事情。而您正在推动的故事共同体项目，我想，它或许能成为让人们心灵相互靠近的一座桥梁。

最近我在看《十三邀》，许知远老师在节目中提到，当他看到世界变得越来越封闭的时候，变得突然充满了防备心，我们是孤独的狂欢啊！所以，创造亲密感，无论是身体上的还是认识上的，对一个社会的运转都是至关重要的。许老师通过与各行各业的人对话，探寻这个时代人们关注的问题，这一过程本身就具有深刻的意义。

许知远老师与许多人物的对话吸引了我，他们来自不同领域，拥有各种思想。这不仅让我看到了他们的风采，也让我感受到他们不断思考、与时代共同成长的决心。我们每个人的发展都是社会发展的动力，如果我们能汇聚这些智慧的思想并付诸实践，未来的世界或许将充满希望。

他曾和著名的历史学家许倬云进行过一场对话。许老对当今大学教育是失望的，特别是美国式的大学教育，太零散，他说今天的知识分子是网络知识分子，今天的大学教育培养的是凡人。这些话多么给人警示啊，我无法传达出听到这些话的感受，只觉得自己被这些宏大的思想深深地吸引。

随着阅读的增多，我越发觉得自己知识的浅薄。暴老师曾说，每个人的经历都是独一无二的，但在这个被手机和网络充斥的时代，人们的体悟似乎变得不再深刻。我们渴望直接的快乐刺激，却很少能像过去那样静下心来深入读书、深入思考。这种现状让我深感忧虑。

我们生活在一个充满焦虑和竞争的时代，每个人都像一台工作机器般快速运转。我们似乎迷失了方向，找不到人生的意义。我从小就接受应试教育，竞争让我痛苦不已。但除了这条路，我似乎没有其他选择。进入大学后，依然是考试和竞争，这让我感到压抑和迷茫。虽然我不认为自己将来会成为一名学前教育的老师，但我非常感谢大学给予我的教育和老师们提供的机会。与老师和同学们的交流让我获得了思想上的成长，这是书本知识无法替代的。

因此，今天我鼓起勇气上台分享了我的感想。我认为，“学伴”项目是一件真正有意义的事情，它能让人们的心灵相互靠近，带来温暖。无论这个项目最终取得什么样的成果，它本身已经足够美好。

总之，非常感谢您今天带我们领略了外面的世界，让我产生了共鸣，也让我对自己有了更深的认识。您的故事共同体项目已经在我身上产生了积极的影响。无论结果如何，我相信这一定是一件美好的事情。

（2）学生的课程记录与反思

A 同学：这是本学期第一堂《幼儿早期阅读与指导》课。鉴于上学期孔老师与我们分享了她对这门课程的设想与规划，加之大二一整年对绘本的接触和实践操作，我们对绘本在幼儿成长过程中的重要性有了更深的理解。绘本，作为儿童文学的一种表现形式，以儿童的视角，用审美的方式展现人类童年的生命历程。它满足了学龄前儿童在语言学习、世界探索、人际交往、情绪认知、思维发展，以及习惯养成等方面的教育需求。因此，无论是出于专业发展的需要，还是个人兴趣所在，我都毫不犹豫地选择了这门课程。对于第一节课，我自然充满了期待。

课上，老师介绍了本学期所用的教材、课题的渊源以及学习目标和方向。孔老师提到，她的教学思路受到了暴侠老师团队“闽师附小课后延时学伴活动记录”的启发，并在课堂上展示了他们的活动记录。在观看这些记录时，我脑中涌现了一个想法：若能将我们这门课的教学实施、讨论学习过程以图文并茂的形式记录下来，作为学习日志或手账，岂非一大创新？暴佚老师团队的案例不仅为我们指明了学习方向，也提供了课堂记录的方式。

令我惊喜的是，课后我与老师交流时，发现我们的想法不谋而合。我们计划通过对图画书的解读和意义提取，设计教学活动方案，并通过班级模拟试教和幼儿园现场试教来完善这些方案，力求打造一些经典的图画书教学活动案例。甚至，我们也有意仿照暴老师团队的方式，汇编一本案例集。这些记录将成为我们今后图画书教学的宝贵财富。这一思路的契合极大地激发了我对这门课的学习热情，也让我对接下来的课程更加期待。

随后，老师组织我们根据教材分成九个小组，每组选择一个不重复的图画书主题，并准备制作PPT进行分享。我与两位舍友因关系亲近且想法相投，组成了一个小组。在选择绘本时，我们迅速选定了《好饿的毛毛虫》。这本绘本既有趣、又为我们所熟悉，因此我们选择了它。确定主题后，我们开始讨论绘本的制作和实践方向，并从各个网站上收集资料以备后用。然而，由于收集到的信息过多，我们对绘本设计的出发点和立意点感到迷茫。我们明确不希望仅仅通过绘本向孩子传授知识性内容，而是希望绘本能够带给孩子情感上的成长和品格上的滋养。

回到宿舍后，我们进一步讨论了这个问题，并决定购买一本实体绘本进行深入研究。课后我也在思考，为什么我们会感到无从下手呢？我想可能是因为我们对《好饿的毛毛虫》这本绘本背后的故事和情感还不够了解。为了发掘更多内容，我们需要深入研究绘本及作者的背景故事。当然，这也需要后期课程的推进和老师的指导，以加深我们对这本绘本的理解和感受，使其与我们的个人故事和同伴故事产生更多碰撞。

我们之所以能如此投入地享受这门课程，正如老师分享的文章《幼儿园教师的师幼观：新时代的三个转向》中所言，教师的角色已从“教书匠”转变为“研究者”。在“以幼儿为中心”的教育模式下，教育活动充满了生成与创造、遭遇与转化，充满了不确定性。教育的价值不在于传授固定的知识，而在于探索非预期的、动态的知识。这要求幼师不仅能向幼儿讲解知识，还要能设计探究式场景，引导幼儿发现问题、解决问题。为了我们的专业发展和幼儿的成长，我们应该努力成为有灵魂、会思考的教师。我想，老师开设这门课程的初衷也是希望我们能从“教书匠”成长为“研究者”，学会探究知识、教育和儿童。通过绘本这一媒介，教育活动将从“预设”走向“创生”，焕发其应有的生机与活力。

带着这些疑惑和思考，我们更加期待下一次课的到来……

B 同学：这次课由我们小组进行故事活动设计模拟教学分享。在准备阶段，我尝试撰写了一份教案，但中途自行推翻了。因为一旦形成文字，我感觉活动设计的重点又偏向于教学了，而教学很容易陷入向幼儿灌输大道理的困境，比如强调亲近自然、保护大自然的重要性等。后来，我和健全（我们小组的故事内容主要基于我们两人的童年经历）讨论时，决定尝试采用类似相声的对话形式，一人主讲，一人辅助，串联绘本故事与我们的个人经历。我为此制作了思维导图，并大致勾勒了流程框架。这样的设计确实给予了我们较大的发挥空间，但由于缺乏详细的教案，我们的临场应变能力受到了很大考验。不过，只有尝试过后，我们才能知道这种新方法是否可行。

经过与其他小组成员的讨论，我们决定采用讲故事与表演相结合的方式呈现绘本内容。表演结束后，通过轻松的聊天引出绘本的“童年野趣”主题，再由此引出我们个人的故事。

在表演环节，组员申俊扮演了一名警官，他的表演给人留下了深刻印象。

他夸张的表演，逗得大家捧腹大笑。他认为，在绘本表演中可以适当夸张，不必拘泥于原作的台词和动作。适度的夸张能够吸引幼儿的注意力，使他们更加投入。其他小组也通过各自的方式生动地演绎了绘本和自己的故事。通过这次实践，申俊对如何分享故事有了更深的理解，也学会了如何将个人经历融入故事，从幼儿的角度进行分享。

"当局者迷，旁观者清。"作为今天的模拟教学小组，我们的感受颇深。我们的表演流程包括绘本故事表演、故事分享、总结以及与幼儿的互动。虽然精心设计了表演，但真正上台后还是觉得有些不够完美。在分享故事时，我们本想按照流程进行，但讲着讲着就突然卡壳了，这主要是因为我们没有准备好详细的文字稿，思路不够清晰。我们会吸取这次的经验教训，调整故事分享的方式，争取在下次模拟教学中做得更好。

这学期，孔老师对早期阅读课程进行了大胆的创新和改造，尽管大家对课程的具体目标和某些基础理论还不太明确，但课堂形式的创新和"故事共同体"的概念极大地增强了课堂的互动性。通过故事的联想、流动与交互，同学们之间逐渐形成了初步的"共同体"意识。相信随着时间的推移和实践的深入，我们不仅能够与幼儿产生共鸣，这门课的创新设计也将得到进一步的优化和完善。

二、"疯爸狂妈乐宝团"——自己孩子自己教的家长团体

（一）团体的创建

"疯爸狂妈乐宝团"QQ群曾经在闽南师大教师家长圈"红极一时"，成员全部为本校教职工，他们孩子的年龄主要集中在3—6岁。建团的初衷非常单纯——"自己的孩子自己教"，这个想法源于一次我们带孩子体验早教课的

经历。[①] 身为教育工作者，我们自然对教育的门道洞若观火，早教机构那些为迎合家长而设置的超前教育课程或是华而不实的活动，显然无法让我们这些“挑剔”的家长满意。回家的路上，我们慷慨激昂地讨论起如何发挥各自的专业特长，最后决定每周利用休息时间轮流给孩子们组织活动。我这个学前教育专业的“孩子王”便自然肩负起了串联组织的重任，也被大家默认为“团长”。此外，我们还推选了一位极其热心的宝爸作为“副团长”，以及一位“宣传委员”。

“疯爸狂妈乐宝团”这个团体从2015—2019年，持续了大约四年时间，其间共有69位本校教职工（宝爸或宝妈）陆续加入。每周我们都会组织一次活动，旨在丰富孩子们的童年生活，同时也让这些“孤独的”独生子女能够找到玩伴。最初的两年，每个家庭都轮流负责策划和组织一次活动，地点大多选在学校操场或教学楼旁的草地上。而后的两年，这里更是成了我们学前专业学生游戏课程[②]的实践“基地”。孩子们在这里一起聆听故事、参与游戏，有时还会观看电影，甚至还共同举办过“儿童春节联欢晚会”。

团队成立初期，每个家庭都愿意为活动贡献自己的力量。每次活动前，我们都会精心制订计划；活动结束后，副团长、宣传委员或我会负责撰写活动总结，并上传照片，记录下孩子们成长的点点滴滴。每周的活动日，负责组织的家庭会精心策划，而其他家长除了观摩，也会聚在一起聊天，其中聊得最多的自然是关于孩子的养育问题。然而，随着孩子们陆续升入小学，结识了新朋友，他们之间的联系也逐渐减少。如今，“疯爸狂妈乐宝团”的活动

---

① 当时几个孩子都不满3周岁，未到公立幼儿园的入园年龄。

② 指学前教育专业开设的专业课程《幼儿游戏与指导》，主要由我讲授。

已经暂停，QQ 群也变得沉寂。不过，我们中少数几位妈妈又建立了一个微信群，名为“宝贝妈妈群”，主要用于日常的消息互通。

（二）团体的活动历程

团队活动从第一次开展就有记录和反思。开始主要由我和刘立振[①]老师记录，牛俊伟[②]老师也会帮忙记录，而且“疯爸狂妈乐宝团”的团名就是牛老师的杰作。以下分享几次活动记录。

2015 年 11 月 14 日，第 1 次活动

团队的第一次活动在闽南师范大学校园内隆重举行，主题为“圆圆和长长”，内容涵盖绘本阅读和报纸游戏活动。作为爸爸妈妈，我们在组织活动时可能无法像幼儿园老师那样井井有条，但这正是我们的初衷——让孩子们在轻松自由的环境中快乐玩耍。家长们根据自身专长，为孩子们设定了丰富多彩的游戏主题。有外语系的妈妈负责双语教育，医生爸爸进行健康教育与角色认知，生物系的爸妈负责自然教育与生命教育，计算机系的妈妈教授信息技术，而学声乐的妈妈则负责艺术教育。当然，除了专业领域，家长们也充分发挥了各自的特长。有些爸爸可能不太擅长组织集体教学活动，但他们可以与孩子一起踢球、跑步，进行各种运动游戏。我们期望家长们能够坚持下去，让孩子们接触并感受不同领域的知识与教育方式，在轻松自在的氛围中体验同伴互动的乐趣。

---

① 刘立振，闽南师范大学马克思主义学院教师。刘老师非常重视家庭教育，爱人也是闽南师大学前教育专业的教师。刘老师女儿比我的孩子小一岁。

② 牛俊伟，闽南师范大学马克思主义学院教师。牛老师爱人也是闽南师大教育与心理学院的教师。牛老师的孩子与我的孩子同龄。

在本次活动中，绘本阅读游戏进行得十分顺利，孩子们玩得非常开心，我们选用了游戏类绘本《点点点》。然而，报纸游戏活动出现了意想不到的状况。孩子们因为争夺报纸上的图案而无法专注于活动，场面一度失控。这一情况是我始料未及的。孩子们为了某一张印有汽车图案的报纸或某张带有彩色图案的报纸争抢起来，导致原定的游戏环节无法进行，最终变成了随机的报纸游戏。尽管如此，孩子们依然玩出了许多新花样，乐在其中，久久不愿离去。

通过这次活动，家长们深刻体会到了幼儿教师工作的不易，理论转化为实践的挑战，以及理解孩子的重要性。活动结束后，刘立振老师也分享了自己的看法。他认为，读书上大学主要是生活方式的改变和生活情趣的提升，而不仅是追求成功。他提到，我们这些通过考试走出来的人，未必都是成功人士或富翁，但我们的生活方式和生活情趣确实发生了很大的变化，对子女教育的关注也更为深刻。在社会资本的三大方面——资金、权力和文化中，我们只拥有文化，这也让我们在孩子的教育上拥有相对优势。我们几位来自不同专业的家长，私下联合起来，利用业余时间自己培养孩子的兴趣爱好，以弥补学校教育的不足与偏差。

2016年1月9日，第7次活动

本次活动的组织者是叮叮爸爸，[①] 活动地点选在笃行楼附近。叮叮爸爸虽非教师，[②] 但是这次活动中他为孩子们带来的欢乐超越了以往任何一次活动。或许是因为我们搞教育的人总是背负着教育的包袱，过于注重备课，反而束

① 叮叮爸爸，职业是医生，爱人是闽南师范大学外国语学院的教师。

② “疯爸狂妈乐宝团”入团的要求是孩子年龄相仿，家长至少一方为本校教职工。建团早期人员比较少，多数孩子父母均为本校教职工。

缚了孩子们的天性。叮叮爸爸无意中践行了“为幼儿创设有准备的环境”[①]的理念，在活动中没有设置过多的规则和干涉，让孩子们得以自由发挥，玩得十分开心。

活动一：绘本阅读。叮叮爸爸为孩子们朗读了绘本《巴巴爸爸的诞生》。他朗读得生动有趣，孩子们听得津津有味，互动提问环节也充满了乐趣。

活动二：建构游戏。虽然这个年龄段的孩子对建构游戏的兴趣还不太浓厚，但集体的氛围激发了他们的兴趣。当然，在建构过程中也不免出现一些争抢的情况。

活动三：走小路。用纸片铺成小路，让孩子们在上面走和跳跃。虽然纸片小路容易移位，但不断变化的路线增加了游戏的趣味性。当然，让孩子们同时完成走和跳跃两个动作并不容易，这需要在以后的游戏中逐渐训练。

活动四，“炒豆子”。这个游戏没有固定的规则，反而带给了孩子们更多的快乐。虽然游戏用的布稍微小了一些，但孩子们依然发挥创意，用它进行了多种创新玩法的游戏，如抓小鱼、拉扯、甩动，甚至还有拔河。这充分体现了低结构材料[②]的一物多用的特点，也锻炼了孩子们的想象力和创造力。

活动五，抛捡球。刚刚炒完豆子的场地又变成了抛捡球的战场。孩子们追逐着四处乱跳的乒乓球，尽情奔跑、争抢，欢声笑语充满了整个场地。

这次活动的游戏材料选择得相当专业，游戏环节也设计得十分成功，孩子们在快乐中得到了成长。

---

① 幼儿教育家玛利娅·蒙台梭利（Maria Montessori）指出，成人无法直接帮助儿童形成自己，因为那是自然而成的工作；但是成人必须懂得细心地尊重这个目标的实现，也就是提供儿童形成自己所必要的而他自己无法取得的材料，即为幼儿创设有准备的环境。

② 低结构材料，指材料结构松散，可变性强，内容宽泛，玩法多样。能够激发孩子们的游戏兴趣，材料在生活中随处可见，比如：纸箱、木板、塑料瓶、布、竹条等。

家长们组织活动大半年后，我们的团队吸引了越来越多的家长加入，尽管大家同在一所大学任教，但很多老师之间其实还是素昧平生。由于各位家长的目的不同、教育观念各异，一些家长让孩子参与活动的主要目的逐渐转变为托管，这使得活动组织的随意性也逐渐增强。最初，我们怀揣着“技能交换”和“自己的孩子自己教”的美好愿景，但在实际执行过程中遭遇了不少阻力。

鉴于此，结合学前教育专业幼儿游戏课程实践的需要，我决定将“疯爸狂妈乐宝团”的后续活动交由学前教育专业的学生来组织。这样一来，学生们得到了宝贵的实践机会，同时孩子们也能享受到更加丰富多彩的活动。为了向家长们清晰地传达今后活动的安排，我特地草拟了一份“告家长书”。

“疯爸狂妈乐宝团”告家长书

各位亲爱的家长：

我们从2016年4月9日开始，每周六和周日上午举办活动，时间9:30，地点一般在笃行楼旁，如有变化另行通知，活动由学前教育专业2014级学生组织。家长带孩子可以两天都参加，也可以选择其中一天参加。每周四我会将学生活动方案放在群共享，请家长查阅活动内容。因为有些亲子活动需要家长参与，也有可能需要家长提供或者制作自己孩子的活动材料，根据活动需要也可能需要统计参加人数，所以请家长们周四关注群消息。

每周的活动对学生来说是一次实践学习的机会，学生都会提前准备活动方案，课堂上也通过片段教学，完善活动方案。一些学生活动的内容，可能会出现组织困难的现象，或许有些活动不适合每个年龄段的孩子。由于本学期学生幼儿游戏的理论才开始学习，尤其是缺乏实际组织幼儿游戏活动的经验，对3岁左右孩子的心理特点也不够了解，所以活动过程中难免出现组织管理问题，请家长们多一些包容，给他们多一些的鼓励和支持。孩子的安全，家长们各自监管。大家也可以对每次活动方案提意见，认为有问题的活动可以讨论修改。

为了学生能够顺利开展活动，请家长在活动过程中以“老师”来称呼学生，每次活动尽量不要迟到。在活动过程中，请家长积极配合学生的游戏，尽量不干预学生的活动组织，有建议可以活动结束后再提出来。因为学生们要写观察反思，所以活动过程将全程拍摄。需要视频的家长后面可以找我要。

家长们，“疯爸狂妈乐宝团”的活动就由学生组织了，希望能给孩子们带来更多的快乐！让孩子们在快乐中成长！

2016年4月17日，第17次活动

家庭互助乐宝团特别场。本期活动中，孔团长成功地将学前教育理念付诸实践，将学生的实践活动移至现场，通过精心创设的游戏情境，真正实现了寓教于乐，使理论与实践得到了结合。本期活动的主要环节包括：舞蹈热身、森林探险以及绘本故事分享。而本期活动的亮点则体现在环保理念的融入、创意无限的游戏设计，以及孩子们之间的合作精神。

2016年4月23日，第18次活动

家庭互助乐宝团经典场。本期活动依然作为学前教育专业学生的实践课堂，小老师们为此次活动做了充分准备，无论是道具的选用、游戏方案的制定还是现场的组织，都表现得十分出色，因此吸引了不少非本团的小朋友加入。虽然活动过程中场面一度有些失控，但这恰恰考验了学生们的游戏组织能力，让她们深刻体会到了三岁左右小朋友的各种情绪性行为以及应对之道，这是课堂里无法学到的宝贵经验。本期活动的主要环节包括：舞蹈热身、报纸抓虫游戏、魔术识图挑战、小猫钓鱼游戏、火车钻洞探险以及绘本故事分享等。本期活动的亮点在于识图与认数的巧妙结合，耐心与技巧的绝佳配合，以及规则与策略的完美融合。我们始终坚守的理念是：我们不反对学校教育，但也在不断地反思学校教育。我们希望通过家庭互助的游戏形式，以我们自己的孩子为实践对象，探索体制外教育的可能性。我们既是学校教育的受益者，也是其受害者，因此，我们期待孩子们能够拥有一个不一样的童年，接受更多样化的教育，并获得更大的成长空间。

2016年12月11日，第39次活动

这次活动，小伙伴们的参与度和参与热情特别高，家长们则基本退居幕后，让孩子们尽情发挥。整个游戏以魔法、魔法棒、魔法师为主题，这一极具吸引力的主题设计，无疑也是激发孩子们参与热情的重要原因之一。

学生活动组织案例——体育游戏活动：好玩的袋子

设计者：15学前1班第5组　　指导老师：孔凡芳

一、活动目标

（一）练习跑步，跳跃，提高身体的协调性、灵活性；

（二）体验袋子的多种玩法，培养幼儿的动手能力、想象力和创造力；

（三）体验户外集体游戏的乐趣，喜欢和老师同伴一起做运动游戏。

二、活动准备

（一）物资准备

1. 魔法勋章25个，大型购物袋20个（家长准备），麻（布）袋15个，小塑料袋50个，中号塑料袋100个，黑色塑料袋50个。两条长绳。普通彩带若干条，垃圾桶5个。

2. 夹子30个，头饰（花仙子、魔法气泡守护者、魔法师、独角兽树精灵、小怪兽）若干，魔法棒 15 个，水桶 2 个，两袋纸团。

3. 音乐《大王叫我来巡山》《菊次郎的夏天》《人生的旋转木马》《月光》《神隐》《雪的梦幻》《太阳照常升起》。

（二）幼儿经验准备

1. 会走路，跑步，跳跃等基本动作；

2. 有参与户外体育游戏的经验。

三、活动过程

（一）开始部分

1. 导入

魔法师：“（先展示魔法棒导入）小朋友们好，你们知道我是谁吗？不知道也没关系，你们看我手里是什么？对啦！我是一个来自魔法世界的魔法师，我听说这里有一群既勇敢又可爱的小朋友！（注意教师的存在感，吸引小朋友注意力）我这次出来啊，是寻找一批优秀的小魔法师跟我一起去魔法世界探险的，你们愿不愿意来我的魔法世界去探险呀？愿意的话，我将会给每个小朋友分发代表魔法师的魔法勋章。”

（小朋友们每人拿一个魔法勋章）

2. 热身运动：亲子互动（大王叫我来巡山）（备注：此部分需要家长参与）

魔法师：“小朋友们，你们已经有了代表魔法师身份的勋章，大家现在都是最棒的魔法师啦！现在我们来邀请爸爸妈妈开始跳魔法操，只要你们和爸爸妈妈都跳得棒，就能打开魔法世界的大门！那我们一起跳起来吧！”

（播放《大王叫我来巡山》，引导孩子们和家长一起跳律动操）

（二）基本部分

1. 钻山洞（背景音乐：《菊次郎的夏天》）

［由两个人举高袋子，袋子是由多个袋子拼接而成，材质是麻（布）袋，

大约8米，有两个山洞，此时进行男女分队，组织孩子钻过去。]

魔法师：“小魔法师们，现在我们已经召唤出了魔法世界的两个入口，男孩子要通过左边的入口进入魔法世界，女孩子要通过右边的入口进入哦。来，我们一个接一个地进入魔法世界吧。”

2. 拯救树叶精灵（背景音乐：《人生的旋转木马》）

（魔法师和小朋友们准备继续前进，这时看到路边蹲着一位沮丧的树精灵，树精灵蹲在路边伤心地哭着。）

魔法师：“咦？为什么有哭声呢？小魔法师们你们快来找找看谁在哭啊？”

树精灵：“我是树精灵，怪兽摧毁了大树，树叶都枯萎掉落了。我这里有很多魔法口袋，只要你们把树叶放进袋子，运到我的家里，枯树就能变回绿色了！魔法师们，你们能帮我集齐树叶吗？”

（分给幼儿每人一个袋子，让幼儿捡周围草地上的树叶，装满袋子，装好后送给树精灵。）

树叶运到树精灵身边后，让幼儿在准备好的白纸上贴上树叶，显出一棵树的样子。但树的旁边还有一片空白。

魔法师：“呀！小魔法师们你们看，为什么这里有一片空白呢？我们再把这个拼出来吧！”

（拼出来后是一朵小花的图案。）

树精灵：“谢谢小魔法师们！你们看这里本来是有一棵树和一朵花的，但是花仙子现在被怪兽抓走了，你们本领这么大，能不能去救救花仙子呀？她是我的好朋友，我很担心她！”

魔法师：“小魔法师们，你们有没有信心救出花仙子呢？”

魔法师和小魔法师：“树精灵，放心吧！我们会帮你把花仙子救回来的。”

树精灵：“那真是谢谢你们了，我这儿啊，有些魔法罩，送给你们，路上你们可以用这些魔法罩来保护自己。”

魔法师：“好，谢谢树精灵。树精灵再见。”

3. 袋鼠跳（背景音乐:《月光》)

魔法师：“小魔法师们，这里就是黑暗沼泽，我们要小心啦！不能让沼泽里的小怪兽发现我们的气息。小魔法师们，我们现在就拿出树精灵送给我们的魔法罩吧！”

（在路上设置障碍，用绳子在地上围多个圆圈。示范袋鼠跳，用袋子套住脚和腿，手提住袋子边缘，跳进地上的圆圈，小朋友们一个一个跟上。）

魔法师：“小魔法师你们真是太棒了，我们的路还很长，你们都累了吧，就让我们休息休息，恢复元气吧。”

（中场休息）

4. 魔法气泡和魔法棒（背景音乐:《雪的梦幻》)

魔法师：“小魔法师们休息好了吗？我们继续出发吧，还要去救出花仙子呢！打败怪兽可不是一件容易的事，我们还需要巨大的能量。不远处的魔法草坪上生长了许多魔法气泡，有蓝色和黄色两种颜色，我们可以每人选一个自己喜欢的魔法气泡来一起制作魔法气泡绳子，那里有一位守护者，我们要按照守护者示范的正确方式来唤醒那些气泡，这样才可以获得更多的魔法能量。”

魔法气泡守护者：“小魔法师们注意了，制作魔法气泡，要用耳朵认真听、眼睛认真看，一定要用正确的方法唤醒魔法气泡，否则能量就消失了。我们先把水装进袋子里，摇一摇，袋子变了颜色就会产生能量，然后把水倒入这个魔法桶里。我们把拥有能量的袋子装满空气，弄成气泡的样子，这个魔法气泡就完成了！”

（草地上放着若干小塑料袋，袋子里事先装好蓝色和黄色的颜料，一边放一水桶，另一边放一空桶。魔法守护者进行示范，让幼儿自己用袋子装水，晃动袋子，然后把水倒进桶里，让幼儿进行观察，蓝色和黄色混在一起变成绿色，之后由老师和家长协助把袋子充气后系在一根长绳上。）

魔法气泡守护者：“小魔法师们真棒，唤醒之后的魔法气泡绳子真是太漂亮了。它会赐予你们能量的，现在你们都会有一支属于自己的魔法棒。就在前面树上的魔法袋里，快去吧！”

魔法师：“好的，小魔法师们，我们来和守护者说再见吧。再见，守护者，谢谢你！”

魔法师：“好了，小魔法师们，赶紧去前面选择自己喜欢的魔法棒吧。记住哦，一个魔法师只能拥有一根属于自己的魔法棒，这样魔法棒才会施展出它的魔法。”

（在树上分散地挂上袋子，有高低错落，可以让层次不同的孩子都能得到锻炼，袋子里放着魔法棒，魔法棒大约 15 根。）

5. 读绘本《鸭子骑车记》

（在继续行进的过程中，魔法师和孩子们遇到了一个独角兽。）

独角兽：“小魔法师们，小魔法师们，等等我。你们是不是要去救花仙子？我这里有一件战胜怪兽的法宝，你们想不想要啊？这件宝贝就在我要讲的故事里，认真听故事的小魔法师就能得到它。”

魔法师：“小魔法师们，那我们坐下来一起听故事吧。”

（幼儿坐在彩虹伞上听绘本故事。）

魔法师：“谢谢独角兽给我们讲的故事，我们找到法宝了，这个故事告诉我们要勇敢，要相信自己，对不对？只要我们齐心协力，就一定会救出花仙子的！让我们一起加油吧！”

独角兽：“小魔法师们，你们太聪明了，有了这件法宝，你们一定能救出花仙子，记住，怪兽追上你的时候，对着它大喊：‘我很勇敢！’怪兽就看不到你了，切记啊！”

6. 营救花仙子（背景音乐：《太阳照常升起》）

魔法师和独角兽带领小魔法师们来到了魔王的魔宫前。

魔法师：“小魔法师们，这就是怪兽的山洞，我们把这些魔法石头投进去，打开大门吧。”

（在门上绑好几个袋子，备好纸团，让幼儿进行投掷）

魔法师：“小魔法师们，我们的战术就是引怪兽出来追我们，当怪兽靠近我们的时候还记得要对它大喊什么吗？对，‘我很勇敢！’怪兽追来追去都追不到我们，只要把它的力气都耗光，它就失去法力了。”

怪兽：“哈哈哈，终于看见你们了，你们跑不掉了。”

（怪兽追逐幼儿，在周围跑动。）

怪兽：“你们跑太快了，怎么看不见了，哎呀！我没力气了！”

魔法师：“怪兽失去法力了，我们可以去救花仙子了！”

（大家一起救出了被困在远处的花仙子。）

花仙子：“勇敢的小魔法师们，非常感谢你们，我终于可以回家了。你们是最勇敢的！”

（三）活动部分

花仙子：“为了感谢你们，我和我的好朋友还有其他的小精灵一起邀请你们和你们的爸爸妈妈跳支舞吧。”

（一起跳恰恰舞。）

魔法师：“小魔法师们，今天的魔法历程到这里就结束了。非常感谢你们的参与，这次的探险你们真是帮了大忙了！下次我们再一起去魔法世界探险吧！”

这个团体有“疯”爸、“狂”妈，还有学前教育专业充满爱心的大哥哥、大姐姐们。大家齐心协力，陪伴孩子们共同阅读、游戏，与孩子一起成长。家长们，特别是妈妈们，在这个平台上相聚，畅谈教育心得、工作体会和生活点滴。同时，学前教育师范生在大学校园里也找到了实践的舞台，积累了珍贵的经验。回顾活动记录，我深感自己作为母亲，陪伴孩子成长的每一刻都弥足珍贵；作为教师，我为学生们的专业发展提供了助力；作为团体的组织者，我为同事们和家长们搭建了一个资源共享的平台。所有的付出都是值得的。然而，在学生接手活动组织后，我便不再负责活动记录和整理，主要由学生们进行活动计划和反思。我的关注点也逐渐从幼儿转向了幼师，未能以观察者的身份持续记录幼儿和学生的成长，这确实让我感到有些遗憾。

三、从“故事妈妈团”到“畅享人生之旅”——跟随孩子流动的妈妈团

在《大小团体动力学：理论、结构与工作方法》读书讨论会[①]之前，我并未有过“团体经验”，也未设想过参与或领导团体活动，因此觉得“团体”对我而言是遥远且陌生的概念。然而，经过几次讨论会的深入交流，我逐渐感受到“团体”的普遍存在，我们不断地在不同的团体中停留、流动。有时，我们既身处这个团体，又融入那个团体。在聆听大家分享各式各样的团体经验时，我脑海中总是不自觉地浮现出一个特定的团体——我参与过的各种与孩子相关的“妈妈团体”。

---

① 读书讨论会是2020年7月初由夏林清教授组织的关于《大小团体动力学：理论、结构与工作方法》这本书的线上读书会，我们“女人帮”成员都参加了读书会。会前夏老师鼓励大家分享自己的团体经验，我写了“跟随孩子流动的妈妈团”。

（一）故事妈妈团

当孩子进入幼儿园中班时，我们[①]在孩子班级成立了“故事妈妈团”。最初，只有七位妈妈参与，每位妈妈平均每学期进班给孩子们讲两个故事。随着时间的推移，活动逐渐扩展，孩子们也开始进行“故事宝宝”的讲故事活动。当孩子即将幼儿园毕业时，参与这一活动的家长已经增至半数以上。为了营造更好的阅读环境，我们发起家长集资，为孩子们购买图书，建设班级的图书区。在集资的问题上，我和其他几位家长都曾有所顾虑，担心部分家长对捐款敏感，影响我们书香班级计划的实施。有些家长提议捐书或让孩子每天带书来班级分享，但根据过去的经验，孩子们带书的热情难以持久，且书籍质量参差不齐。有些孩子家里并没有绘本，只有一些普通的图画书。此外，由于这些书是孩子们的私有物，他们的分享意识相对较弱，常因书籍而引发纷争。

为了让孩子们在班级中不仅有游戏伙伴，还有书籍相伴，我们顶着压力发起了集资倡议。幸运的是，在众多家长和老师的鼓励与支持下，集资工作进展顺利。许多家长至今都感激不已，认为正是这一举措培养了孩子的阅读习惯。令我意想不到的是，班上超过半数的孩子在此之前并没有绘本阅读的经验。作为一位母亲，我感到有些心酸；而作为幼教工作者，我深感自己有责任推动这项事业。

为了号召家长积极响应书香班级的创建，我草拟了《营造书香班级倡议书》。

① 这里的我们指我以及孩子班上另外几位关注孩子教育问题，又很热心的家委。

营造书香班级倡议书

亲爱的中五班家长们：

大家好！

著名教育家苏霍姆林斯基说：“让孩子变聪明的方法，不是补课，不是增加作业量，而是阅读、阅读、再阅读。”学前儿童早期阅读活动，可以从小培养儿童阅读的兴趣和爱好，让儿童享受阅读的乐趣，为他们成长为一个良好的终身学习者打下坚实的基础。希望中五班全体家长行动起来，请相信阅读力量的家长们，一起关注早期阅读，为孩子营造良好的阅读环境，帮助孩子拥有阅读的能力，提升生命的质量。

书香班级，就是通过营造浓厚的阅读氛围，整合丰富的阅读资源，开展多彩的读书活动，让阅读成为孩子们日常生活的一部分，进而推动书香幼儿园的形成。

第一阶段主要工作

第一，为孩子集资募捐班级图书区。中五班每个家庭出资 50 元（自愿原则），用于购置图书；资金由家长委员会统一管理；购置图书清单和费用都会在班级群中公开；所购书籍全部放在班级图书区，便于孩子随时取阅。

第二，成立幼儿园“故事妈妈团”。邀请有一定阅读经验的妈妈组成“故事妈妈团”；目前“故事妈妈团”成员暂定 10 人，欢迎妈妈们踊跃报名；每周 1—2 位妈妈进班为孩子们阅读图画书；“故事妈妈团”成员定期交流阅读经验，提升阅读水平。

第三，倡导“今天我为孩子读本书”活动。请班级老师每天选择合适的时间为孩子读一本书；家长在家里每天为孩子读本书，本活动后期会有督促和指导方案；邀请全园教职工进班为孩子们读本书；邀请闽南师大学前教育专业学生进班为孩子读书，并组织相应的游戏活动。

第二阶段主要工作

图书采购完毕，分批投放班级图书区；“故事妈妈团”每周四下午4:10开展班级阅读活动；每一位故事妈妈讲故事前需要制作课件，设计活动流程，并在“故事妈妈团”群里交流；举办一次关于亲子阅读的公益讲座；开展1—2次关于早期阅读的班级活动。

为了孩子的健康成长，大家一起行动起来！

接下来的两年里，每周都有一位家长轮流进班给孩子们讲故事，这一活动从未间断。学期初我制定好本学期家长进班的安排表，有的学期是家长们自选故事，有的学期是指定的系列故事。考虑到家长们的时间安排，我特意将家长入园的时间安排在下午放学之前，这样家长们讲完故事后可以直接接孩子回家，既不会给家长带来时间上的压力，也不会影响幼儿园的正常教学秩序。每当家长们进班讲故事时，我多数情况下都会在场，与他们聊聊天，并拍摄精彩瞬间。无论是紧张得前言不搭后语的家长，还是激动得神采飞扬的家长，孩子们总是用他们专注的小眼神回馈着每一位家长的付出。

然而，随着时间的流逝，我渐渐发现许多珍贵的瞬间和对话都没有被文字记录下来，这使那些故事失去了更为鲜活的生命力。我意识到，自己虽然是一个积极的实践者，却不是一个善于记录的实践者。

令人欣慰的是，在孩子幼儿园即将毕业之际，幼儿园终于开始重视早期阅读教育，并成立了“悦读社”。我有幸被推举为第一届家长社长。此时，“故事妈妈团”已经默默耕耘了两年，期间还带动了幼儿园另外两个班级也成立了“故事妈妈团”。其中，一个班的热心家长正是“疯爸狂妈乐宝团”的刘团长；另一个班则是由一位对早期阅读充满热情的班级老师倡导成立的。这些书香班级为孩子们营造了每天有书相伴的美好环境，班级前后购书达 336 本，每个家庭为此缴费共计 75 元。孩子们不仅可以在班级内自由阅读，还可以将书籍借回家中。每个孩子都有一本属于自己的图书借阅登记本，记录着他们两年来的收获与成长。

“故事妈妈团”带给孩子们的不仅是精彩故事的分享，更是每周的期待与惊喜，是“我妈妈来了！”的骄傲，是轻松阅读的欢乐！

以下是老师、家长们对“故事妈妈团”的感受分享（摘自班级微信群记录）。

幼儿园吴老师：

亲爱的家长朋友们，在本学期，我们共同见证着孩子们的点滴进步与成长。其中，书香班级的“故事妈妈团”活动开展得有声有色，孩子们从中受益匪浅。在此，我要向所有的故事妈妈、故事爸爸，以及故事大王宝宝们表示衷心的感谢和点赞，也感谢全体家长的大力支持。现在，我们诚挚地邀请故事妈妈、故事爸爸们通过班级群分享给孩子们讲故事的感受以及家长对此活动的体会，相信这将成为我们家园共育和互动的一道亮丽风景。期待下学期故事团的队伍能够更加壮大，再次感谢大家的辛勤付出！

宁远妈妈：[①]

大家好！我是宁远妈妈。由于工作原因，我无法经常参加班级的各种活动。但自从加入“故事妈妈团”后，我深感其意义非凡。起初，我主要是想

① 在幼儿园家长队伍中，已经默认了彼此的称呼是“某某妈妈”或“某某爸爸”，很多妈妈们都不知道彼此的真实姓名。后文对妈妈们的称呼都是孩子名字加“妈妈”二字，隐去了孩子的姓。我被家长和孩子们称呼为“祥安妈妈”。

跟老师和其他家长学习如何与小孩一起阅读，同时也想给孩子树立一个好榜样，鼓励他勇敢地站出来给大家分享故事。此外，我也希望借此机会更多地了解孩子在学校与同学相处的情况。这两年，通过参与“故事妈妈团”的活动，我不仅学到了很多育儿经验，还在培养孩子的阅读能力方面有了更深的体会。孩子通过参加故事宝宝团及绘本剧表演，个性发展方面也取得了很大的进步。在此，我要感谢老师和祥安妈妈以及各位家长的热情支持与帮助，谢谢！

紫怡妈妈：

大家好，我是紫怡妈妈。很荣幸能成为我们班的故事妈妈。通过我们书香班级的故事分享以及图书借阅活动，孩子们对书籍的喜爱之情日益加深，班级也弥漫着浓厚的书香氛围。感谢我们如此有爱的大五班！希望“书”能成为孩子们永远的好朋友，陪伴他们快乐成长！

诗腾妈妈：

各位家长好！我是故事妈妈中的一员。我为我们班是书香班级而感到无比骄傲！成为故事妈妈的初衷是想给孩子树立一个好榜样。诗腾曾鼓励我说：“妈妈，我也想让你到班级讲故事，让大家听听你的故事，你要勇敢，你最棒！”然而，成为故事妈妈后，我从每位故事妈妈身上以及小朋友们那里都学到了很多，真是收获颇丰。每次的故事会对我来说都是一次宝贵的学习机会。同时，书香班级也培养了孩子喜欢阅读的好习惯，让他在阅读中获得了更多乐趣。在此，我要感谢老师们的支持和孔老师的主持创建，以及各位家长的共同努力。

佳祺妈妈：

各位家长好！我是佳祺妈妈，很荣幸能成为我们班级故事妈妈中的一员。每次到班级给孩子们讲故事对我来说都是一次难得的学习机会。成为故事妈妈让我学会了如何更好地与孩子们相处和沟通。大五班的宝贝们都非常热情，也很喜欢听故事。我家宝贝当故事大王也是一次很好的成长经历。很幸运我家宝贝是书香班级的一员，在良好的阅读氛围中，我和我家宝贝都在不断进步。

栎为爸爸：

各位老师、家长们，大家好！我是栎为的爸爸。当初参加“故事爸爸妈妈团”，主要是为了鼓励孩子并给他树立一个好榜样。每次确定课程主题后，我都会通过网络查阅各种资料，力求用简单易懂的方式将复杂的知识呈现出来，让课堂变得充满童趣，让孩子们能够轻松愉快地度过这三十分钟的时光。与宝贝们在课堂上的互动让我深切感受到了这个书香班级独特的文化氛围。感谢老师和祥安妈妈为我们提供这样的交流学习机会。

肖懿妈妈：

大家好，我是肖懿妈妈。参加“故事妈妈团”的初衷是想鼓励内向的孩子变得勇敢，同时培养孩子从小热爱读书的好习惯。感谢幼儿园和老师们为“故事妈妈团”提供的交流学习平台，也感谢祥安妈妈为组建“故事妈妈团”所付出的努力。

城钰妈妈：

各位老师、家长们好！我是城钰妈妈，也是故事妈妈中的一员。非常感谢幼儿园为小朋友们创造了如此良好的阅读氛围。亲子阅读是一件特别有意义的事情，它让我们能够在故事中陪伴孩子成长。讲故事不仅能带给孩子们欢乐，还能激发他们的阅读兴趣。让故事伴随孩子的童年，让我们陪伴孩子一起健康成长、一起阅读、分享快乐。在此，我要感谢老师、祥安妈妈以及故事团的所有成员！

（二）“畅享人生之旅”

“畅享人生之旅”微信群[①]由五位宝妈共同创建，旨在筹划孩子们的幼儿园毕业旅行。群成员皆是孩子幼儿园同学的妈妈，尽管旅行计划已结束，但这个小微信群依旧保持着活跃的气氛。特别是孩子们刚升入小学一年级时，焦虑的妈妈们更加需要这个交流窗口，了解孩子的学习状况，对比他们的表现。每当寒暑假来临，家长们便会提议利用这段“足不出户”[②]的假期，成立学习小组，每周组织一次线上或线下的活动，内容涵盖分享阅读心得、学习英语以及手工活动等。然而，想法虽美好，现实往往不尽如人意。如今的孩子已不再任由家长摆布，我建议家长们先试探孩子的想法。有的孩子一听说是组织一起学习，立马说：“我不参加！”但我们这些妈妈是不会轻易放弃的，一直在努力筹划着学习小组的相关事宜。

在群聊中，我们聊得最多的是孩子，夸奖别人家的孩子，分享自己孩子

---

① 正式的群组，之所以说这个群组正式，主要是确定了群名。之前大家也经常交流，只是随意拉一个群，没有确定群名。这个正式的群名是筹划孩子毕业旅行时确定的，但在此之前，我们五位妈妈作为推动幼儿园班级活动的主要家长力量，经常在自建小群里讨论和交流。

② 足不出户，指当时由于受新冠肺炎疫情的影响，学校都建议学生不离开居住地，通常是不离开本市，不聚集。这里说足不出户，是夸张的说法。

的成长点滴，也会讨论孩子教育的问题。这样的交流让我们认识到，每个孩子都是独一无二的，他们有各自的优点和不足。因此，在孩子的教育问题上，我们可以相互借鉴，取长补短。

在参加《大小团体动力学：理论、结构与工作方法》读书会时，夏林清老师鼓励我们将自己的团体经验写出来分享。于是，我撰写了关于“跟随孩子流动的妈妈团”的文章。读书会上，夏老师向我提问：“作为幼教教师，你认为‘妈妈团’的意义是什么？”这个问题让我有些措手不及，因为我从未将“妈妈团”与我的教师身份联系起来。读书会后，我陷入了深思，以下是我对那次发言的回应。

我一直将幼儿园里的“妈妈团”视为与幼儿教师不相融的团体。在这些团体里，没有“官方”的声音，我们可以畅所欲言，谈论一些幼教老师可能无法听到的“悄悄话”。在妈妈团里，我并未将自己置于幼教工作者的角度去思考，也没有深入思考这个团体与幼教学生之间的联系。或许是因为我没有意识到这种思考的重要性，有一种“身在此山中，云深不知处”的感觉。除了班级群，家长们还在各种家长群里发声和观望，这些小团体都是家长们自发形成的“自留地”。无论老师们是否知情、是否愿意，这些小团体都在潜移默化地影响着家长与家长的关系、幼儿与幼儿的关系、家长与幼儿教师的关系，进而影响着整个班级的氛围。

谈及团体的动力，我想从我们这群人是如何走到一起说起。幼儿园孩子的妈妈更容易形成团体，因为我们每天都有在接送孩子时碰面交流的机会。孩子们离开妈妈去探索这个世界，充满了未知、担忧和不确定性，这些共同的情感让我们产生了抱团取暖的需求。

我们的团体可以说是在幼儿园这个“小社会”中结下了友谊果实。几位家长对孩子的教育都非常重视，“闽南师大”情结[①]让我们心灵相通，我们都希望为幼儿园的孩子们做些什么。作为幼教工作者，我深知幼儿教师的不易和辛苦。然而，现在幼儿教师间流传着这样一句话：“老师们都忙，忙得顾不上孩子们！”这意味着老师们在完成幼儿园布置的各类案头工作和行政工作后，面对孩子们时只想休息。这是我从一些有经验的函授学生[②]那里了解到的。当我在课堂上向学前专业的全日制本科生提及这句话时，他们感到难以理解。毕竟，孩子们如此可爱，幼儿教育又如此重要，怎么会忽视孩子们呢？幼儿教师的使命不就是“一切为了孩子，为了孩子的一切，为了一切的孩子”吗？但在闽南师大校庆时，我与2008、2009级毕业生交流时了解到，他们现在都是所在幼儿园的中坚力量，他们告诉我：“老师，这是真的，我们在幼儿园没有太多时间关注孩子们！”

这样的处境既让我同情我们的幼儿教师，又让我看到了现实残酷的一面。在这种情况下，我们这群妈妈意识到，将孩子交给老师并不意味着也将教育的责任全部交给了老师。为了向老师表达家长对孩子教育的关心，并愿意与老师共同促进孩子的发展，我们决定以“阅读”作为切入点，因为阅读是教师和家长都认为非常重要的教育领域。于是，我们在孩子的班级成立了“故事妈妈团”。为了给孩子营造一个良好的阅读环境，我们发动家长集资购买图书，建立了班级的图书区。

然而，有支持的家长，就有反对的家长。当时，我们确实经历了一番“斗智斗勇”。有的家长无论什么提议都持反对态度，有的则是袖手旁观，不愿出钱出力。因此，家委提出的每一个想法都遭遇了阻力。特别是在班级的

① “闽南师大”情结，后文中会提到我们与闽南师范大学的关联。

② 函授是成人高等教育的一种学习形式，这些学生多数都已参加工作，利用暑假在闽南师大集中面授和考试。

最后一个学期，主班老师请假，使后续班级工作的推进尤为艰难。从毕业照的拍摄到毕业晚会的举办，再到一些收尾工作，每一件事都充满挑战。有时，事情推进的不顺利会让人感到沮丧，但每当想到那些孩子，我们都会咬紧牙关坚持下去。

A 小朋友的家长尤为“刺头”，对我们的提议一概反对。但我们几个妈妈在一起时，总会说：“其实 A 是个好孩子。”这也是我愿意和这群妈妈在一起的原因，她们总是能看到别人的优点，不仅关心自己的孩子，也关心别人的孩子，充满爱心，公正，并愿意奉献。A 小朋友在班级中处在较为边缘的位置，不太愿意参加老师组织的活动，这或许也是其家长产生不满情绪的一个原因。事实上，这部分家长对老师意见较大，我们这些协助老师做事的人，自然也成了他们攻击的对象。

有一次，我作为“故事妈妈”进班时，恰逢下午发牛奶。小 A 跑到奶箱旁取了一盒牛奶递给我，什么也没说。他并不像有些孩子那样善于表达，但今天的举动让我深感意外，他用自己的方式表达了对我的善意。其实，我们妈妈们有时也会抱怨老师忽略了这样的孩子，他们非常需要老师的关注。或许，这正是我们几位妈妈坚持做事的动力所在。我们常说：“我们都是为了孩子们，只要事情能推进，其他都不重要。”面对班级群里家长的不配合甚至刁难，我们总是彼此支持，共同应对。在处理一些事情时，我们也会反复斟酌，在大群里发消息前，先在小群里讨论，确保表达得当。

例如，当考虑到如何处理孩子们已经看过两年的图书时，我提议将它们捐给幼儿园的低年级，以达到“传帮带”的效果。然而，这个想法一经提出，就遭到了部分家长的反对。他们认为这些书是自己花钱买的，不愿轻易送人。面对这个局面，我们再次开始集体讨论，最终提出了三种方案供家长选择：

一部分家长可以选择拿走价值约 70 元的图书；一部分家长可以选择拿走一本作为纪念，其余捐赠；还有一部分家长可以选择全部捐赠。愿意捐书的孩子们还参与了捐书仪式和“哥哥姐姐讲故事给弟弟妹妹听”的活动。看到一些家长在挑选书籍时计算价格，我心里不免有些难过，觉得这部分孩子接受的教育中缺少了分享和奉献的精神。同时，我也意识到自己在教育工作中的不足，缺乏与多元群体沟通的能力。幸运的是，我们团的妈妈们总是能够相互支持，共同面对困难。

我一直生活在学校的象牙塔里，从大学毕业到研究生毕业，再到来到闽南师大工作，这里是我职业生涯的起点。我觉得自己在处理人际关系和解决问题方面还有很多不足。幸运的是，我所在的团队给了我很大的支持和帮助。有的妈妈积极主动，充满热情；有的妈妈处理问题时情商极高，让我佩服不已。在这个团队里，每个人都有自己的闪光点，我们相互学习，共同成长。

我想，作为幼儿教师，要看到这类团体的存在。团体的力量远超过个体之和，幼儿教师也要接受这个团体的存在。当时，就有其他班级的老师对家长们私自建群的做法表示担忧，害怕其中会有不利于幼儿园或老师的事情，甚至惊动了园长。在全校家长会上，园长对此事进行了说明，虽然园方持开放态度，但也给出了“友好的建议”。我想，未来的幼儿教师们应放松心态，了解这类团体。它们存在的原因多种多样，并不一定是为了“说坏话”。接纳它们，才能更好地融入其中。同时，作为教师，也应思考如何利用这些团体的合力。正如之前的故事所示，尽管过程中有磕磕绊绊，但我们这个团体还是在不断推进班级的各项活动。幼儿教师不能孤军奋战，更不能腹背受敌。要团结一切可以团结的力量，充分调动家长资源，凝聚他们的力量，朝着目标共同前进。（写于 2020 年 7 月 3 日）

两年过去了，再重新回看和整理这些经历时，我希望能将这部分内容纳入即将出版的合著中。我们“畅享人生之旅”的小团体已陪伴孩子们走到了小学四年级。妈妈们需要交流的“窗口”，也需要倾诉的“通道”。写到此处，我又有了一个新的想法：我很想了解一下我们小团体的其他妈妈，对这几年我们一起参与“阅读推广”、共同面对挑战、分享孩子成长的点点滴滴，究竟有何感想。这不仅可以作为对我所写内容的反馈，也能让我们更加深入地了解彼此。（写于 2022 年 11 月 10 日）

我将这些想法发到群里后，很快得到了两位妈妈的积极回应，大家共享了过往几年孩子在幼儿园时的成长故事。虽然大家都谦虚地表示自己的文采不佳，但她们分享的文章让我深受触动。我随着孩子在妈妈团中流转，但我逐渐意识到，还有一个东西在无形中连接着我们，那就是闽南师范大学。正如我之前提到的，我们都有着深深的“闽南师大”情结。有时我觉得很奇妙，与我家孩子玩得好的小伙伴，他们的父母中很多都是老师或是闽南师大的毕业生。在我们“畅享人生之旅”的群里，就有两位妈妈是闽南师大的校友，另外两位家长则经常来校园跑步，对这里的环境非常熟悉。闽南师大似乎为我们提供了一个情感交流和文化认同的平台。在孩子上幼儿园的时候，我就注意到了这个现象：每当放学时，家长们总会聚在一起聊天。有些团体我难以融入，但那些能让我停留的团体，或许都流淌着某种“暗流”。

以下是两位妈妈的反馈，她们都是闽南师范大学的毕业生。紫怡妈妈是 2008 年化学与环境工程专业的毕业生，现在从事外贸工作；诗滕妈妈则是 2010 年英语专业的毕业生，现在是一名中学教师。我们常常感叹世界之小，闽南师大见证了我们的青春岁月，而缘分更是奇妙，它让我们在这里相遇，十年后，又因为孩子们而再次相聚。

回忆那些事

一转眼，孩子们已经上四年级了，从昔日懵懂可爱的“小屁孩”成长为现在的小小少年。我们只能在回忆中找寻那些匆匆流逝的岁月，而身边的孩子们，无疑是最好的时光见证者。幸运的是，在孩子们上幼儿园时，我们拥有了一个充满爱意的小团体——“畅享人生之旅”。它陪伴了孩子们的童年，也见证了我们这群志同道合的妈妈们的成长历程。

这个群里，不时会有孩子们儿时那无比可爱的照片流出，每一张都勾起了我们无尽的回忆。尽管回忆中也不乏让我们哭笑不得的小插曲，但正因如此，让我们这个妈妈团更加紧密地团结在一起，也让我们的小团体更加充满正能量。那些共同“攻坚”的日子，让我们深刻体会到“林子大了，什么鸟都有”的道理，也更加坚定了我们“一切为了孩子”的信念，同时也让我们看到了人性中“赤裸裸的一面”。

在这些美好的回忆中，也不乏满满的感动。记得中班时，祥安妈妈积极组织家长们集资购买图书，为班级建立了一个图书角。这一举措不仅让孩子们能够随时随地沉浸在书的海洋中，更在孩子们心中播下了“养成良好的阅读习惯”的种子。作为家长，我深感欣慰，因为我的女儿也是其中的受益者之一。有了这个图书角，孩子们可以在课间休息时畅游书海，还能把喜欢的书带回家。当时，我女儿每天放学回家最开心的事，除了分享学校的趣事，就是告诉我她今天又挑选了哪些喜欢的书。每晚睡前，我们一起阅读她挑选的书，成了一种特别的享受。

说到阅读，我不得不提及我们班的“故事妈妈团”。祥安妈妈是这个团队的创始人和团长，她的热情与付出让我们深感敬佩。这个团队在中班时成立，起初只有几位妈妈加入，我们都以“故事妈妈”的身份为孩子们带去欢乐与知识。每周三或周四的下午，总有一位故事妈妈走进教室，为孩子们讲述精彩的故事。这对我来说，是一项既愉快又充满挑战的任务。每次轮到我讲故事时，我都会提前和女儿讨论，挑选她认为孩子们会喜欢的绘本。我们还会一起制作 PPT，以便在教室里与孩子们互动。

作为“故事妈妈”，最开心的时刻莫过于走进教室，看到孩子们围着我叫“紫怡妈妈”。他们的笑脸和期待的眼神，是对我今天故事的期待，也是对我这个“故事妈妈”的认可。因此，我总是用夸张的表情和动作来吸引他们，让他们更加投入地听故事。同时，我也能看到女儿脸上那自豪的笑容，这让我觉得一切都是值得的。

随着孩子们对阅读的热情越来越高涨，家长们也感受到了阅读的魅力所在。因此，“故事妈妈团”的队伍也越发壮大。在这个美好的阅读氛围中，孩子们不仅从绘本和故事中汲取知识，更找到了书这个有趣的“小伙伴”。他们从最初的听众，逐渐成长为能够自己分享故事的“小小故事大王”。我记得女儿第一次给同学们分享故事时，虽然只是一本简单的绘本，但对她来说，这是对自己的一次认可和自信的提升。我相信，有了这个美好的开始，她一定会越来越热爱阅读。

在此，我要感谢祥安妈妈以及所有“故事妈妈”们的付出与努力。你们在幼儿园时期为孩子们播下的阅读种子，如今已经在他们心中生根发芽。我为女儿能够拥有这样的成长环境而感到欣慰和自豪。我相信，在未来的日子里，她会继续在阅读中找到乐趣，不断成长和进步。

朱紫怡妈妈

2022.11.15

孩子最大的幸运莫过于有一位爱孩子、懂孩子、与孩子共同成长的好妈妈。同样幸运的还有活力四射的小诗腾，接下来是诗腾妈妈的故事分享，讲述了孩子们和家长们彼此相识的缘分，也回顾了孩子和家长一路阅读、一路成长的经历。在成稿之际，诗腾妈妈又每周在线上义务为我们小团体的几个孩子补习英语。[①]正是有家长榜样的力量，才有了勇敢、有上进心、有爱心、讲义气、活泼可爱的诗腾。

回忆二三事

随着年龄增长，记忆逐渐被生活琐事所消磨，但孩子成长的点点滴滴依旧清晰如昨。他时常会告诉我："妈妈，你不要对我吼，我的心会被你震碎的。"又比如，他某个时间常说："我想换个妈妈，像紫怡妈妈那样的。"紫怡妈妈确实很棒，因为紫怡是个德智体美劳全面发展的优秀孩子。周围的女孩中，我未曾见过如此出色的。因此，孩子上小学时，曾自豪地向同学炫耀，他有这样一位了不起的伙伴。孩子们兴趣相投，妈妈们三观契合，自然而然形成了一个紧密的小团体，进而发展成了群组。最近，我读到祥安妈妈写的回忆录，其中提到"跟随孩子流动的妈妈团"，这确实贴切。孩子们的缘分，逐渐发展成了家庭之间的深厚情谊，他们以孩子为纽带，紧密相连，深深地影响着我们今后的生活。

虽然我们这个小团体人数不多，但力量不小。其中有一位妈妈是幼儿教育专业的，她为我们打开了幼儿世界的大门，让我们更深入地了解孩子们的

① 诗腾妈妈是中学英语老师，当地小学生都是从三年级才开始学习英语，每周只有两节课，主要是听力和阅读，没有学习自然拼读。家长们有些焦虑了，但是不想通过报专门的培训班增加孩子的学习压力，诗腾妈妈就承担起每周在线上教几个孩子英语发音规则的重任。

世界。在她的组织和带领下，我们幼儿园举办了第一届妈妈进课堂讲故事活动，开创了设置图书角的先河，[①]让我第一次认识到绘本故事还可以表演。在她的推动下，幼儿园还成立了第一届阅读社。由于每次活动的默契配合，我们这个团体的联系越来越紧密。校内外活动的穿插进行，让我们之间的默契日增。记得我第一次作为“故事妈妈”进园讲故事时，儿子的鼓励和妈妈团的指导让我信心倍增，跃跃欲试。这个活动不仅让孩子们充满期待，也让他们积极参与其中，其益处不言而喻。我们班还统一购买了绘本，营造了浓厚的阅读氛围。每天午饭后或午睡后，阅读成为孩子们在园的一项重要活动。正是这样的环境，让诗腾养成了良好的阅读习惯，这实在值得称赞。在六一儿童节的绘本表演中，孩子们留下了许多精彩的瞬间，我才发现原来孩子的可塑性极强，只要给他们一个舞台，他们就能演绎出精彩的表演。这次绘本表演为他们的幼儿时光增添了丰富的色彩。

在这些活动中，我一次次发现孩子的潜能和优点。当孩子置身于群体中时，我才在反思中发现自己教育上存在的问题。在幼儿园，我们可能无法及时有效地与老师沟通孩子的教育问题，但在这个群体里，我们可以更直观地看到孩子们的优点和不足。每个孩子都有他独特的闪光点。在这个群体中，我看到了其他妈妈和孩子们眼中不一样的诗腾。当我纠结于他的缺点时，其他妈妈们总是客观地指出他的优点。这使我时常反思自己是否过于悲观。这个团体让我早早地开始了对孩子的科学养育。

当然，并不是每场活动都能顺利举行。我们的出发点始终是为了孩子，

---

① 一般公立幼儿园班级是有创设图书区的，只是常规的图书区创设存在一些问题，图书数量比较少、更新频率不够，往往不能激发幼儿的阅读兴趣，很多孩子忽视图书区的存在，家长们也就不了解幼儿园班级里有图书区。

我们也心甘情愿地为他们付出。但在一个由不同家庭组成的群体中，总会有意见不合的时候，所以在活动推进中总会遇到一些阻力。比如，在组织幼儿毕业晚会表演时，就曾出现过不和谐的声音。我想，这可能是因为临近毕业，家长们敢于表达自己的不同看法。又如，在毕业临近时，关于如何处理班级图书的问题上，大家的意见并不统一。一部分家长选择留下自己出钱购买的图书，而在我们这个团体的影响下，另一部分家长则选择将图书捐赠给下一个年级的孩子们。为此，我们还特意举办了一场捐赠仪式，让孩子们亲身参与，一对一地给下一个年级的孩子们讲绘本故事，并捐赠图书。我相信，那一刻已经在捐赠者和受赠者之间播下了阅读的种子。现在问起诗腾，他还能清晰地记得那时的场景。

这些活动让我们这个小群体的联系更加紧密。比如，有一年寒假，在祥安妈妈的提议和紫怡妈妈的全力推进下，我们在闽南师大举办了一场全家总动员的运动会。比赛项目是家长们讨论了很久才确定下来的，我们还为每位小朋友定制了奖牌。看到孩子们开心的笑脸，我觉得我们付出的每一份努力都是值得的。毕业后的一次旅行，最终演变成了五位妈妈的畅享之旅。在此之前，我们也组织过其他活动，但只有这一次，给大家留下了深刻的记忆。我们聊家常、谈见闻、发见解、常相聚，相互解惑答疑。在新冠肺炎疫情防控之前，闽南师大几乎成了我们校外活动的根据地。孩子们在那里尽情玩耍，妈妈们则打牌消遣，一玩就是一整天。我们还经常参加闽南师大的文艺表演活动。现在，我们的话题更多地围绕孩子们的小学学习和生活展开。我们一边焦虑孩子的教育问题，一边又进行自我反思和自我疗愈。表面上看起来风轻云淡，实际上内心却是波涛汹涌。

我们跟随着孩子的脚步，进入了各式各样的群组，无论是主动的加入还是流程化的安排，共同的目标让我们成为群里的朋友。但真正让我们在群里保持活跃、长久相处的，则是三观的一致和性格的相合。我想，我们的小团体能够延续至今，大抵便是如此。孩子们在不断地成长，我们也在持续地进步。尽管我们职业各异，但我们的角色相同、目标一致、观念相近。现在，孩子们一同迈入了四年级，回头看，我觉得与诗腾最有默契的玩伴，还是幼儿园时期的那些同学。有了孩子之后，妈妈们的大部分生活话题都围绕着孩子展开，跟着孩子组团似乎也成了我们生活中交友的一个途径，甚至有望发展成为长期的交往对象。我们的小团体是大家双向奔赴、共同努力打造出来的，这个发展过程，让我一生受益。

诗腾妈妈

2022.11.16

四、结语

团体内部和团体之间充斥着张力，流淌着动能。诚如夏林清老师书中提到的：“只要你参与了这个社会，就无法逃避自己影响了别人，也受到他人影响的这个事实（不论你是多么孤独或脱俗）。人在‘不沟通’时仍旧在沟通的这个道理和‘沉默也是一种语言’一样，都在说明相同的本质。试图探究团体动力学的人对下面三个基础观念的理解是很重要的。任何团体一定包含一个‘人际互动的行动世界’。任何一个‘人际互动的行动世界’都是建基在互动双方或多方如何认识外界现象与信息的历程上。任何一个团体都嵌属于某一特定的社会脉络中。”[①]

每一个团体的行动，都源自于团队成员之间的默契配合。这份默契的达

① 夏林清：《大小团体动力学：理论、结构与工作方法》，北京师范大学出版社，2020，第4—7页。

成，深深根植于我们过去经验所形成的一系列假设。这些关于人、物、情境的基本假设虽然看不见，但在无形中主导着我们行动的方向和变化。我们共同陪伴孩子阅读，精心组织孩子们的游戏活动，走进班级为孩子们讲故事，筹备聚会活动等。这些团体活动的顺利推进，离不开我们彼此间的共识：我们深知家庭教育对孩子的成长起着至关重要的作用；我们也意识到当前学校教育在个体发展方面的不足，由于师生比例失衡，教师难以关注到每一个孩子的成长；我们坚信，没有人比家长更了解自己的孩子，因此家长不仅要具备能力，更有责任协助老师共同促进孩子的发展；我们认识到，孩子不仅需要家长的榜样力量，也需要与同龄伙伴的交往；我们坚信阅读能够丰富人生，提高孩子的学业水平；我们更珍视孩子的童年，希望为他们创造一个快乐、充实的童年生活。

个体在认识和回应外在时有可见的、可被观察到的行动策略，也有不可见的、观察不到的假设及推论。而当我们想要去影响或改变一个人对待自己与他人的行动方式时，若未能增加他对自己行动背后假设的觉悟与反省，根本的改变便不易发生。[①]

回顾团体行动，不仅是总结自己的团体经验，更是审视自我，看看那些源于已有经验的设定是否限制了我们对外界或团体的认知。或许，我们自以为的真实世界，只是井底之蛙头顶的那一片天。为了避免思想和经验的局限，在叙述团体行动的过程中，我们需要倾听团体各方的声音，以此来辨识和回应团体的行动，尝试通过多元的视角去尽可能呈现“真实的世界”。当然，我仍无法在行动的洪流中一一厘清每条支脉，只是努力让自己投身的这片水塘逐渐变得清澈。

① 夏林清：《大小团体动力学：理论、结构与工作方法》，北京师范大学出版社，2020，第10页。

当越来越多的团体成员开始挑战自己的惯有行为模式时，新的、不同的人际经验才得以产生。团体中的关系模式因此增加了更多不同的选择性。如此，团体的运动和改变的历程才得以发生。很多时候，我们顺从了既定的模式，认为情况本该如此，不能或不可改变，因此缺乏了必要的尝试，甚至丧失了必要的思考。“习以为常”会“冻结”我们的大脑，僵化我们的行为。但我们需要尝试突破，换一个角度去思考问题，跳出原有的舒适圈。记住，“莫愁前路无知己”“柳暗花明又一村”。当你勇敢地迈出那一步时，又一个带着不同经验、相同或不同目标的团体就会出现，新的行动开始了，变化也就开始了。

课耶？我耶？
——综合实践活动课程的“庄周晓梦”

郭丹丹[①]

在日常生活里，每一个人都是行动者，每一个人也都可能做研究。但行动研究指的是一种行动者自我觉醒地对自我——对自我之行动历程，对自己的行动在什么样的社会关系脉络、社会位置情境与社会环境结构之下进行，对自己的行动又产生什么影响所进行的自主探究。[②]

若不是我，而是他人任教，它可能是另外一种样子；若不是它，我职业生涯中孜孜以求的事，遇到的人，一路走来的路，可能是另外一番景象。究竟是我创造了它，还是它促成了我？一如庄周梦蝶，究竟是“课”是我，还是我是“课”呢？

---

① 郭丹丹，1980年11月出生于辽宁省沈阳市，2002年毕业于沈阳师范大学教育系，2006年毕业于厦门大学高等教育研究所（现教育研究院），2005年到漳州师范学院教育系（现闽南师范大学教育与心理学院）工作至今。研究方向为行动研究、教师教育、劳动教育。

② 夏林清：《行动研究的双面刃作用——专业实践与社会改变》，转引自杨静、夏林清《行动研究与社会工作》，社会科学文献出版社，2013，第3—9页。

2001年6月，教育部颁布了《基础教育课程改革纲要（试行）》，这标志着第八次基础教育课程改革的正式启动，预示着未来几十年“新课改”“新课标”“新教材”和“新教法”将成为我国基础教育工作者共同努力的方向。在这场改革浪潮中，“综合实践活动”课程以其独特的地位，作为“新课改”的“亮点”“难点”和“生长点”正式亮相。那时的我，还是大学三年级的一名学生，身在辽宁省沈阳市的沈阳师范学院[①]皇姑校区，正忙于期末备考，课余时间与同学们讨论着是考研还是就业的问题。我完全没有预料到，八年后，我会在祖国的东南一隅——福建省漳州市，与漳州师范学院[②]结缘，与“综合实践活动”课程相遇。自2008年起，我接手这门课程，一教便是14年，时光飞逝，恍然如梦，回顾这期间的点滴，那些共同走过的路，同行过的人，发生过的事，心念的沉浮起落……没错，这不仅是一门课，更是小学教育专业培养方案中占据重要地位的正式课程。我虽只是众多任课教师中的一员，但当谈及它时，我无法以平常心待之，因为它承载了我内心的信念与追求，也承载了学生对大学课程交付的青春年华，更承载了同道中人因共同理想而集结的热情与期待。与其说它是一门课程，不如说它是一个与人共事、自我建构的场域。它的发展、我的行动，谁又能分得清是“课”使然还是“我”使然呢？

---

① 沈阳师范学院，现沈阳师范大学。2002年，辽宁省政府决定并经教育部批准，沈阳师范学院与辽宁教育学院合并组建沈阳师范大学。我们是首届毕业证书上盖章为“大学”字样的毕业生。

② 漳州师范学院，现闽南师范大学。成立于1958年春；1963年，国务院批准成立福建第二师范学院；1986年经原国家教委批准复办福建第二师范学院，并更名为漳州师范学院；2013年4月，更名为闽南师范大学。

一、我是谁?

2002年8月，我骑着自行车前往县城，与另外三名同学一同接受了县政府的优秀青年学生奖励。这份荣誉成为我“回报家乡”的动力。我于1980年11月出生在辽宁省沈阳市法库县的一个小村落，父母都是勤劳朴实的农民，对土地怀有深厚的情感。然而，由于父亲创业失败，家庭经济一度陷入困境。在那段艰难的日子里，我读高中和大学的费用主要是由亲戚接济的。正是他们的无私帮助，让我得以顺利完成学业。

家乡对我而言，是根之所在、情之所系。父辈们在那里挥洒青春热血，尽管他们眼界有限，能力有限，但在时代的变迁中，他们不懈地探索、默默地承担。家族亲人对后代的无私疼爱和付出，延续着代际之间的传统责任。乡亲邻里守望相助，那份情谊胜似亲人。

然而，硕士毕业后的我并未选择回到家乡，而是留在了外面的世界。或许是因为内心的胆怯和不甘，或许是因为对外界的留恋与向往。当时，全国正掀起大学本科水平评估的热潮，为提高师生比，漳州师范学院在2005年和2006年大量引进人才。我于2005年加入了这个大家庭，成为漳州师范学院教育系小学教育教研室的一员，同批引入教育系的教师共有12人。自此，我开始了在这片土地上的教育生涯。

二、与综合实践活动课程初相识

我作为教师被引进，但还需兼任本科教学秘书一职。每天有半天在办公室处理系内教务，因此教学方面的工作量减半。我于2005年7月报到后便立即上岗。随后的2005—2006学年，我担任本科教学秘书，每天坐班半日；而在2006—2007学年和2007—2008学年，我又兼任了研究生教学秘书，这都是在完成教学任务之外的额外工作。在2007—2008学年结束后，我辞去了兼任的研究生教学秘书职务，开始全职投入教学工作。

（一）专业为何?

刚入职的几年，我一直在努力适应工作环境。时至今日，我的职业生涯中依然围绕着“专业”“领域”“方向”和“团队”这些核心词。我坚信，工作应该是符合我的专业的，在岗位上应该结合自己的专业去发展某一“领域”，使自己的努力和实践有“方向”，在实践中有同行的“团队”。

首先，谈谈对专业的认识。在我看来，作为教师，教学是第一位的。只有当有学生愿意“受教”，我们的教学才算是真正有意义。我本科读的是教育学专业，其课程设置偏理论化，而像学科教学法、微格教学等课程都是没有开设的。硕士研究生读的是高等教育学专业，关注的是高等教育的规律、高等教育教学的规律、国家或国际高等教育变革的趋势。然而，当我进入地方高校师范专业初等教育系小学教育专业工作时，我发现从宏大叙事的理论到具体某一领域的教学规律，从高等教育的框架进入基础教育的框架的转换并非易事。我一直在摸索中前行，寻找自己在这个领域中的立足之地。

我的教学生涯始于《普通教育学》这门公共必修课。当时，学校实行师徒制，我的教学导师蔡勇强给予了我悉心的指导。我像学生时代一样，虚心向导师请教，不坐班的时候就去听他的课。经过三轮教学，我才逐渐熟悉了教材，感觉自己真正像个老师了。这门课程的规律性和理论性较强，我认为它很适合我的专业背景。之后，我也尝试过《小学生心理学》《家庭教育学》《班主任工作》《教育政策与法规》等课程的教学，但都不长久。在教授《小学生心理学》和《家庭教育学》时，学生有时会问:“老师，你有孩子吗？”“你没有孩子的话，你讲的话你自己信吗？”这些问题让我深感自己生活经验的不足，理论钻研也还不够深入，不足以弥补实际经验的匮乏。因此，我后来更多地选择了宏观或原理类的课程，如《普通教育学》和《教育政策法规》。

我第一次走进小学，是带领本科生进行见习。最近一次的小学体验，还是我自己读小学的时候。大学时，我曾在辽宁省实验中学实习一个月，教授《中学生心理健康教育》，争取到了四节课的教学机会（同校实习的还有三位同学，他们只上了两节课）。带学生见习时，我们去了角美中心小学。到校门口时，校礼仪队两列排开，鼓声阵阵，彰显着小学生们振奋向上的精神面貌。校长、教导主任等老师热情迎接我们。升旗仪式上，我们带队老师和实习生单独站成一列，目送国旗缓缓升起，行注目礼，师生齐唱国歌，庄严肃穆的气氛令人感动。仪式结束后，校长安排一队小学生为我们系上红领巾。再次近距离接触小学生，想象着我教的学生将来也会在这样的环境中学习，教导着这样的孩子们，一种强烈的责任感油然而生。我决心要不断提高自己的业务能力，给师范生提供更多的帮助。

于是，我回到学校，向一位前辈请教：“我的专业和我的教学不匹配，怎么办呢？”同事笑着说：“很多人的科研和教学也是分开的，你想想看。”我想了很久，心中依然困惑，为什么大家不能把科研和教学结合起来呢？“教—学”相长，不就是意味着老师的发展和学生的成长是相辅相成的吗？

其次，谈谈对领域和方向的认识。入职之初的几年，我频繁地更换课程，忙于学习新知识、准备新教案，上课时也感到焦虑不安。学生的一点沉默或疑惑都会让我停下来，尽力解释。课后反思时，我也很少感到满意。我关心的领域（虽然并没有出成果）主要是教师教育和高校本科教学。随着带本科生见习、实习的机会增多，我观摩小学老师上课的次数也逐渐增加。我常常感慨：“高等学校的课堂教学，真应该向基础教育学习。中小学的教和学有着众多的理论和流派，而高等学校的教学却鲜有研究，似乎大学的老师天然就会教。”虽然我在教学方面感到力不从心，却不敢暴露出来，于是有了这样的假设——既然已经是“大学老师”了，就应该是会教的。每次课后，我都会在教学楼下静坐，让头脑中的纷乱思绪慢慢平静之后再离开。后来，我开始做教学记录，并不是为了反思，只是为了清空头脑。回顾过去，我发现当时已经有了困惑，却没有将高等学校教学作为研究的领域和方向，导致这些问题一直困扰着我。

最后，谈谈对团队的认识。在读研时，“学术共同体”这个词给我留下了深刻的印象。我想象中的场景是：“师师—师生—家庭—社区—政府”结成团队，为了一个共同的项目或目标，制订计划并携手工作。我一直渴望能够加入一个优秀的团队，有资深前辈的指引和各具才能的同伴。然而，直到现在，我仍然在寻找能够引领我的团队。蓦然回首，我发现自己的职业生涯已经从起点走到了中途。

（二）接手《综合实践活动》课程

2008 年，由于本系课程任务繁重，综合实践活动课程的任课老师提出将课程交还给我们小学教育教研室。我不想悬浮于宏大理论，希望能够以合适的课程为媒介落地到基础教育，贴合我带的学生未来的实际工作。当时，我正处于摸索阶段，对综合实践活动课程有了初步的了解，便主动找到那位老师，接下了这门课程，并获得了她赠送的课件及相关书单等资料。

这门课程安排在大二上学期，我的首轮教学对象是 2007 级的学生。坦白说，当时我与学生们是共同学习的。我的教学重点主要集中在理论讲授上，甚至在实践环节，也是以讲解为主。我当时深入研读了由陈树杰[①]教授、张华[②]教授和郭元祥[③]教授的研究团队编写的综合实践活动课程教材和学术论文。由于综合实践活动课程尚处于发展初期，研究重点主要集中在解答“是什么”的问题上，即构建理论体系；而关于“怎么做”的问题，尽管各级教育教学研究组织及实验学校在积极探索，但可供查阅的实际案例并不多。因此，在讲授如何开展综合实践活动时，我主要借鉴了科学研究的规律，甚全在编写教案时，实操环节的文字大多侧重于如何撰写规范的调查报告或论文。

然而，作为一门名为“综合实践活动课”的课程，缺乏实践元素，这显然是不符合本科教法课的要求的。在构建了理论体系之后，我开始寻找更多实践方面的资料。这时，顾建军[④]教授的教材进入了我的视野，特别是他关于实践设计（活动设计篇）的部分，给了我很大的启示。为了更深入地了解小学是如何开展综合实践活动的，我走访了附近的一所小学。该校的综合实践活动课程由语文老师兼任，在区、市级的赛课及教研活动中均取得了名次。

① 陈树杰，首都师范大学教授，在实施和推进活动课程、综合实践活动课程方面贡献卓著。2002年主持全国教育科学规划教育部重点课题《综合实践活动及其师资建设》，课题涉及全国二十个省（区），福建省综合实践活动课程便在此次课题中起步。陈树杰教授的“草根式”综合实践活动推进模式，对福建省的综合实践活动落地有重要意义，但我当时刚接手综合实践活动课程，对基础教育改革实践不够敏感，并没有进入基础教育的综合实践活动课程运动中，仅参阅陈树杰教授的《综合实践活动课程引论》及部分知网论文，备课上课用。

② 张华，杭州师范大学教育科学学院教授。张华教授关于综合实践活动课程的研究，著述颇丰，且研究时间较早，在综合实践活动课程设置之初的2001年便有多篇论文发表。我当时主要学习张华教授对综合实践活动课程的理论思考，以建构对综合实践活动的理论认识。

③ 郭元祥，华中师范大学教授。郭元祥教授主编的《综合实践活动课程与教学论》成为我系统把握综合实践活动的重要教学用书。2016年后，经推荐加入郭元祥教授团队创建的“中国综合实践活动”QQ群，参加团队组织的常规网络研修活动。

④ 顾建军，原南京师范大学教育科学学院院长。顾建军教授所编的《小学综合实践活动设计》自2010年起选定为课程教材至今。

据她介绍，当时综合实践活动并未成为常态课，全市仍处于研究探索阶段，实施条件尚不成熟。相反，校本课程开展得较为顺利，全校有二百余个社团，师生参与度高。

为了进一步了解综合实践活动课程的实施情况，我主动联系了漳州市芗城区教育局普教室，访谈了综合实践活动教研员。得知该课程尚未安排独立的教研员，而是由数学教研员兼任。在推进综合实践活动课程方面，他们的工作主要集中在组织赛课和理论学习上。回到学校后，我不再向外探寻，开始深入读书，查找网络资料，结合自己的偏好，试图构建自己的教学体系。

三、“闭门造车”下的探索

现在回看不由得扼腕叹息，我曾经尝试走出高校围墙，寻找教师教育课程与基础教育改革间贯通之道的动作，不过如吹肥皂泡，还没来得及成形，就破碎了。而我是如此不坚定，遇到些许挫折，就躲回了“象牙塔”。

（一）书斋即景

方寸书斋，接纳躁动不安的心，姑且小驻。向内探寻之际，一连串的疑问涌上心头：基础教育究竟在追求什么？课程改革已行至何方？福建又在此中扮演何种角色？综合实践活动课程是什么课程？中小学如何实施？大学又该如何应对？我迫切地需要找到自己的定位。

为了全面了解基础教育课程改革，我迅速研读了《基础教育课程改革纲要（试行）》（教育部 2001 年 6 月印发），并深入查阅了钟启泉、崔允漷、张华编著的《为了中华民族的复兴，为了每位学生的发展——〈基础教育课程改革纲要（试行）〉解读》，[①] 以及朱慕菊主编的《走进新课程：与课程实施者对话》等文献。[②] 通过这些资料，我了解到基础教育正经历着新世纪的全面变革，与我求学的时代已大相径庭。现行的课程改革，即第八次基础教育课程改革，其核心在于进一步贯彻素质教育理念，鼓励学生主动学习、学会学习；课程目标已由传统的"双基"目标发展为"三维目标"；课程结构强调均衡性、综合性与选择性；课程内容更加贴近生活；课程评价则更加凸显发展性。整体上，这一改革采用了"大课程小教学"的概念体系。自 2001 年以来，我们已研发了 11 项新的课程标准，制订了新课程计划，并在各实验区积累了丰富的实践报告。

阅读这些资料，我内心激动不已，仿佛有一股力量驱使着我走出去，投身到教育改革的洪流中，贡献自己的一份力量。然而，我深知自己身为大学教师的身份与责任。大学教师，于我而言，意味着什么呢？首先，我身处大学，无法直接参与中小学的改革现场；其次，我缺乏基础教育阶段的教学经验，面对那些精力充沛的孩子们，我实感胆怯；最后，身份观念的问题也困扰着我。大学教师似乎总被赋予一种"有学识、有谈吐"的形象，而我虽自知学识尚浅、谈吐平平，却仍需维持这样的形象。因此，我只能暂时压制住内心的激动，将想要迈出的脚步收回，留在高校的围墙之内，静坐在书斋之中，通过研读文献来寻找自己的方向。

《综合实践活动》课程究竟是怎样一门课程？经过深入了解，我得知这是本次课改中崭露头角的新课程。它独具"自主性""综合性""实践性""生成性"及"开放性"的特性，集中反映着新的课程理念，因此被誉为改革的

① 钟启泉、崔允漷、张华：《为了中华民族的复兴，为了每位学生的发展——〈基础教育课程改革纲要（试行）〉解读》，华东师范大学出版社，2001。

② 朱慕菊：《走进新课程：与课程实施者对话》，北京师范大学出版社，2002。

“亮点”。然而，由于此前并无此类课程，缺乏现成的经验可供借鉴，它也无疑成了改革的“难点”。但正因为没有历史负担，它也成为检验课程新理念落实效果的试验田。若此门课程能得到妥善开发和实施，它将为传统的学科课程改革树立典范，影响、带动并渗透到学科课程之中，因此，它又被赞誉为“生长点”。甚至有学者直言，“综合实践活动的成败将决定新一轮课程改革的命运”，展现出一种“前无古人”的开拓气势。这激起了我内心的斗志，同时也夹杂着一份使命感和责任感，我决心在综合实践活动课程的建设上贡献自己的力量。

坐在书斋中的我，心情虽然激动，斗志昂扬，却像堂·吉诃德一样，手持长剑，不知该向何处挥舞。我审视着自己的位置：作为高校教师，我并不能直接参与中小学一线课堂实践，我需要退回大学课堂，面对我的学生，向他们传授这门课程的知识，为他们未来成为综合实践活动课程的教师或配合综合实践活动课程开展的教师做好准备。我对这些学生充满期待，将我所不能及的期望寄托于他们——培养师范生，就像播撒蒲公英的种子，时机一到，他们将飞向八闽大地，会把老师的教诲遍布所到之处，到达老师不能达到的地方。然而，这种约束自己同时将意愿强加给他人的逻辑，让我深感矛盾。

那么，大学究竟该如何教授这门课程呢？综合实践活动课程作为活动课程的一种类型，对中小学老师来说是“难点”，对师范院校的老师而言，又何尝不是如此？首先，师范生学习的综合实践活动课具有教法课的性质，而活动课程的教学法显然不同于传统的学科类课程教学法，这种差异究竟体现在何处？此外，由于综合实践活动课程的理论与实践积累尚浅，其教法课也无法像语文、数学等学科的教法课那样进行深入的教材研读、教法学法分析以及微格教学等。例如，在理论上，该课程尚处于概念厘清和理论建构的初期阶段；从政策文件来看，虽然有了如《普通高中"研究性学习"实施指南（试行）》《义务教育课程设置实验方案》《中小学综合实践活动课程指导纲要（3—6年级）》《中小学综合实践活动课程指导纲要（7—9年级）》等指导性文件，但尚未制定具体的课程标准，也未研发统一的教材；在实践中，我所在的地区也尚未开设此课程。

其次，这些师范生在中小学阶段大多未接触过这门课程，缺乏亲身体验。若仅采用单一的讲授方式授课，他们如何能深刻感受到综合实践活动课程的活动课程特性，又如何能区分出它与学科课程的差异呢？最后，如何既能完成教法课的教学任务，又能弥补大学生缺乏参与活动课程的经验，这是我一直在思考的问题。我渴望找到一种方式，既能在大学生中开展实践活动，又能将这些实践活动的经验有效地指向小学综合实践活动的教学实际。

顾建军老师的《小学综合实践活动设计》于2005年3月1日出版，这本教材一直在我列出的参考书单中占据一席之地。然而，由于我自身的阶段性需求不同，直到2010年我才真正接触到它。该教材分为"基础理论篇—活动设计篇—课程实施篇"，活动设计篇给了我很大的启示。我尝试将书中的活动设计转化为实际的大学生实践活动，让准老师们亲身体验整个活动过程。我相信，有了这样的亲身经历和体验，他们会对综合实践活动课程的理念有更深刻的理解，对活动开展过程中的重难点、优势与局限等也会有更清晰的认识。虽然无法像语文、数学学科的教法课那样进行细致、扎实的训练，但这样的实践至少能为他们未来的实习和工作提供一个可参照的范式。这也符合《中小学综合实践活动课程指导纲要》的立意，为师范生未来的工作预留了创造空间。

那么，在大学里是否有类似的实践经验可借鉴呢？我搜索到两篇论文，一篇介绍了五年制师专开展综合实践活动的经验，[①] 另一篇是教育硕士论文，讲述了五年制师范学校中开展大学生综合实践活动的经验。[②] 虽然这两篇论文并非直接关于教法课，但它们证明了在较高年级中统筹学生实践活动、运用综合实践活动课程的途径是可行的，这进一步坚定了我的课程设想。同时，国家也倡导培养大学生的实践能力、问题意识和问题解决能力，以及创新精神和创新能力。因此，在综合实践活动教法课中设计师范生的实践环节，不仅符合我的课程设想，也顺应了国家的政策方向。于是，我开始了课程实验的探索。

（二）实验课堂

2010—2013 年，是我带领学生们开展实践活动最为快乐无忧的时光。那时的我，初生牛犊不怕虎，毫无畏惧地投入教学之中。一旦确定了教学思路，提交了课程大纲和授课计划，便无须过多调整，放手去干。那时，我思想单纯，对权威毫无畏惧，对学生的意愿也毫无顾虑，更无须纠结于经费预算。正值三十出头的年纪，精力充沛，我和一群二十岁的年轻人一同在教室里热火朝天地设计活动方案，课余周末则穿梭于校园和漳州城区，四处考察。学生们甚至喊出了口号，要在大学四年里把漳州“走个遍”。作为“外乡人”，我们带着对“异文化”的天然敏感和好奇，与“本地人”的“本地文化”产生了强烈的共鸣，我们在这点上可谓一拍即合。我们的学生主要来自福建省内，也有一些来自云南、贵州、四川、广西、新疆、内蒙古等地，

① 毋胭脂:《“五年制师专”开设综合实践活动课程初探》,《新乡师范高等专科学校学报》2005 年第 3 期。

② 牟春辉:《五年制师范学校综合实践活动课程的设计与实施研究》，硕士学位论文，山东师范大学，2003。

而漳州本地的学生则寥寥无几。我来自辽宁，我们都可以说是“外乡人”。在“本地人”眼中司空见惯的一草一木、一景一物，对我们来说都显得与众不同。

实践时间定为六周，其间需完成“准备阶段（主题确定—活动方案制定）、活动阶段（实施活动方案）、总结阶段（总结整理—活动展示—评价反思）”等任务。整个过程中，我们始终以综合实践活动的理念为指导，以大学生的生活世界为基准，开展自主探究。通过实践，我们深刻体会到了综合实践活动课程如何丰富学生的直接经验，增强他们的亲身经历和实际体验；如何培养学生的自主性；如何推动大学生走出课本、教室，走入社区、社会，从而培养对生活的热爱，增强责任感与使命感。

1. 从生活中选题

每当实践环节开始前，总会有学生问：“我们是在大学生的‘生活中’选题，还是在小学生的‘生活中’选题？”每次听到这个问题，我都会像被击中一样，感到有些难以回答。但经过深思熟虑后，我会向他们解释——这其实不是一个科学问题，而是一个价值问题。从课程的性质来看，理应围绕小学生的生活来设计活动。但由于我们目前的理论与实践积累尚浅，无法直接观察到小学教学实践的进展，此外，考虑到大学生在中小学阶段主要是在学科课程的框架下学习，缺乏活动课程的亲身体验，因此，我们退而求其次，选择围绕大学生自己的生活来选题，解决他们生活中的实际问题。我告诉学生：“这是一种选择，以后条件成熟了，我们可以找到这样的‘穿透力’，就可以去贴近小学生活了。”虽然有时会受到质疑，但经过深入思考后，我会更加坚定自己的信念，并感激学生们愿意和我一起实验。

于是，我开始引导学生们观察、体会以自己为圆心的生活同心圆，鼓励他们提出想要探究的问题。这些问题如同涟漪般扩散开来，学生们能够在“自我—家庭—学校—社区—社会—自然”等不同层面提出相应圈层的生活化问题。例如：在自我生活方面，他们提出了“隐形眼镜与框架眼镜的比较”“发型与美妆设计”“大学生穿衣搭配法”“自拍训练营”；在家庭生活方面，探讨了“大学生与父母打电话情况”“大学生生活费的来源与使用”“大学生假期亲子关系”；在学校生活方面，则关注了“宿舍关系”等问题；在社区生活中，研究了“食堂占座问题”“流浪猫校园救助站”；在社会生活方面，探讨了“漳州小吃揭秘”“海蛎煎的制作”“漳州特产片仔癀”“中国传统文化”；在自然生活方面，则对“校园绿化树”“三湘江①的清理”“木棉花”等进行了深入研究。学生们惊讶地发现，原来这么多曾经触动自己、困扰自己的“小细节”竟然都被打包进来了。这些敏感、好奇、欣喜、刺痛、疑惑的情感一直伴随着我们，却被我们因应考功利、学校规定的课业和忙碌的课业目标而从意识中排除出去，使它们成了“不重要”或“不值得”的符号，被封存到头脑的某个角落。然而，我则惊叹于学生们的思维活跃、语言能力强和自主管理能力强。在组织讨论时，我只需适时提问、引导方向、管理时间，其他就交给他们了。最终，主题确定环节会集中在大家共鸣较大的几个题目上，而个别小众题目则可能因提出者的个人魅力得以保留。在讨论中涌现出的核心人物会迅速招兵买马，形成实践小组，自主开展实践活动。

2. 活动目标的设定

大学生的实践活动目标究竟应如何设定？我尝试将基础教育的综合实践活动课程目标嫁接到大学生的实践活动中。国家对小学、初中、高中各学段的目标有着明确的规定，我采纳了其基本理念，即“综合实践活动课程的目

① 三湘江是漳州市主要内河之一，闽南师范大学河段，流到学校行知桥下为终点，不再流动，成为死水。这段支流途经学生宿舍瑞京公寓南面。

标是以促进学生发展为目的，以知识应用于生活中的问题解决为途径，衡量一个活动的成败主要依据是小组成员通过活动是否在原有水平上获得了相应的发展，包括知识与技能，过程与方法，情感、态度、价值观三个维度”。然而，对大学阶段的实践目标，我并未进行深入研究，因此，对其应如何符合大学生的思维水平和实践能力尚不十分清晰。在指导学生时，我对此处理得较为模糊，没有进一步调整或设计专门针对大学生的实践目标。这导致学生在撰写小组活动目标时，往往无法明确立意，有时仅指向问题解决本身，而忽略了成员的经历、体验、成长与发展等方面。在制定活动方案阶段，尽管我多次强调并进行了入组指导，学生仍倾向于重视结果而非过程。特别是在成果汇报展示时，他们的心得往往不能客观全面地评估自己的工作，解决问题则欢欣鼓舞，未能解决问题则感到失落。我需要引导他们对照活动目标，将是否增加了亲身经验、是否获得了发展作为评价的依据，因为现实社会中的许多问题本身也仍在研究探索之中。

3. 活动方式的选择

综合实践活动的活动方式丰富多样，我在备课时特别热衷于研读这一部分。实地考察、实验、问卷调查、访谈、个案研究、设计制作等多种实践方式，确实能够让学生走出书本和课堂，形成与学科课程截然不同的生动活泼的教与学局面。我精心设计讲授和引导方式，希望学生能够像我一样感同身受，理解并喜爱这种充满活力的活动方式。

生活化的主题决定了探究方式必然是多样且实践性的，这一点在学生热烈的讨论中得到了体现：谈及片仔癀，他们自然想到实地考察；讨论大学生与父母通话情况，他们想到进行问卷调查、访谈或分享个人故事；而谈到发型和美妆，他们则想先为小组成员进行装扮实验。事实证明，大学生具备相应的思维能力和实践能力，对主题的兴趣和热情驱使他们自发地提出思路。

尽管他们的用语不够专业，计划也不完全符合科学规范，但这正是科学发明创造的起点。学生在这一开端做得相当出色。

接下来要看老师的。理论上，教师应在学生现有水平上推动他们进一步提升，将他们初步形成的研究方式用学术界通用的科学研究方法加以规范，将他们自创的词语转换为专业术语。这样，学生就能在这一步骤中学会将科学研究方法用于解决生活问题，实现科学研究方法的普及化。但我感到力不从心。在方法指导课上，我会介绍学生提到的各种研究方法，但我觉得自己讲解时过于学术化，导致学生听起来有些困惑。我意识到问题在于脱离了他们的实践去讲解普遍性理论和他者经验，他们需要的是针对具体主题和实践过程的指导。尽管我深知结合各小组的实践进展讲解会更有效，但由于精力有限，无法兼顾所有组的实际情况，这让我感到十分愧疚。因此，我有时只能采用“填鸭式”教学，假定学生听完就会了，至于如何将实践课题与理论结合，我并未深入思考，只是简单地认为那是学生应该考虑的事情。现在我意识到，这可能是一种不负责任的态度，因为我未能清晰地把握教师与学生的边界，也在类似情境中听到了类似的话。

4. 活动成果的展示

综合实践活动的成果展示是课程的重要环节。通过成果展示，学生们学会了运用各种手段和形式来表达自我，从而加深了对自身的全面认识。同时，在小组合作和观看其他小组的成果展示中，他们也学会了倾听与沟通。总之，成果展示旨在达到“增强自信，欣赏他人”的效果，这正是其意义和价值所在。

我深知成果展示环节的重要性，这不仅源于对其理论上的认定，更与我的个人经历和情感紧密相连。记得刚入职时，我受到杨秀明教授的邀请，与阳莉华老师一同担任“教师语言”课程的评委。我自认为受邀的原因可能是我的普通话较为标准，加之有师范本科的训练背景。但如今回首，我更加明白，这更多的是前辈对新人的一种关爱与引领。他们用自己的资源作为媒介，带领我融入小学教育专业这个大家庭，帮助我熟悉职场的不同环境，让我能够顺利融入其中。这份温暖，我至今铭记在心。

那次的经历给我留下了深刻的印象。夜晚的教室张灯结彩，黑板上镂空艺术字写着“教师语言期末朗诵诗会”。大一新生们以宿舍为单位，六人一组，他们精心化装打扮，穿着统一的服饰，排好队形，伴随着配乐，以最饱满的热情、最好的状态朗诵着诗歌。这哪里像是“压力山大”的期末测试，分明是一台精彩纷呈的晚会，是学生们展现自我风采的舞台。他们神采飞扬，专注投入，竭尽全力展现出最好的自己。此时，即便是些许的口音或失误，也掩盖不住他们身上的光彩。我深知，他们在幕后的排练中付出了无数努力，背诵、朗读、互相纠音，共同设计动作，排练出场和退场……这一切的过程充满了欢笑与泪水，也让他们收获了成长与友谊。他们的普通话水平在排练中得到了提升，沟通交流能力也得到了增强，宿舍之间的凝聚力也更为牢固。这些无形的收获，将伴随着他们走过未来的岁月。

三位评委老师在评分表上认真打分，班委迅速计算平均分，并在两组表演后公布成绩。整个诗会庄重而紧张，主持人更是凭借出色的主持稿让整个汇报流程流畅、生动、有条不紊。结束后，任课教师对各组进行了精彩的点评，学生们频频点头表示认同，当听到赞赏的评语时，他们激动地拥抱在一起欢呼。我们两位评委老师也被邀请表演节目，分别献上了歌曲和笑话，赢得了在场师生的阵阵掌声。

虽然当时的条件简陋，教室只是简单地布置了一下，没有专业的设备，也没有录制视频；没有借助电脑，制作 PPT 或动画，来提高视听效果，完全是“人”的演出，但这恰恰凸显了教育的本质——促进人的发展。只要有教师、有学生、有教育影响，就构成了完整的教育过程。

2005年末的这场教师语言课考评，以其独特的动态形式进行成果展示，结合定量评价与定性评价，可谓一次自发的先进评价方式探索。我始终认为，高校教师是更有潜力进行教学改革创新的群体。他们有机会接触先进的教育理论，拥有广阔的课程设置作为“实验田”，还有心智较为成熟的青年学生结成“师生共同体”，共同推动课程的变革与创新。我很庆幸，在我刚入职时就有这样的前辈为我树立了正面的榜样。这堂生动的本科教学课深深扎根在我心中，激励着我在日后的教学中不断创新与探索。

因综合实践活动具有鲜明的生活化特点，学生在设计活动方案时自然会发掘并采用多种活动形式来解决问题。在成果总结与展示环节，学生们同样会自然而然地选择实践性、个性化、多元化的方式展示自己，且这些方式往往带有强烈的时代特色。例如，相较于我2005年参与过的诗会形式，现在的学生更倾向于制作PPT来汇报成果，且每一届学生的制作水平都在不断提高，插入图片、音频、视频已经是家常便饭，PPT几乎成了每次汇报的标配。尽管我强调，只要能充分展示内容，展示的形式和载体可以多种多样，PPT并非必需，但这种趋势仍难以逆转，学生们似乎总喜欢在汇报时使用PPT。

此外，学生们也擅长制作视频，将采访、实地考察、实验等内容制作成电子杂志或视频；利用网络工具（如QQ群、QQ空间、博客、论坛等）发布消息也已成为常态。在这一阶段，学生们乐于采用动态与静态相结合的方式展示成果，静态展示形式以PPT为主，辅以调查报告、图表、设计图、绘画、宣传海报、倡议书、建议书等；动态展示形式则充分发挥了组员的特长，如原创诗歌散文朗诵、歌词改编合唱、吉他弹唱，以及表演与主题相关的小品、情景剧等，有的班级甚至组织知识竞赛、辩论赛，开展模拟法庭、模特秀等活动。

值得注意的是，一些小组已经能够将研究成果延伸至社区、社会层面，产生了积极的影响。例如，“中国传统文化”项目组的同学通过调查问卷发现，漳州市市民家庭中的传统文化教育正在弱化，年轻家长对传统文化的了解也不足。于是，他们在原活动方案的基础上增加了公益课环节。经过多方打听，他们得知漳州文庙[①]每周六上午有闽南师范大学文学院的教授讲授国学。在征得教授同意后，他们获得了上课机会，并精心准备了课程内容，包括春节、元宵节、清明节、端午节、重阳节等节日的介绍，还设计了角色扮演游戏和有奖竞猜。这次活动深受小朋友和家长们的喜爱，国学主讲教授也给予了高度评价。这种来自社区的正向反馈让学生们体验到了社会价值感，极大地增强了他们的自我认同。

同样地，“漳州小吃”项目组也通过手工绘制的美食手册，在 QQ 空间、博客等网络社区推广漳州美食，获得了广泛关注；“漳州片仔癀”项目组则通过商业化的方式，在汇报环节以 T 台走秀的形式介绍产品，并成功吸引了同学们的关注，其中几位成员甚至成了片仔癀产品的代理。

5. 档案袋评价法的使用

档案袋评价法是源自艺术及摄影领域的一种评价方式。是画家或摄影师筛选优秀作品、制作成作品集并投稿给杂志的一种评价方式。在 20 世纪 80 年代的西方中小学评价改革运动中，这一方法被引入教育领域，教师和学生开始收集并分析有关学生表现的材料，以展现学生在学习与发展过程中的努力、进步和成就。我国也在 2001 年启动的第八次基础教育课程改革中引入了档案袋评价法，尤其在中小学的校本课程和综合实践活动课程中运用较多。

---

① 漳州文庙：位于市区修文西路，是我国四大孔庙之一，也是漳州城内最大的古建筑群，国家级重点文物保护单位。始建于北宋庆历四年（1044 年）。

在成果展示环节结束后，学生们有一周的时间来整理、制作小组实践的档案袋。在最后一次课上，他们展示档案袋材料，并进行自评与互评。关于档案袋材料的选择，是由师生共同讨论协商决定的。大家普遍认为，综合实践活动的档案袋材料应全面反映实践过程和小组同学的付出，因此决定以时间线索为主线，将准备阶段、实施阶段、总结阶段的所有材料都按时间顺序分类录入。

准备阶段的资料包括主题确定过程记录、活动方案的制定与优化、问卷调查表、访谈调查表、观察记录表等工具的编制，以及开题答辩过程的相关记录（如答辩记录表、照片或视频）。实施阶段则涵盖了子主题活动方案、小组活动记录表、活动现场记录（如照片、音频或视频）等材料。总结阶段则包括数据统计方法的学习、数据处理（可能伴有照片或视频）、调查报告等文字、成果展示过程的记录（如 PPT、照片或视频）、活动心得以及对课程的评价与建议等。

在档案袋的形式上，我们鼓励学生发挥创意，没有固定的形式。最初，学生们使用办公用的牛皮纸档案袋，将材料梳理好放入其中，并在封面上标明材料内容作为目录。然而，随着时间的推移，学生们觉得这种方式过于单一，不够个性化，于是开始使用透明塑料皮的文件夹，并在内页设计美观的电脑排版封面或手绘封面。档案袋材料的命名也变得越来越个性化，从最初的“某某主题活动档案袋”演变为“某某主题活动成长记录袋”“某某主题的足迹”“某某主题进化史”等，甚至出现了更具创意的命名，如以主题命名的“舌尖上的漳州”和以组名命名的“白雪公主与一只青蛙的家”等。这种放手让学生发挥创意的做法，确实激发出了他们无尽的创意和热情。

（三）现实泼了冷水

别人问我在忙什么，我会很认真地回想一下，然后很认真地回答："我在忙备课。"对方往往不解地反问："你都是老教师了，还需要备课吗？"这时，我便哑口无言。事实上，我每学期都投入大量时间备课和上课，因为我深知，若不备课，怎能应对学生层出不穷的问题呢？或许，如果我表达了这样的想法，别人只会觉得我"不大聪明"。如今，我的教学方案日渐完善，教学组织和技能也越发娴熟，活动指导也渐入佳境，我自觉已可称为老教师了，似乎有了些许轻松之感，于是分出了一些精力去"思考人生"。

然而，就在我以为自己的舒适区即将形成时，现实给了我当头一棒。

第一个压力来自缺乏基础教育课程改革实践的支撑。按照专业培养方案，小学教育专业的学生在大二时需要到市区的实践基地校进行一周的见习，以观察学校的运行及教师的日常工作生活。然而，学生们在见习中发现，综合实践活动这门课在小学并未得到很好的实施。虽然课表上有这门课，但实际上常被其他课程占用，或者老师只是以讲授的方式传授一些知识点。因此，学生们回来后，常常疑惑地问我："学这门课有什么用，小学都没开课。"我虽努力解释课程的重要性，重申课改的理念和趋势，但学生的实践热情还是不可避免地受到了影响。上半学期大家还齐心协力，但到了下半学期，便有些学生开始松散，甚至掉队。

第二个压力来自学生对考查课的刻板印象。这门课作为小学教育专业的教师教育类选修课，考核方式为考查，学分为 2 学分。许多人认为考查课相对轻松，但我的课程设计并非如此。理论环节加实践环节的课程方案，让学生在实践环节中从确定主题到制定方案，再到实施、总结、成果展示和制作档案袋材料，都需要付出大量的时间和精力。而且，小组合作中难免会出现分工与合作的问题，交流沟通不畅也会导致摩擦和情绪损耗。有些同学甚至私下反馈说，原本宿舍关系融洽，但一次活动后就变得紧张，还有的小组中存在“抱大腿”和“摸鱼”的现象，使能干的人倍感压力。在选课季，学长学姐们在被问及是否选修这门课时，有时会给出“千万不要，这个老师事儿多”的劝告。我深知综合实践活动的实践属性、小组合作学习方式的特点及档案袋评价法本身的局限，但我也明白，除去这些做法，它便不再是综合实践活动。我一直在寻找平衡点，既减少学生的工作量，又能保留课程的特色。

第三个压力不算是压力，是一句话，但让我重新审视了自己的位置和所教课程的位置。在一次教研室会议中，我们讨论了修改新一届学生培养方案的问题。大家一致同意降低个别课程的课时数和学分数，以增加课程门类，丰富课程设置。我提出综合实践活动课程增设 1 学分的微格教学的建议，但遭到了同事的质疑。他指出，我们专业以小学语文和小学数学为主要培养方向，通过这两个学科的训练就可以达成教学设计和开展教学的能力，没必要增设其他学科的微格教学。这番话让我意识到，我教授的这门课程在众多本科课程中只是其中一门，它在小学教育专业四年修习的二百余学分中仅占 2 学分，并非主干课程或基础课程。我意识到自己在这门课程上投入过多，忽视了其他同事和课程的重要性。我意识到，是时候走出自己的世界，去看看更广阔的教育领域了。

四、寻同道

“独学而无友，则孤陋而寡闻。”长久以来，我独自摸索前行，对于自己的对错无从判断，对于问题的解决方法也感到迷茫，内心倍感孤单，力量显得尤为渺小。我特别渴望找到志同道合的伙伴，组成一个团队。这种愁苦反而激发了我的主动性，一旦察觉到有同道中人的苗头，我便会紧紧抓住机会，紧紧追随。

（一）迈出第一步：访学

2014 年 9 月—2015 年 6 月，我到西南大学教育学部进行访学，原因是系里对教育基本原理专业的师资有所需求。西南大学在这一领域颇有名师，我前往便是为了“拜师学艺”，希望能得到一些宝贵的指点。访学的经历对我的影响深远。在学业上，得益于导师的指导，我得以静下心来阅读诸多书籍，对教育基本理论有了更深入的了解；通过旁听研究生课程，我对教育学专业的基础知识和核心问题有了全新的认识和梳理；参与同门师生的学术沙龙、观摩硕博毕业论文答辩，我深入了解了学术规范的训练过程；同时，我还自由听取了各个院系举办的学术讲座，虽然有些讲座如自然科学类和农林类我听得有些吃力，但整个过程依然充满乐趣。西南大学的学术资源丰富多样，短短一年的时间，我受益良多。然而，时间毕竟有限，我只能尽可能搜集各种信息资源，待日后慢慢消化。

当时，我带着对综合实践活动课程的困惑前往求学。最初，我会不自觉地以自己有限的视野和高校教学经历来审视身边的资源。但随着时间的推移，我的理论视野逐渐开阔，不再局限于综合实践活动的教学技巧层面，而是开始深入探究其深层次的理论基础及其在整个教育基本理论体系中的位置；我观察到中国的教育学研究与中国教育变革的历史演变之间的紧密关系；我见识到当前中国教育理论界中众多秉持不同教育哲学和教育理想的学者们，他们用自己的理论体系和研究方法致力于研究中国的教育现实问题，为中国教育改革发展出谋划策；我还看到学者们的学术背景和成长经历如何影响他们的学术立场。

（二）回家遇见一个夏老师

1. 回家的感觉不一样了

2015 年 6 月底，我结束了访学，回到漳州。身份从学生转变为教师，我需要进行相应的转换。9 月开学，我教授的是公共课教育学，这门课我已经教过多次，相对较为轻松。然而，有时我会突然结巴，就像是开口讲话时会咬到舌头一样。记得大学时，一位教《心理咨询》的男老师曾为我们解释，另一位教《中国教育史》的女老师之所以有时语言表达不连贯，是因为“她的嘴巴跟不上她大脑的速度”。当时我们只觉得这是他的维护之辞。如今，同样的状况发生在我身上。无论那位女老师当时具体因为什么，我体会到的是，当我拿着同样的教材，讲述同样的概念或原理时，我的脑海中会突然涌现出对这个概念或原理的论争历史、不同的教育哲学依据以及由此产生的不同理解和教育实践。在分析某一案例时，如果用简单的正确、错误或既有正确的一面又有错误的一面的论点来表述，我会觉得这样的呈现方式过于简化，正如导师所强调的，任何评判都不能脱离具体情境和价值立场，否则就是一种抽象的评判。在我语言断续的间歇，我的脑海中会闪过许多念头，比如：“原来，我之前竟然是这么讲课的”“这个地方还有很多其他流派的观点”“案例的答案忽略了很多社会制约性”等。于是，我常常想说却又梳理不清楚，梳理清楚后又觉得不宜在此知识点上占用太多时间。表现出来的就是，我张张嘴，学生们抬头看到的却是我“挠挠头”，然后再继续讲课。对此，我向学生表示歉意，一如我大学时的那位老师一样。然而，我内心是喜悦的，因为我感觉到自己的思想像是被僵化的石头中嵌开了一条缝，有阳光照了进来。整个学期，我就这样时而结巴、时而梳理思绪地讲课，学生们也习惯了我的“急刹车”和“咬舌头”，他们的笑容让我感到温暖。虽然我有些“憋住”的思想没有告诉他们，但看到期末统考没有学生挂科，我也算没有“误人子弟”。毕竟，课堂上的每一分钟，我都尽力在传授我所学的知识。

2.“撞进”一场研习会里

在学期即将结束之际，我偶然间“撞进”了学院举办的一场研习会，在那里邂逅了夏林清老师，这标志着我职业生涯中一段新旅程的开启。

2015 年 12 月 26—27 日，学院举办了“海峡两岸乡村教育与行动研究研习会”。

我依旧保持着访学时的那份热情，对学术会议资源倍加珍视。多年的校园生活让我形成了一套简便易行的初步认识一所大学的方法：若一所学校的宣传板块和教学楼条幅主要聚焦于运动、歌手大赛、社团活动和考级考证等娱乐性与功利性内容，而学术讲座、教学技能赛事等关乎学生学术发展的活动鲜少出现，那么这所大学的学生很可能沉湎于娱乐，消磨着精力与体力；反之，若学术性活动在各类活动中占比高且频繁开展，则表明这所大学的学生正积极投身于学问的探究之中。十余年的教学生涯中，我始终保持着学生时代的那份热情，积极旁听学校举办的学术活动，除非内容实在难以理解。正是以这样的心态，我聆听了夏林清老师的讲座。

3. 夏林清老师是何许人也

研习会的会场布置得简约而不失庄重，地点设在逸夫楼二楼会议室。墙上悬挂着会议主题的条幅，主席台上坐着黄清院长和夏林清老师，而主持人索老师则站在台下，手持话筒主持。台下的座位上坐满了与会嘉宾和院内的师生们。

夏林清老师五十出头的年纪，一头短发，额上头发略烫有波浪，从左侧分线甩过来，鼻梁上架着一副小框眼镜，身穿草绿色线衣与褐色布裤，脖颈上围着一条浅草绿色的围巾。她的形象既清新又古朴，既温和又知性，身姿挺拔，眼神明亮，给人一种非常舒适的感觉。

索磊老师的开场介绍，让我对夏老师有了初步的了解，他的介绍内容如下：

尊敬的老师、同学、女士们、先生们：

大家上午好！

经过半年多的精心筹备，我们的“海峡两岸乡村教育与行动研究研习会”终于如期举行。非常感谢大家在百忙之中抽出宝贵时间参加此次研习会。首先，请允许我为大家介绍今天的与会人员。坐在主席台上的两位嘉宾，这位是我们闽南师范大学教育科学学院的院长黄清教授。黄院长的大力支持是我们这次研习会得以顺利举行的关键，让我们再次用热烈的掌声表示衷心的感谢。坐在黄院长旁边的是来自中国台湾辅仁大学社会科学院的夏林清院长。没有夏老师的精心设计和在两岸之间的辛勤奔波，我们的研习会便无法如期举行。在此，我提议大家再次用热烈的掌声向夏老师表示由衷的感谢。

接下来，请允许我介绍出席本次研习会的老师和同学们。首先，让我们欢迎远道而来的辅仁大学的博士和硕士研究生们。此外，我们还邀请了来自泉州市石狮市蚶江镇和漳州市平和县的老师们，以及石狮近邻社会工作服务中心的负责人林玲玲女士、“好厝边计划”的创始人之一钟琳女士、东山科学协会的林贞女士和漳州市小水滴公益组织的志愿者们。当然，还有我们闽南师范大学教科院的师生们以及在座的研究生同学们，你们是这次研讨会的主体力量。在此，我还要特别感谢为本次会议筹备付出辛勤努力的筹备小分队成员以及漳州电视台的林记者。

下面，我们有请黄院长为我们致开幕词。

从索磊老师的介绍中，我了解到夏林清老师是辅仁大学社会科学院的院长，此次还携博士生、硕士生前来参与交流。这学期，夏老师频繁往来两校，到我院开展各项工作。夏林清老师与学院合作的重点聚焦于“乡村教育”与“行动研究”。参会人员构成呈现出明显的跨界特征，涵盖了学校（高校教师、小学教师与研究机构）和社会机构等多个领域；从地理空间上看，也展现了显著的跨地域特色。我不禁好奇，究竟是什么因素能够聚集起职业背景如此丰富、地域背景如此多元的人员呢？

带着这份好奇，我继续倾听。随后，黄清院长上台致辞。

尊敬的夏院长，远道而来的同学们，以及我们社会机构和学校的各位老师：

大家上午好！

经过数月的精心策划与筹备，“海峡两岸乡村教育与行动研究”研习活动今日终于正式开幕。在此，我要感谢为此次活动付出辛勤努力的各位老师和同学们。同时，我们非常高兴地迎来了夏老师一行15人，他们应邀来到这座充满历史底蕴与花果之乡——漳州市，与闽南师范大学的师生们共同交流研习。此次活动不仅是海峡两岸师生沟通交流、相互学习的盛会，更是我们增进了解、促进合作的宝贵机会。

今年1月11—12日，我们有幸邀请到辅仁大学的夏林清教授来我院开设行动研究讲座，并成立了“海峡两岸行动研究中心”。我们汇聚了一批志同道合的研究生，共同开设行动研究课程，将每位研究生都视为行动研究者，亲自指导他们掌握行动研究的方法。在这个过程中，乡村教育和乡村教师成长成为我们关注的焦点。经过深思熟虑，我们决定以“乡村教师成长”为行动研究的核心方向，并选择泉州市石狮市蚶江中心小学作为首个试点学校。10月27日，我们正式挂牌成立了“海峡两岸乡村教师成长行动研究基地”。目前，已有5位老师志愿加入行动研究小组，其中三位老师一大早便从石狮赶来，对此我们表示衷心的感谢。

在过去的几个月里，夏老师两次亲临泉州中心小学的“乡村教师成长行动研究基地”，指导我们开展行动研究。虽然行动研究对我们来说还是一个新兴领域，但前期的工作已经取得了一系列成效，这给了我们极大的信心和动力。从今天的开幕式上，我们可以看到一种热烈而积极的氛围。越来越多的老师和同学们开始关注、参与并热爱行动研究，他们在实践中找到了自己的方向和价值。行动研究不仅让研究者们感到充实和快乐，也必将给周围的人带来希望和喜悦。

最后，我衷心祝愿此次活动取得圆满成功！同时，也祝愿老师和同学们在此期间学习愉快、生活顺心。希望你们能够深入体验我们闽南的地域文化、风土人情，与我们建立深厚的友谊。期待未来我们能有更多交流与合作的机会，共同进步、共同成长。谢谢大家！

原来，早在2015年1月11—12日，夏林清老师便应邀前来我院做讲座，自此她与学院的合作便拉开了序幕。当时的院长张灵聪教授在心理学界享有盛誉，成功吸引了众多心理学领域的高层次人才，其中便包括受张老师邀请前来讲学的夏老师。那时，我还在外访学，未能目睹夏老师的风采。

在接下来的一年里，学院成立了“海峡两岸行动研究中心”，夏老师更是亲临学院，开设了一学期的“行动研究”研究生课程。①同时，泉州市石狮市蚶江中心小学被我们确立为“海峡两岸乡村教师成长行动研究基地”，

① 夏老师同时给辅仁大学硕士研究生和博士研究生上课，每个月来漳州集中上两天课，两边同学互相知道课程内容和进展，期末的时候两边学生要以研习会的形式交流。

并有5位小学教师志愿加入研究小组。通过课程和基地的建设，我院师生对行动研究有了初步的了解，并在实践中获得了成长，对行动研究充满了热情。

夏老师与我院的合作已满一年，她所推动的行动研究已赢得了广泛的认可与追随，更促成了“高校—小学—社会机构”的跨区域协同合作。我曾心心念念的“去小学”“高等教育与基础教育合作通道”，在夏老师的引领下，得以轻松实现。因此，我下定决心要跟上她的步伐。

然而，夏老师到底有何过人之处？行动研究到底是什么？它与我之前了解的教育科学研究方法中的行动研究似乎有所不同。

通过索老师的介绍，我了解到夏老师的丰富学术履历。她曾在哈佛大学攻读博士学位，并接受过多项专业训练。夏老师在辅仁大学任教已达35年之久，其间她还前往纽约哥伦比亚大学和英国巴斯大学（University of Bath）进行交流学习。她的工作也是以行动研究为研究方法，从1985年开始便带领学生开展实践，并于1990年创立了行动研究学会，成为中国行动研究的先驱。近年来，夏老师更是积极推动行动研究的发展。

夏老师的学术履历丰富，不断进行学习研究和社会实践。从1985年开始，她便带领学生进行“以反映行动实践及组织学习为轴心”的行动研究，为行动研究开辟了道路。近年来，她又将行动研究的理念推广到全国。夏老师在行动研究的道路上已经走了至少三十年，正如古人所说，“十年磨一剑”的“十年”其实只是一个虚数，夏老师的坚持与努力远超过此。

然而，夏老师的专业领域到底是什么呢？我对于“专业”的执着，在夏老师这里似乎遇到了挑战。从履历上看，夏老师学术训练的内核是心理学，但她所从事的工作又涉及教育和社会工作等多个领域。我曾经私下搜索了夏老师的资料，发现她不仅是一位杰出的学者，还是一位活跃的社会活动家。

随着与夏老师的逐渐熟悉，我向她提出这个问题。夏老师在当时没有正面回答我，但之后在跟随夏老师学习的过程中我领悟到：社会生活世界中的问题，谁都可以研究，专业的分野本是为了更深入地研究世界。如果忘记了这个初衷，反而过于关注“划边界”和“守疆土”，那就偏离了专业的本质。夏老师所做的工作，正是打破科学专业的边界，重新界定概念，转变定式观念，以“做事”为媒介，实现跨学科、跨边界的融合。她告诉我：“什么是行动研究，行动研究就是‘不断往前’。”

4. 夏林清老师何以吸引我

夏林清老师身上有许多吸引我的地方。她即便在退休年龄，仍不辞辛劳，融合心理、社工等领域，奔走于高校、小学、公益组织、公司企业等，甚至在那些学院派不愿触及的地方，传播行动研究的理念，促进人的改变。她为我树立了极好的榜样，这是后来的事。坦白地说，在那次会议上，我听得一头雾水，对夏老师的行动研究并不能完全理解。其实不只是我，在当时许多人都感到困惑。我们都至少需要半年的熏陶，才能略有领悟；而那些有实践经验的人，则能更快地领悟。当时，真正打动我的，是她提出的“社会关系母子盒”（或称“多层次社会系统母子盒”）理念。

以下是我从讲座中摘录的笔记：①

“个人与群体的生命都是在多层次、交相叠置的某个特定社会空间中发展的。”

“在母子盒内，行动者需要深度觉察自己的处境——脉络场域与关系行动。”

① 笔记内容来自夏林清老师2009年讲座：岩缝清泉——体制内的教师行动研究。

“人的处境常像是一种结构性的漩涡，使人陷入其中，虽未沉溺却也难以自拔。因此，‘改变’通常难以实现。在外部结构性条件尚未改变时，自我表达几乎是个体唯一能掌控的，人们可以选择说或不说，或者掩饰、变形地说。这正是当代后现代取向的教育与治疗方法看重‘叙说’的原因。”

当时，我大部分内容都似懂非懂，这既有语言习惯差异的原因，也有我对夏老师的理论体系尚不熟悉的原因。我尝试构建自己的理解：人处于社会脉络中，无法脱离社会化。社会脉络是一种包含历史、现实（如政治、经济、文化、地理、民族等，加上时间、空间维度）的多层次结构。人处在这个结构中，就像被纵横交错的丝线缠绕，难以动弹，要实现改变并不容易。每个人都有自己的社会处境，这个处境就像一个旋涡，每个人都在其中挣扎。现代科学化研究，如心理学研究，存在去（社会）脉络化的问题。

我突然想到了导师推荐的文章《教育人性化思潮论略》，其中批评了当下中国教育思潮流行的“抽象人性化”倾向。文章强调马克思关于人的本质的论断：“人的本质不是单个人所固有的抽象物，在其现实性上，它是一切社会关系的总和。”[①] 只不过，夏老师是从个人和团体发展动力的角度提出，而导师是从教育思潮的角度来论述。

此后，只要知道夏老师有会议或工作坊等活动，如果条件允许，我们都会参加，并争取在夏老师的空闲时间向她请教，指导我们的研究。我与暴侠老师、索磊老师、孔凡芳老师、阳莉华老师等人，一直跟随夏老师的步伐，在各自的处境中不断“往前”。

---

① 孙振东：《教育人性化思潮论略》，《教育学报》2010 年第 4 期。

（三）与暴侠老师同行的日子

我与暴侠老师、索磊老师是2005年漳州师范学院同批引进的教师。我们几个年轻教师受到了暴老师和索老师很多的关照，经常被邀请去他们家吃饭。暴侠老师性格温和，善解人意，所以我们有心事总喜欢找她倾诉。在生活中，她已然成为我们心中的知心姐姐。

1. 意外的进场

然而，我与暴侠老师在工作上的合作，是从2015年底才开始的，这一切都源于夏林清老师的那次会议。会议休息期间，与夏林清老师聊完之后，看见暴侠老师在会议室门口与一个小姑娘交谈，我便走过去想与她分享刚才的事情。暴侠老师见我来，对我微笑并继续与小姑娘交谈。原来，她们正在讨论“海峡两岸乡村教师成长行动研究基地”的工作开展事宜。我这才记起，这位小姑娘正是索磊老师之前提到的，石狮近邻社会服务工作中心的负责人林玲玲。

我仔细打量了一下林玲玲，她个子不高，二十四五岁的样子，短发，眼睛很大。在听暴老师说话时，她专注地看着她，不时地“嗯，嗯”地回应。当有不同意见时，她会立即反馈说：“暴老师，我觉得是这样的……”尽管会场休息时比较嘈杂，她需要放大声音，周围的人有时会因此吸引目光，但这丝毫没有影响到她。她给我留下的第一印象，是她的身体里似乎蕴藏着巨大的能量，能够抵御外界干扰，专注于自己的事情。在倾听中，她能敏锐地抓住问题，迅速做出反应，直接准确地表达自己的需求和观点，没有遮掩、没有委婉、没有拐弯抹角。这与我见过的学术会议中，学者们利用茶歇时间寒暄后的交谈截然不同。看着林玲玲，我脑海中不禁浮现出夏老师的影子。我开始思考，夏老师究竟有什么魔力，能让不同机构的人如此迅速地走到一起？夏老师带领的团队，又将会有怎样独特的工作方式呢？

对于暴老师和林玲玲所谈论的具体内容，我并不清楚。但仅仅听到“去小学”“高校与基础教育通道”这几个词就足以吸引我。此外，这也是我能够跟随夏老师，继续了解行动研究的唯一平台。因此，在她们谈完后，我急切地问：“我可不可以加入？”我看向林玲玲，又看向暴老师，等待着她们的决定。暴老师转过头，紧紧握住我的手，眼神中闪烁着兴奋的光芒说：“那太好了！当然可以！这样我就有伴儿了！”我也感到非常开心，终于算是找到了“同道中人”吗？

就这样，我意外地加入了这个团队。那时，我只是在开幕式上从黄清院长的致辞和索磊老师的主持中，了解到一些关于我院与泉州市石狮市蚶江中心小学合作项目的信息。由于自身的困惑和对夏老师的亲近感，我选择加入了这个团队。我并不知道，夏老师和张灵聪前院长、黄清院长、索磊老师为推动这个项目付出了多少努力；也不知道，暴老师和林玲玲早在 2015 年 7 月就开始酝酿合作，在 2015 年 10 月促成了“乡村教师成长行动研究基地”的协议签署，并在 2015 年 11 月成立了蚶江中心小学行动研究小组，志愿者招募工作也已经完成；更不知道的是，“海峡两岸行动研究中心”里，前往蚶江开展项目常规工作的只有暴侠老师一个人。不过，现在有两个人了。

2. 行动研究现场

2016 年 3 月 14 日，我跟随暴侠老师踏入了行动研究的现场，自此我们一路同行。在泉州市石狮市蚶江镇乡村教师行动研究基地的两所小学，我与乡村教师行动研究小组的成员们一同奋斗，深入工作。当时，我的目标并不明确，只是怀揣着“去小学”这样一个宽泛的愿景；方向也不清晰，心想有暴老师指引，我跟着走就好；对于时间，我更是没有设限，只知道开始了，却未曾想过何时结束。后来，随着 2017 年 9 月协同创新中心项目的结束，我在年底也自然而然地退出了这个团队。

在这段时间里，我每隔一周的周三都会全天投入工作中。早上我会乘坐最早的动车，8点出发，经过40分钟的车程抵达晋江，然后再换乘公交车，经过一个小时的颠簸，最终抵达蚶江村。上午的时间，我主要负责协调统筹工作，比如前往中心校向大校长汇报项目进展或推动相关事宜，还会与林玲玲在近邻讨论工作细节，等等。下午的14:30（冬令时）或15:00（夏令时）至16:40，是小学老师们的行动研究小组活动时间，我会全程参与并与他们深入交流。活动结束后，我们会匆忙打车赶往火车站，搭乘18:12或18:48的动车返回漳州。到家时已是晚上21:00左右，还需再转乘公交车。往返的路上，我和暴侠老师都会讨论工作事宜，通过反映对话的方式分享彼此小组中的状态和问题，并全程录音，久而久之，我们都养成了说话就录音的习惯。

2016年11月，锦里小学也成立了行动研究小组，于是我们的行程做出了相应调整。上午抵达蚶江村后，我们会前往锦里小学；下午则返回蚶江中心小学开展小组活动。

（1）蚶江村印象

泉州市石狮市蚶江镇的蚶江村，风景瑰丽，街道由青石板铺就，天然的纹理和厚重的质感，彰显出古朴典雅的风貌。每逢雨天，雨水顺着石板路潺潺流下，宛如浅浅的溪流在石板间穿梭，行走其间，雨靴成为必备之物。蚶江中心小学所在的街区，多为现代式的独栋院落，街道也显得更为宽敞。家家户户的院墙上，种植着各种花木，有些已经历经多年风雨，花树高过墙头，枝叶翻落到墙外，四季更迭，整个村落宛如一幅流动的画卷，美不胜收。蚶江村还弥漫着浓厚的宗族文化氛围。各家各户的小楼门楣上，雕刻着精美的书法字迹，通常是四个字，寓意深远，代表着这户人家所属的宗族分支。漫步在街道上，不时可见一座座充满宗族气息的家祠宗庙，散发着一种欲语还休的文化气息。蚶江中心小学虽占地面积不大，却与蚶江中心校紧密相连，校内校舍以华侨捐赠人的名字命名，无声地提醒着人们此处为侨乡，承载着深厚的文化底蕴。

（2）林玲玲的社会工作机构

林玲玲的石狮近邻社会服务工作中心，无疑是我们行动研究的重要基地。乡村教师成长行动研究基地的各项工作方案、推进过程以及问题解决，多在此地迅速讨论并敲定。我们三人的“会前会”与“会后会”，也常以此地为据点展开。

林玲玲年纪虽轻，接触行动研究却很早。她曾就读于中华女子学院，师从杨静老师，大二时便在北京近邻（杨静老师创办的机构）担任志愿者。自2007年起，杨静老师开始深入学习夏林清老师的行动研究理论，2008年前后，机构内的成员也紧随其后开始相关研究。在2010年7月至2014年1月，林玲玲在北京近邻工作期间，夏老师于北京师范大学开设行动研究课程，她常随团队旁听，因此，尽管她年纪尚轻，但行动研究的历程已长达八年。

2014年1月，林玲玲选择回到故乡工作，同年12月创建了石狮近邻社会服务工作中心。这个中心的地址正是她儿时的幼儿园，自2008年废弃后一直闲置。它恰好位于林玲玲家旁，前面是一片宽敞的宗庙场地。每当我们在此讨论工作时，偶尔会听到从内堂传来的石狮话，林玲玲总能自然地回应。我们听不懂具体内容，总是礼貌地等待她们交流完毕，再继续我们的讨论。不久，林玲玲的妈妈便会端来炖汤、面线的“好料”[①]过来，放在她面前的桌上。林玲玲解释，妈妈和奶奶经常这样做，如果她早上没吃早餐，她们就会催促，甚至直接送过来。我十分羡慕她这种“返乡”的生活，也十分敬佩这个小姑

① 好料，闽南话中读“好（厚）料”，指味道好且有营养的食物。

娘蕴藏的能量。

更令人称奇的是，没有接受过师范教育的她，在蚶江中心小学的表现却十分出色。为了找到工作的切入点，她于 2014 年 4 月拜师学习南音。2015 年 7 月，在镇、市关工委的指导下，她利用已停办的锦江幼儿园场地，成立了石狮市锦江村青少年社会教育辅导站。她一边学习南音，一边致力于南音与蚶江文化历史的传承工作。到 2015 年，她在蚶江中心小学指导的南音社团已颇具规模。后来，她还将二楼改造成了社区图书室，每周组织几个家庭进行亲子教育。寒暑假期间，她还会开展公益性的夏令营活动。此外，她还想采访村里的老人，编写村志，而且她很着急，因为村里的许多老人年事已高。她的办公桌上堆满了县志和研究方法的书籍。作为社会服务中心的负责人和唯一成员，她直到 2017 年才发展了一个以当地年轻妈妈为主的志愿者团队，使机构的力量得以壮大。

“返乡”的决定和她做事的拼劲儿，让我想起了自己曾经的誓言。那个曾经从民政局局长伯伯手中接过信封，信誓旦旦地说“学成回报家乡”的女孩儿仿佛又回来了。这让我感到内心焦躁不安，却又无从入手。

林玲玲的工作方式也深深吸引了我。例如，“会前会”和“会后会”这样的术语，我是首次听闻，这显然是她在跟随杨静老师工作时所受的训练。记得我们工作刚起步时，暴老师和我对于作为高校教师、作为与其他机构合作的高校方代表，应如何领导分工、承担哪些责任都感到迷茫。当我们无法找到清晰的思路时，林玲玲反问道：“你们不会是来摘果子的吧？”“我见过太多研究者到小学来，获取他们所需的数据，取得成果后便离开，完全不顾及是否扰乱了小学的正常秩序，增加了老师的负担。”她的直接和犀利让我深感震撼。我没有想到这个层面，即便是当面这样直接的质疑，也是前所未有的。再者，当我们在讨论某个问题时，她总能迅速抓住问题的核心，不断追问，有时甚至会追问到对方无处可逃。即便因此双方争论得面红耳赤，她也不会轻易放过。她说，这是她与夏林清老师和杨静老师一同磨炼出来的技巧。她们在讨论时更为激烈，哪怕是大声争吵、哭泣，也要深入觉察情绪背后的原因，直面问题并说出来。我相信她说的话，因为我亲眼见证了她与暴侠老师的工作过程，也亲身经历过夏林清老师对我的追问。

这就是社会工作者的工作方式。她的同事黄美华女士，也曾在休假期间加入我们，共同工作了一段时间，这进一步印证了我的猜测。不过，黄女士也有着自己独特的工作风格。后来，黄女士选择“返乡”回湖南，带领家乡的村民种植有机稻米和稻花鱼，成功将其打造为当地的特色产业之一。

有了林玲玲的有力跟进，行动研究小组在宏观的行政支持、做事的空间支持，中观的小组工作计划的实施，以及微观的小组成员各自任务的完成，才得以“兵来将挡，水来土掩”式地逐步解决和推进。

（3）行动研究小组的老师们

我们团队在蚶江地区所发展的行动研究小组逐渐壮大，形成了两个核心团队——蚶江中心小学行动研究小组和锦里小学行动研究小组。这两个小组在构成、组织动力以及行动方向上各有特色，但共同点在于它们均致力于激发人的内在潜能，推动变革，不断向前发展。

蚶江行动研究小组起初由五位老师组成，包括副校长林英园（后因行政事务繁忙退出）、林艺蓉老师、郭丽娜老师、林靖谊老师、何婷婷老师（后退出），后又有纪宝算老师（2017 年初加入）和欧阳安妮老师（2017 年上学期中期加入）的加入。最终稳定的小组成员为：林艺蓉、郭丽娜、林静谊、纪宝算和欧阳安妮。从年龄结构看，小组涵盖了老中青三代教师，林艺蓉作为资深教师，与林玲玲有着师徒情谊。从职务结构上看，纪宝算担任教导主任职务，郭丽娜是新晋语文教研组长，而林艺蓉和林静谊则作为普通教师发挥着自己的作用。从学科结构上看，她们都是语文教师，但各有专长，在自己的岗位上努力前行，这是我们行动研究小组的共同目标。

2016年11月，锦里小学也成立了行动研究小组。这所小学是一所典型的乡村学校，当时全校有13位老师和252名学生，因为本地是西裤的主要生产基地，其中85%的学生是外来工人子女。学校本着自愿原则，召集了四位来自不同学科的女老师——严卿老师（英语）、黄妹金老师（数学、科学）、徐佩莹老师（数学、综合实践活动）和蔡丽雅老师（语文、心理学）。她们在承担其他科目教学或行政工作的同时，也积极参与行动研究。与蚶江中心小学相比，锦里小学的行动研究小组中没有老教师，且成员的专业和任教学科各不相同，这使得研究更具多样性和创新性。

（4）我们做的“事儿”

行动研究是社会情境的研究，是以改善社会情境中行动品质的角度来进行研究的研究取向。作为行动研究者需要明确“我是谁”“在何地”以及与“谁”一起工作，并致力于解决“做什么事儿”的问题。在行动研究小组开展研究的两年时间里，我深刻体会到它是一种自下而上的研究方式，而非单纯的研究方法。它首先是一种哲学和理念，任何具体的研究方法、学科领域的理论工具和方法工具都是为了促进改变而产生的。以蚶江中心小学行动研究小组的发展历程为例，可以初步将其划分为以下几个阶段。

第一阶段:“斗室星空”。在2016年上学期，我们采用了夏林清老师的“斗室星空”工作方式。老师们绘制“生命河”，分享自己的成长故事。在此期间，尽管校长和大校长关注着我们的成果产出，但在林玲玲和暴侠老师的沟通下，我们顶住了行政压力，为自己的研究小组创造了一个安心的工作环境，按照自己的节奏进行。

第二阶段：动能出现。2016年4月，身为语文教研组长的郭丽娜老师提出了开展“语文大阅读”活动的想法。围绕这一提议，我们展开了讨论，制定活动方案。在这个过程中，我们充分发挥了小学老师的主体作用，拒绝空洞的理论和样板，而是畅所欲言，提出各种点子、困难和对策。林玲玲和暴侠老师则敏锐地观察现场氛围，引导对话的流向，最终完成了暑期活动方案的修改。

第三阶段：付诸行动。在2016年下学期，全校推动了语文大阅读教学。小组成员作为核心力量，在每周四上午的语文组教研活动中，带动全校语文老师们深入研讨和推进大阅读活动。林玲玲和黄美华负责跟进并录像记录活动情况。在暑期，我们总结了活动经验，并制定了下学期开放周的活动方案。

第四阶段：行动深入。2017年上学期，我们开始筹备开放周活动，并于5月10—11日成功举办。此次活动吸引了中心校和其他兄弟校的观摩。经过近两年的努力（从挂牌基地校开始计算），我们的行动研究成果得到了外界的认可和好评，行动研究的影响范围也逐渐扩大。

第五阶段：成为行动研究者。2017年9月，随着协同创新中心的课题到期，我们需要寻找新的合作平台。此时，蚶江中心小学行动研究小组的教师们已经各自找到了前进的方向，如林静谊老师的绘本教学、林艺蓉老师的读书会、郭丽娜老师的语文教学改革等。她们已经成为自己行动的研究者，能够敏锐地察觉自己的内部动能，撑起空间使自己获得资源来推动“做事”。她们就像戴着镣铐的舞者，在复杂的社会关系脉络中灵活应对，不断做出改变。

（5）行动研究小组中的我

在当时我是抱着“去小学看看”的态度踏入这个领域的，对于行动研究，我给自己定位为“学习者”。

在第一学期，我常常保持沉默，担心自己因不懂行动研究而破坏研究小组的进程。后来，在与暴侠老师和林玲玲的“会前会”和“会后会”中，我才敢表达自己的疑问。我逐渐找到了自己的位置，那就是“跟随者”，跟随暴侠老师跨越城市，观察暴老师和林玲玲是如何实践行动研究的。

到了第二学期，我给自己设定的目标是能够跟上对话的节奏，并在现场积极发言。我时常等待合适的时机，一旦觉察到对话的走向，便及时发言。至于我的发言对现场对话的影响，则由暴老师和林玲玲来把控。有时，当我听到老师们提到的问题与教育理论中的某些内容相吻合时，我会兴奋地介绍相关理论。然而，当我看到老师们迷茫的眼神，我意识到自己的理论讲解可能过于突兀，导致现场氛围变得尴尬。老师们的话题也因此中断，直到回到我发言前的话题才得以继续。这让我深刻体会到，作为非小学老师，在小学的行动研究现场，老师们是实践者，我们是协同研究者。老师们是改变的主体，对话现场应以他们的经验为主。我的理论和经验应在他们需要时才提出，避免“空降”。

第三个学期，我的目标是更好地把握对话的流动，能够在关键时刻发出自己的声音，并敏锐地观察现场。我努力避免用“半生不熟”的理论去套现场的情况。

在锦里小学，由于时间等客观原因，林玲玲未能加入研究小组，由暴老师和我主要负责带领活动。缺少了林玲玲，我变得更加谨慎，时刻注意自己的发言对现场对话流向的影响。会后，我与暴老师多次讨论，她鼓励并期待我能够正视自己的位置，承担起相应的责任。我的目标调整为配合暴老师，共同带领小组活动。但有时，我还是会像在蚶江时那样，像个孩子一样，放完“火”就跑，总希望有人能为我收拾后续的事情，对暴老师产生了很大的依赖。然而，正因为站在了台前，我能够更清楚地看到现场中的多重关系，感受到了各种关系之间的张力。这使我能够将蚶江场和锦里场的经验相结合，解决了一直困扰我的若干问题。

与行动研究小组共度的两年时间里，我逐渐能够洞察各种关系。在与老师们的交流中，我逐渐认清了自己的理论框架、情绪和经验，以及它们对我发言的制约。同时，我也能够部分地看到，我带着这些方面出场对现场产生的影响。至于“在何地”及“与谁一起工作”的问题，我仍需对老师们及其处境进行更深入的了解。暴老师是行动研究小组的负责人，她在对话中担任主要的主持角色，把控对话的流向，感知成员的状态，并推动对话的进展。我与暴老师同属闽南师范大学行动研究团队，在与老师们的相对位置上我们是相同的。但在研究小组内，我并非主要主持人。在蚶江中心小学，我扮演的是跟随者和观察者的角色；而在锦里小学，我的角色变得更为重要，需要与暴老师共同主持小组讨论活动。不同的位置和角色，意味着要承担不同的责任。然而，在如何协助、把控自我状态、把握现场对话流，以及预测我的发言将如何影响对话流等方面，我仍有很多需要提升的地方。当与暴老师在现场出现分歧时，我不知道如何妥善地沟通与协调。这时，我无比怀念林玲玲那种犀利直接的沟通方式，这是一种需要在实践中不断磨炼的能力。

（6）“你可以付费使用我”

由于种种原因，我在此次行动研究项目中未能突破自己的位置。其一，是我过于关注行动研究的方法，例如，我过于注重训练自己反映对话和掌控对话流的能力。然而，作为行动研究的领导者，更应聚焦于人，而非仅仅技巧和方法。其二，行动研究强调从自己的处境出发，明确自己的角色，并据此作出改变。在此次行动中，我并非负责人，因此无须承担最终的责任和后果，这也导致我缺乏足够的担当和突破自我的动力。

我认定的位置是综合实践活动课程的负责人。当我带着北方的“异文化”来到福建漳州时，我为漳州的乡土文化所着迷；如今，我带着漳州的“异文化”来到石狮，每次长途跋涉到蚶江进行行动研究，我都会不自觉地留意到蚶江的地域特色和文化特色。我深感自己的兴趣在于地方文化。在锦里小学时，我与担任综合实践活动课程的黄妹金老师产生了更多的共鸣。行动研究，作为一种以行动研究者为主体的自下而上的方式，旨在激发各自的动能并推动改变。这一理念为我在综合实践活动课程设计上提供了理论借鉴。同时，反映对话的能力在教学对话中同样发挥着重要作用。

当课题时间到期时，我选择了退出行动研究小组。但我在行动研究的道路上，仍然紧随暴老师和夏林清老师学习。我们一同参加会议、举办会议，并利用周边城市邀请夏老师讲学，努力争取与她相处的每一刻。

在与小学老师们告别时，我们深知这并非结束，而是各自成长的起点。与林玲玲和黄美华告别时，她们认可了我这几年的进步，并开玩笑地说：“你可以付费使用我。”这又是一个新名词，它体现了对彼此劳动的尊重，以及给予相应报酬的明确责任。这是我在临别前收到的社会工作者的礼物。因为后来我又结识了其他社会工作者，再听到类似的话时，我能够迅速接受他们的工作方式。

自退出至今，我尚未有机会进入新的行动研究项目。甚至在刚退出的那个学期，我常常感到惬意和轻松——不必每周奔波在路上，没有必须反映对话的压力，属于自己的时间又回来了，一切都显得如此美好。然而，这段行动研究的经历对我产生了潜移默化的影响，其作用仍在持续发酵。当我遇到问题时，我会不自觉地运用行动研究中的所见所学。例如，在教学过程中，我会提醒学生录音、写记录、保存照片等，培养他们保留过程性资料的习惯；我会将反映对话的方式引入教学对话中；在实操环节，我不再悬空，而是深入小组，紧贴小组主题实践需要提供方法和资源。从宏观层面来看，我能够看到以前忽视的社会脉络，逐渐找到自己的位置，承担起应有的责任，面对自己的内心，做自己喜欢的事情。

五、发觉期待错置

2015 年 9 月，闽南师范大学响应福建省号召，小学教育专业招收首批免费男师范生，按照政策规定，免费师范生将签署协议，免除大学期间的学费、住宿费，按规定享受师范生助学金；要求毕业后回到生源地工作不少于十年；若违约，要按规定退还相应的免费教育费用并缴纳违约金；回生源所在地教学两年后，经考核符合要求的，可免试推荐录取为教育硕士专业学位研究生，在职学习专业课程，任教考核合格并通过论文答辩的，颁发硕士研究生毕业证书和教育硕士专业学位证书；另外，当年无法完成招生计划时，会参照省属本科高校招收农村学生专项计划招生政策适当降分录取。[①]

地方高校免费师范生政策的出台，一方面是教育部直属高校试行免费师范生实验的经验推广；另一方面是促进基础教育均衡背景下，解决乡村教师师资力量不足、师资队伍不稳定的问题。福建省招收免费师范生，增加了“男”生的要求，还有改变小学及幼儿园教师性别比例女多男少状况的需求。2016 年、[②]2017 年[③]的免费师范生政策延续了 2015 年的，个别条款有所细化。到 2018 年后，教育部等五部门印发《教师教育振兴行动计划（2018—2022

① 福建省教育厅:《福建省师范生免费教育试点办法（试行）》，http://jyt.fujian.gov.cn/xxgk/zywj/201506/t20150603_3179731.htm，访问日期：2022 年 12 月 26 日。

② 职场指南网:《福建省免费师范生政策解读》，https：//www.cnrencai.com/zengche/402527.html，访问日期：2022 年 12 月 26 日。

③ 职场指南网:《免费师范生最新政策》，https：//www.cnrencai.com/zengche/776341.html，访问日期：2022 年 12 月 26 日。

年）》，将“免费师范生”改为“公费师范生”，改变签约年限为 6 年。[①]

得知 2015 级小学教育专业的免费师范生中，多数学生来自县城乡村，毕业后计划回到乡村任教，我心中感到莫名的欢喜。由于我出身农村，对农村怀有深厚的情感，同时深感自己无法回到农村建设家乡的遗憾，因此对这些师范生寄予厚望——期盼他们能够努力学习，提升能力，为家乡的建设和乡村的振兴贡献力量。在课堂上，我多次表达这一期望，却未曾察觉学生们内心的波澜。

直到一些熟悉的学生私下向我坦言：“老师，您别再提回农村的事了，大家都不太喜欢。”我颇感惊讶，询问原因。他们告诉我，从农村出来读书并不容易，家庭为了供他们上学已经倾尽所有，甚至向亲戚朋友借钱。他们理解我的善意，但对我这个在城市工作、身为高校老师的身份，无法真正理解他们的处境感到失望。

女生们还提到，免费师范生中的男生，在入学时便有工作保障，她们却需要通过教招竞争才能获得职位，这让她们觉得不公平。有男生表示，在福建的文化背景下，男生肩负着养家的重任，从小接受的教育与女生不同。因此，回到农村当小学老师会让他们对自己的养家能力产生怀疑。

原来，我一直在用“抽象人”的概念看待问题，忽略了自身和学生所处的社会脉络。学生以他们的视角看到了我所忽视的，而我自己未能察觉。这次经历让我深刻认识到，我与学生所处的社会处境不同，每个人都是各自位置上的行动者、研究者。改变的发生，并非外力强加或劝说所能达成，而是需要激发内在动能。我意识到，我之前将内心的遗憾和未完成的改变愿望强

① 教育部:《教师教育振兴行动计划（2018—2022 年）》，http://www.moe.gov.cn/srcsite/A10/s7034/201803/t20180323_331063.html，访问日期：2022 年 12 月 26 日。

加给了学生，这是错误的。

于是，我开始反思自己，扪心自问：我为自己的理想付出了什么？当我把目光转回自己身上，真实的力量重新涌现。经学生提醒后，我不再在课堂上提及此话题，但影响的余波难以消散，我仍能从课堂状态中感受到。尽管我隐藏了内心的执念，但对他们仍怀有无限的期待。在组织综合实践活动实践环节时，我投入了更多的关注和精力。这一届学生中不乏才华横溢之辈，最终，一些小组出色地完成了实践活动。

六、回归初心

我开始思考自己的初心，希望回归初心，借由自己的行动去实现它。

（一）“去小学”的初心

实施免费师范生政策的第二年，即为 2016 级免费师范生授课时，鉴于之前的经验，我避免在公开课堂上过多谈及乡村相关的话题。同时，我也注意到，这一届学生的情绪反应并没有像第一届那样激烈。到了 2017 级，免费师范生们已经能够更为坦然地讨论免费师范生政策以及他们对未来职业的规划。

2016 年，原本在闽南师范大学附属小学开展“闽南童玩”合作项目的杨小玲老师因休假，将这一项目转交给了我。我充分利用这一平台，在 2017 年和 2018 年这连续的两年里，分别组织综合实践活动课程的修课学生前往小学参与。我设计了实践环节，让大学生带领小学生组成活动小组进行活动。然而，由于活动规模较大，参与的学生人数众多，导致时间和精力上有所不足。因此，在 2018 级时，我调整了实践方式，重新聚焦大学生生活主题。

（二）寻同道的初心

综合实践活动课程道路上的孤单令人难以忍受。我又想向外走，寻求同伴了。为此，我做了两方面有价值的努力。

1. 找到组织

值得一提的是，2015 年访学归来后，我便积极寻求加入相关的“组织”。同年 11 月初，我在网络上偶然发现了“国培计划（2015）专职培训团队研修项目综合实践活动福建教育学院班开班通知”，得知福建教育学院有相关的培训学习机会。在此之前，我从未参加过类似的培训，也不确定作为高校教师是否具备参训资格。于是，我按照通知上的联系方式，主动联系到了主办方。幸运的是，我接通了此次国培计划的首席专家、主要领导者——福建教育学院的邹开煌[①]教授。在表明身份和意图后，邹教授表示非常欢迎我的加入，但他建议我耐心等待，因为国培计划是由教育行政部门发文，各教育局负责选派学员，学位数量是固定的。根据过往经验，有时会有老师因故无法参加，这时教育局会临时协调，从而空出名额。我对邹教授的接纳表示由衷的感激，毕竟我不交学费，还要占用他人的资源。随后，我立即向黄清院长汇报了此事，并得到了他的全力支持。令人欣喜的是，在培训开班的前一天，我接到了邹教授的电话，得知有一个名额空了出来，我可以正式前往福建教育学院报到。

2015 年 11 月 6—15 日，我全身心地投入这次研修活动中。学员们都是来自全国各地的中小学综合实践活动教师，当我们彼此相见时，都不禁感叹

---

① 邹开煌，福建教育学院教授。教育部国培计划首批专家，福建省陶行知研究会执行会长兼秘书长，福建省“十三五”名师名校长培养工程专家委员会委员，原福建省中小学综合实践活动学科带头人培养基地负责人。邹开煌教授也是跟随陈树杰教授启动福建省综合实践活动课程及师资培养的元老，福建省首批的综合实践活动学科带头人便是在邹教授带领下成长起来的。

“终于找到组织了”。在为期十天的研修中，我深入了解了中小学教师、学科带头人，以及理论工作者在综合实践活动方面的理论解读和实践经验分享。我目睹了一线教师灵活多样的课程开发方式，感受到了综合实践活动人对事业的坚守和执着。特别是福建教育学院在福建省综合实践活动课程常态化实施中所做的贡献，让我深受触动。邹开煌教授虽已年近退休，但仍带领团队致力于综合实践活动师资队伍的培养工作。在十大的课程和户外考察中，邹教授全程陪同并为我们详细讲解，他热情洋溢的状态和实干精神给我们留下了深刻的印象。邹教授曾感慨道：“那是因为综合实践活动人永远年轻。”听到这句话，我不禁扪心自问：我何不也成为这样的“综合实践活动人”呢？

2. 协同教学

2020 年，马友友老师加入我校任教，当时我刚好担任系主任一职。在审阅她的履历时，我注意到她的研究方向包括“Project-Based Learning（项目式学习，简称 PBL）教学研究”，这立刻引起了我的极大兴趣。于是，我第一时间与她取得联系，邀请她在综合实践活动课程中教授“Project-Based Learning 教法”部分，她欣然应允。从 2020 年至今，我们携手进行教学改革，将 PBL 模式成功引入综合实践活动课程。目前，我们已经进行了三轮教学改革实验，涉及 2019 级、2020 级和 2021 级的小学教育专业学生。关于如何更好地将 PBL 与综合实践活动结合，以深化教育理论与实践的探索，我们仍在持续深入研究。

（三）“高校—中小学”贯通的初心

在师范院校教师的位置上，如何更好地走入教育对象未来的工作场域，为他们提供更为贴近中小学工作实际的前瞻性知识与能力？如何在综合实践活动教法课中设计具有穿透力的课程，有效连接大学生生活和小学生生活？

这些问题依然有待解答。然而，我们并未止步，而是已经开始付诸行动。

首先，我们在综合实践活动课程方案中，特别设计了邀请小学综合实践活动名师、学科带头人、教研员为本科生开设讲座的环节。通过这一方式，我们将真实的小学课堂以间接经验的形式呈现给师范生，帮助他们更好地了解并接近社会。迄今为止，我们已经成功邀请到三位小学综合实践活动的名师，为本科生开设了富有启发性的讲座和工作坊。

其次，我们积极主动联系中小学综合实践活动教师，开展深入的合作研究。我们深知，促进高校与中小学教师之间长期、稳定的合作，需要有一个稳固的平台作为保障。因此，高校教师应积极寻求各种资源，创设合作平台，搭建起连接高校和中小学之间的坚实桥梁。在这方面，乡村教师成长行动研究小组的成功经验为我们提供了宝贵的借鉴。

（四）振兴乡村的初心

关于大学生不愿意回乡村工作的原因，在我国教育振兴助力乡村振兴的议题中，已有众多研究进行了探讨。其中一个主要的观点是，学生在学校中接受的教育往往是“离农”教育，而非“为农”教育或“兼农”教育。[①] 以我个人为例，身为“80 后”，尽管生长在乡村，但从小学到大学的课本内容较少涉及农村的生活场景和风土人情。课本的内容多以学科知识为导向，且倾向于城市视角。我对农村的情感，主要来源于小学和初中时期在村落和邻居生活中的点滴体验。然而，随着高中住校、大学进入省会城市，我对农村的生活开始逐渐模糊，直至工作后定居城市，与农村的距离就更远了。作为外地人，我在农村没有亲戚朋友，可以说是与农村完全隔绝了。因此，我对农村的现状、问题和治理之道都缺乏深入的了解和理性认识。而现在的大学生，

---

① 贾志国:《新常态下农村教育变革趋势研究》,《当代教育论坛》2017 年第 5 期。

由于学业和竞争压力巨大，他们的童年往往是在书桌前度过的，农村并校寄宿的教育模式更是割断了他们与农村之间的紧密联系，使他们比我们那个时代更加“离农”。

针对这一问题，我们计划从两个方面着手改进。一是研发特色化教材。作为综合实践活动课程修习团队的引领者，我致力于在课程中研发更具特色的教材，增加农村主题、家乡主题以及以闽南文化为代表的地方文化课题。通过这些内容，我们希望能够增进师范生对乡村的理性认识，丰富他们参与乡村生活的亲身经验和直接体验，培养他们亲近乡村的态度以及振兴乡村的责任感和使命感。

二是加强与乡村小学的合作。我们将借助校友资源，积极联系合作学校，探索以课题为引领的乡村综合实践活动教学改革之路。通过这一合作，我们期望能够助力乡村教师的专业发展，同时也为乡村振兴贡献一份力量。

七、反映回观：“变个孙悟空”

书写职业历程，多处扼腕击掌。困难蕴含转机，问题也往往伴随着答案。直面困难，突破问题，方能更进一步；反之，则可能绕弯路，事倍功半。从教十八年，我并未练就十八般武艺，过程中也错失了不少促进成长的机遇，这皆因我缺少坚守理想的心和有力的行动。综合实践活动课程，是我钟爱的课程，也是我任教年限最久的课程。一路走来的所有探索、尝试、波折，看似均以它为底色，实则不过是处于社会关系中的“我”的折射。如今的我，能逐渐揭开一些社会关系的面纱，窥见自己的初心，因而也拥有了更坚定的行动力。

（一）看见社会处境与社会结构

我曾对“政治”和“关系”心生畏惧，因觉得其烦琐而常选择回避。然而，人是社会的人，不可能脱离社会处境和社会结构而独立存在。过于去社会脉络化的视角，只会带来更多困扰。我与公费师范生的一场期待错置，便是源于对自身社会脉络的无视，导致彼此的社会处境模糊，进而造成了师生共同体内的疏离。

自2008年任教综合实践活动课程至访学离开之前，我深感自己是在摸索中开课，孤军奋战，进展缓慢。这实与我“书斋式”的前进路线脱不开干系。所谓“书斋式”，便是为备课而读书，仅筛选“有用”于教学的书来读，切断与外界的联系，拒绝看见书写者背后的社会脉络。我学习陈树杰教授的书和论文，初衷是为了备课上课，却忽视了他于2002年主持全国教育科学规划教育部重点课题《综合实践活动及其师资建设》这一重要事实。该课题覆盖多个省（区），其中就包括福建省。早在2002年6月，福建就已加入该课题，全省范围内近400所学校、5000多名老师、20多万学生共同参与实验。[①]福建省中小学综合实践活动改革逐步取得显著进展，先后承办了数次全国性研讨交流会、在综合实践活动领域率先建立高级职称系列、师资培训走在全国前列，并成功探索出三大模式。我若能早些意识到自己所处的社会结构中，存在福建省综合实践活动这一重要圈层，那么在2008年后，我必定会紧紧跟上，而非退守书斋，错过诸多机遇。

① 邹开煌：《福建省中小学综合实践活动课程实施研究回眸》，《福建基础教育研究》2009年第1期。

幸而，在2016年，我终于有了走出书斋的动能，找到了邹开煌教授带领的国培团队。其后，我又加入了郭元祥教授领导的中国综合实践活动网络研修平台。如今，尽管我对社会复杂情境和社会关系仍存有一定的抗拒，但已愿意正视并接纳它们。

（二）改变位置，走到前台来

梳理工作已近尾声，组内互相审阅论文时，我提及刚入职时，对于如何胜任大学教师、如何进行有效教学深感困惑，却又不敢坦言，总觉得说出来也无济于事，因为大家似乎都不太谈论教学之事。暴侠老师听后说道："没有啊，因为当时引进了许多新老师，张老师就组织了教研活动，那时每周例会，各系都围绕教学，大家讲自己上的课，每学期还写教学计划和教学反思，我就是从那时候开始写教学反思的。"经此提醒，我回忆起2006—2007学年，张灵聪老师规定各教研室在每周四下午的例会上，缩短行政会议时间，以便留出更多时间研讨教学。我们小学教育教研室每次例会都会安排两位老师分享教学设计，其他老师则提出问题和建议。学期末需提交学期总结和教学反思，开学初则提交教学计划，这些材料均需上报。此外，各教研室在期末还会举办教学研究论文研讨会，评选优秀教学研究论文，系里还设有相应奖项。我困惑道："是啊，这些我怎么都没什么印象呢？"暴侠老师笑道："那你就得好好反思一下了。其实教务处还举办了教学质量月活动，我还因此获过奖呢。"

张灵聪老师在系级层面非常重视本科教学和新教师的教学研讨，而学校教务处也实施了一整套教学常规管理办法，包括教学质量月活动、教学比赛及奖项设置，还有教学改革课题项目以支持教学改革。然而，我为何仍感觉自己在孤军奋战呢？

我曾参加过2006年的教学质量月课堂教学比赛，但初选便遭淘汰，未能进入学校比赛的环节，因此未能收到评委老师们的反馈和建议，所以印象并不深刻，之后也便没有再报名参赛。对于其他教学常规检查，我始终按部就班地完成；每天的教学工作已成常态，无须额外努力，因此并未感觉有何特别之处。翻看之前保存的教改课题申报书，我也曾尝试申请，但系内评审未通过，便没有再申报。这让我不禁回想起在蚶江进行行动研究时，我在小组中的位置似乎也是如此，总是处于幕后或边缘。

现在回看，其实我早已意识到这个问题并有所行动。2020 年，我与马友友老师协同授课，并邀请中小学综合实践活动一线教师为学生开设讲座，这可谓是“高校—中小学”教学团队的初步组建。同年，我成功申报了学校教学改革研究课题。2021 年，我参加了学校第二届校级教师教学创新大赛，并申报了 2022 年校级教学成果奖，均获了奖。

我在努力改变自己的位置，从幕后走到台前，从边缘走向中心，敢于为自己争取权益，为自己的选择和行动负责。正如团体动力学之父库尔特·勒温（Kurt Lewin）所言：“了解这个世界最好的方式就是去改变它。”[①] 我发现，当我勇敢地走到前台时，我孤军奋战的社会处境也随之改变。首先，我拥有了一个目标一致、任务相同的团队；其次，每当我遇到难关，总有经验丰富的“前辈”出现并给予指导，如在我计划开展综合实践活动第二课堂时，遇到了陈志英老师，他帮助我设计活动方案并指导实施；当我打算参加教师教学创新大赛时，学校组织的培训以及那些曾获奖的资深教师便成了我的引路人。以前我总是绕开学校制度，但当我直面它时，才发现它的好处。

① 夏林清：《风筝不断线——实践者的落地深耕》，转引自唐纳德·A. 舍恩《反映的实践者：专业工作者如何在行动中思考》，教育科学出版社，2007，第 1 页。

（三）面对情绪，看到自己的需要

行动研究要求我们深入剖析情绪背后的真实含义。回顾我的成长历程，其中多处情绪被我简单处理，未能充分辨识所处的环境，也未能将其转化为改变的动力和方向。首先，我刚入职时，频繁换课让我疲于应对新知识的学习，感到进步受阻，原地踏步。当时，我选择了继续试课，却未能停下来面对困境，也没有向领导坦陈状况，寻求必要的培训或其他支持，导致自己身心疲惫。这种情况一直持续到我开始教授综合实践活动课程才有所改善。其次，下课后，我习惯在教学楼下静坐 20 分钟以清空思绪，但这实际上是我逃避教学反思和交流的表现。如果我能及时记录课堂教学情况，进行反思，并据此制定教学改进方案，不仅能满足我清理思绪的需求，还能促进教学的积累与改进，这也是教学研究的基础和起点。再次，在综合实践活动的实操环节，我注意到每届学生的实践成果都涉及闽南文化、家乡特产、乡村建设等主题，但我未能及时整理和总结，形成系统的、分阶段的教学方案，导致学生的项目研究缺乏连续性和系统性。最后，当我看到林玲玲、黄美华返乡建设家乡的事迹时，我深受触动，但我未能及时辨识这种情感背后的真实需求，是出于对家乡的热爱还是想逃避事业和生活中的挫折。现在看来，这两种情感都存在，而后者可能更强烈。无论是选择返乡还是留下，都需要勇气。

（四）重新框定角色，整装待发

视框是指每个行动者均有的一个理解事物看法的认知结构。“视框”反映的是积累在个体身心一系列历史的关系，随着年龄群体、性别和社会阶级等而有所差异。“视框”引导着人们认识、理解和评析事件的发生。因此，实践者能否意识到自己的“视框”至关重要，因为只有觉察到了自我的“视框”，才能对为何持有这样的“视框”进行自我揭露与分析。视框分析关注的是行动者如何框定当事人的角色，及当事人角色与系统环境之间的作用。透过行动反映过程，核对结果，重新调整，不断“再框定”，以改变实践者的行动策略。①

例如，我曾经的“视框”认为，大学教师的身份代表着学识和谈吐的高标准，不能破坏这一形象。去中小学上课时，我担心自己无法有效管理课堂纪律或不够专业地教授小学课程。同时，我也认为大学教师应有自己的专业领域和研究团队。这些观念的形成源于我对大学教师与中小学教师职业内容的片面理解，以及我求学过程观察到大学教师与中小学教师合作机会较少的经历。

如今，我重新框定自己的认知：大学教师的身份不是束缚，而是一种开放的角色。我们拥有丰富的资源，可以连接“高校师生—中小学师生—社区—社会”，促进多主体间的合作和资源流动。专业领域不应是封闭的、僵化的，而应成为我们实践的工具和合作的起点。作为中年教师，我们不必等待别人的接纳或引领，而应主动承担责任，组建团队，促成合作，推动自身、团队成员和学校的发展。我将自己定位为：以综合实践活动为载体，引领师范生进行生活化探究项目教学的领导者；搭建平台，获取资源，促进高校与中小学、师范生与中小学教师、师范生与中小学生之间跨区域、跨机构合作的联络人；地方高师院校教学研究助力基础教育课程改革的实验者。

① 龚尤倩：《“行动研究”中的反应对话》，https：//www.lvziku.cn/article/598，访问日期：2022 年 12 月 26 日。

陶行知先生在《师范生的第一变——变个孙悟空》中，号召师范生要“变个孙悟空”。我认为，高校教师也要“变个孙悟空”：第一，他有目的、有远虑、有理想。做了美猴王，还要烦恼，要去学一个长生不老。第二，他抱着目的访师。出山寻师，花了十几年才遇到须菩提祖师。“教师多于过江鲫，不能达他目的的老师，他是不要的”。第三，他抱着目的求学。须菩提祖师要教他道字门中三百六十旁门术法，孙悟空只问能不能长生，不能长生便“不学！不学！”“孙悟空不做糊涂的学生”“凡是不合这个目的的东西，他一概不学”。[①]

人生过半，前路尚远。作为出生在寒冬腊月的“猴子”，如今不愁果子吃了，要做就要做这样有远见、有目的、有坚守的“猴子”，保佑“唐僧”（师范生）去西天取得真经！

现将陶行知先生的小诗摘录于此共勉！

变吧！变吧！
变个孙悟空，
漂洋过海访师宗。
三百六十旁门都不学，
一心要学长生不老翁。
七十二般变化般般会，
翻个筋斗十万八千里儿路路通。
学得本领何处用？
揭起革命旗儿闹天宫。

① 陶行知：《师范生的第一变——变个孙悟空》，《教学管理与教学研究》2018 年第 16 期。

失败英雄君莫笑，

保个唐僧过难亦威风。

降妖伏怪无敌手，

不到西天誓不东。

请看今日座上战斗佛，

岂不是当年人人嘴里的雷公？

反映回观：探寻改变的可能性
——一位高校教师教育者专业成长的自我叙事研究

索　磊[1]

教师之于教育的重要作用不言而喻，教育部等五部门印发的《教师教育振兴行动计划（2018—2022 年）》指出“教师教育是教育事业的工作母机，是提升教育质量的动力源泉”。高等师范院校教师是培养教师的教师——教师教育者，其专业素养决定了师范生——未来教师的培养质量。教师教育者的专业素养与专业成长是影响教师教育质量，进而影响基础教育质量提升的重要因素。

作为教师教育者的师范类高等院校教师具有“大学教师”“学术研究人员”“教师的教师”等多种身份，扮演着示范者、反思者、研究者等诸多角色。现实中却存在着教师教育者“示范者角色的缺失，反思者角色的乏力和研究者角色的模糊”等现象。[2] 具体表现为教师教育者的“基础教育素养

① 索磊，男，教育学博士，闽南师范大学教育与心理学院教授、副院长。

② 赵明仁:《教师教育者的身份内涵、困境与建构路径》,《教育研究》2017 年第 6 期。

缺乏”，也就是说自己不了解中小学教学“却在教授师范生如何在中小学任教”，这种基础教育素养的缺乏体现在“入职背景、教育经历、单位分布”，以及“课程教学、在岗提升”等多个方面。[①] 高等师范院校的职称评审、聘期考核等政策中的一些规定也导致教师教育者难以兼顾不同的身份，从而制约了教师教育者基础教育素养的提升。多数教师教育者没有中小学的从教经历，研究生毕业就进入师范院校成为大学教师，参加工作后也很少去中小学听课，对中小学的教育教学和课程改革实践了解不多。高师院校教师存在的专业发展困境“不利于促进在职中小学教师专业发展，更不利于推动引领基础教育改革创新发展”，[②] 造成的消极后果是“教师教育类课程效果欠佳、师范生基础教育素养弱化”，从而导致“教师教育目标难以实现、教师教育者专业形象矮化”。[③]

因此，针对教师教育者的专业成长进行研究具有重要意义。我自身就是一位高等师范院校教师，采用自我叙事研究的方法，在对自己的专业成长史进行梳理的过程中，剖析影响专业成长的关键事件，总结经验与教训。

回首过去，从 2005 年调入闽南师范大学，已经 17 年了。这 17 年间，我先后评上副教授、教授的职称，攻读了博士研究生，不只是给本科生、研究生上课，也已经指导了 25 位教育学专业的硕士研究生。这样看来自己的专业发展还算是成功，但反思自己的专业成长，依旧有很多遗憾和教训。因此，有必要对自己的专业发展进行梳理，以明晰未来的专业发展方向。本文旨在

---

① 唐智松、李婷婷、唐艺祯：《教师教育者基础教育素养：问题及对策》，《教师教育学报》2018 年第 5 期。

② 胡元琳、林天伦：《学科课程与教学论教师专业发展：现实困境与突围路径》，《教育发展研究》2019 年第 9 期。

③ 唐智松、李婷婷、唐艺祯：《教师教育者基础教育素养：问题及对策》，《教师教育学报》2018 年第 5 期。

回答以下问题：我自己的专业成长历程是怎样的？有哪些影响因素？可以从哪些理论视角进行解释？自己未来还能有哪些专业方面的发展？

一、研究方法

教育叙事研究（Educational Narrative Inquiry）是质的研究的一种形式，是对“经验事实”的“叙说”或“记叙”，是“研究者通过描述个体教育生活，搜集和讲述个体教育故事，在解构和重构教育叙事材料过程中对个体行为和经验建构获得解释性理解的一种活动”。[①] 其关注的是教育实践中“问题的提出过程以及在解决问题过程中发生的一系列‘教育事件’”。[②] 叙事研究遵循的是诠释典范的旨趣，其出发点在于“理解研究对象即现象本身”，目的是解释研究对象“主观如何建构世界”，而非理解客观世界。[③]

教育叙事对教师专业发展具有推动价值，陈向明对此进行了充分的阐释。教育叙事的价值在于“不仅能够让广大教师发出自己的声音，说出自己所处的困境及其意外之变”，教师因而能够“重构自我，在现实的边缘拓展发展的可能空间”；研究者通过将充满“问题”的个人经验变成故事，并采用叙述的方式进行分享，“问题”得以外化；教师自身作为作者的同时又是读者，参与到教育“研究”之中，从而“造就一个属于自己的诠释共同体”；“由于教师职业具有价值取向、复杂性、不确定性、动态性和特殊性等特点，教育叙事特别适合教师的自我探索、自我表达和自我塑造”；“教育叙事丰富的想象空间和重构现实的力量能够帮助教师抵制‘主流故事’，创造性地形塑自己作为个体

① 傅敏、田慧生：《教育叙事研究：本质、特征与方法》，《教育研究》2008 年第 5 期。

② 刘良华：《改变教师日常生活的“叙事研究”》，《全球教育展望》2003 年第 4 期。

③ 洪瑞斌、陈筱婷、庄骐嘉：《自我叙述研究中的真实与真理：兼论自我叙述研究之品质参照标准》，《应用心理研究》2012 年第 56 期。

和群体的专业身份，进而获得不断发展的时空和力量”。[①]

本书属于自我叙事研究（Self-Narrative），即研究者本身就是“叙说者”和“记叙者”，是一种自我研究（Self-Study）。自我研究旨在通过对个体自身专业实践经验的研究以改进专业实践。自我研究强调研究者在实践中的角色，即重点是研究“我”，关注的焦点是研究者自身及其作为专业实践者的角色重塑。[②]通过反思、批判性分析和互动评估，自我研究可以使研究者增进对自身专业实践的深入了解。[③]“自我叙说与诠释典范，其旨趣便是理解自我及生命，并邀请他人（读者）对研究者生命做沟通或对话”“朝向对不同个体或群体互为主体性的理解，背后其实有多元主体间的相互沟通与对话的目的”。[④]

自我叙事研究也可以视为作者本人的“教育自传”。受课程变革研究、教育行动研究的推动，教育自传作为一种研究方法逐渐被重视。在西方行动研究领域，不少研究者就采用“自传法”来讲述行动研究的故事。课程与教学领域的传记和自传研究可以分为三个流派：自传理论与实践，女性主义自传，从传记和自传的角度理解教师。[⑤]“社会科学研究领域之所以重视自传，正因为自传及其‘体验’为读者提供了理解当事人的个人化实践知识的材料，也为传主本人的‘自我反思’和‘专业成长’提供了启动装置。”[⑥]教师的自传写作研究过程大体呈现为两个阶段：首先是收集和整理传记事实；其次是选

① 陈向明：《教育叙事对教师发展的适切性探究》，《教育研究与实验》2010 年第 2 期。

② Lunenberg M，Samaras A P，“Developing a Pedagogy for Teaching Self-Study Research：Lessons Learned Across the Atlantic，” Teaching & Teacher Education 27，no.5（2011）：841-850.

③ PITHOUSE-MORGAN K，“Self-study in Teaching and Teacher Education：Characteristics and Contributions，” Teaching and Teacher Education，no.119（2022）：2-12.

④ 洪瑞斌、陈筱婷、庄骐嘉：《自我叙述研究中的真实与真理：兼论自我叙述研究之品质参照标准》，《应用心理研究》2012 年第 56 期。

⑤ 威廉·派纳：《理解课程（下）》，张华译，教育科学出版社，2003，第 538 页。

⑥ 刘良华：《教育研究方法（第三版）》，华东师范大学出版社，2021，第 122 页。

择和解释传记事实。[①] 作者需要考虑的因素包括：成长线索、个性身份、重要他人、时代变迁和自我反思。[②] 成长线索应显示成长过程中的“冲突”，往往隐含在某个影射自己的个性身份之中；寻找影响自己的重要他人是自传的任务和内在精神，教育自传中的重要他人包括老师、学生、同事与亲人等；完整的自传往往由个人的成长史牵引出作者所处的时代背景；撰写自传对作者而言是一种“自我反思和自我唤醒”的过程。[③]

对教师教育者专业发展的研究大致开始于 20 世纪 70 年代，并且是以“自我研究（Self-Study）”这一特殊的形态出现的。自我研究不仅被视为一种理念，而且被看作是一种方法、技术。在这一过程中，教师教育者开始运用这一“自我研究”范式的转换来开展对其自身教学实践的研究，并由此逐渐发展成为一个研究领域。[④]

高校教师开展自我叙事研究的，大多是英语教师，采用自我叙事研究的方法。以作者为例，“以自己的研究日志、教学反思以及开展的多项大学、中学、小学课堂教学研究为依据，追溯自己的发展经历，并以活动理论为资料分析框架，深入剖析研究者曾面临的多重矛盾，以及为破解矛盾采取的行动”，[⑤] 探究高校外语教师的专业发展历程，阐释了高校研究者通过长期扎根课堂、持续与中小学英语教师交流，逐步成长为外语教师教育者的经历。研究结果表明，“要真正成为教师专业发展的支持者，教师教育者需要具有深厚的理论基础和丰富的实践经验，并且能够自由地游走在两者之间，以促进两

---

① 刘良华：《教师如何做教育叙事研究》，《中国教师》2000 年第 9 期。

② 刘良华：《教育研究方法（第三版）》，华东师范大学出版社，2021，第 118 页。

③ 同上书，第 118—119 页。

④ 荀渊：《教师教育者及其自我研究：提升教师教育质量的新途径》，《教师教育研究》2012 年第 5 期。

⑤ 杨鲁新：《外语教师专业发展中的矛盾与行动：自我叙事研究》，《外语教育研究前沿》2019 年第 4 期。

者的共生。”[①] 我本人最初参加工作时即承担大学英语的教学工作，因此较早关注到了自我叙事研究。并且我从 2010 年开始有意识地写教育日志，这为收集自我传记事实提供了便利。

二、大学教师专业成长困境

大学教师与中小学教师在专业成长方面面临着不同的困境。大学教师在发展取向、知识构成、研究旨趣和工作方式上的应然角色，导致了大学教师教学学术专业化发展不足；大学教师专业发展面临“职前培养学术性与师范性分立、在职实践科研冲淡教学、职中培训学历取代素养、专业发展个人胜于群体”的四重困境。[②] 大学系统日益强调绩效产出评价，这导致了“重科研轻教学”现象在大学中扩散。一项以大学教师时间投入为视角，基于第三次国际学术职业调查（APIKS）中国大陆数据的实证研究结果显示：“大学教师倾向在科研上投入更多的时间，且随着在科研上投入更多的时间，科研论文产出也更多。”[③] 时间投入的偏失也将造成大学教师科研与教学能力发展的失衡。

“在教师专业化运动中，教师教育者的专业发展一直未受到足够的重视。”[④] 关于中小学教师专业成长已有丰富的研究文献，但关于师范院校教师专业发展的研究文献为数不多。在高校教师教育者的专业成长过程中，教学水平的提升受其学习方式影响，同时面临专业身份认同危机。自身的专业发展经历从学习者到教育者的转变过程，自我研究本应成为基本途径。但高校教

① 杨鲁新：《从研究者成为教师教育者：自我叙事研究》，《外语与外语教学》2018 年第 4 期。

② 余宏亮、魏捷：《大学教师专业发展的困境与策略》，《中国高教研究》2009 年第 6 期。

③ 谭珠珠、沈红：《教研相长还是教研相抵——大学教师教学与科研时间分配对科研发表的影响》，《中国高校科技》2022 年第 4 期。

④ 荀渊：《教师教育者及其自我研究：提升教师教育质量的新途径》，《教师教育研究》2012 年第 5 期。

师教育者岗前培训学院化、专业发展方式有限、学术分离导致缺少合作、教师教育学不构成独立二级学科等因素影响高校教师教育者的专业成长。[①] 有学者提出高校学科课程与教学论教师专业发展存在“八没”现象：学科交叉没中心；人员分散没合力；专业发展没重视；工作要求没轻松；职称评定没区别；业绩成果没分量；经费待遇没指望；规则制定没话语。[②]

高等师范院校的教师教育者在专业成长方面面临诸多的困境，其成因主要包括以下五个方面：第一是没有专门的职前教育。高校的年轻教师都是大学一毕业就进了大学来做老师。很多师范院校过去是硕士毕业，甚至本科毕业就可以进（留）校做老师，现在则需要博士或者是博士后。但这些人中，除了一些本科就读的是师范专业外，许多并没有接受过专门的教师教育（没有学习过教育教学理论知识，也没有进行过教育实践）。第二是入职教育实效弱。高等师范院校的入职培训往往只有几天，集中在一起大班上课，讲课内容则是教育学、心理学的基础知识，通过考试即可拿到高校的教师资格证。第三是学术压力大。作为教师专业发展与研究者的学术发展，理论上不矛盾，可以齐头并进，相得益彰，但现实中二者往往相互冲突。课时多、教学工作量大制约了教师的学术发展；而评职称所需的论文和课题又影响教师在教学工作上的投入。第四是缺乏有效的教学团队建设。教师团队建设是推动地方高校内涵式发展的重要路径，但地方高校现有的教师团队不同程度存在“伪团队”“利益临时共同体”和团队名下的个体劳作等现象。[③] 第五，高校教师专业发展困境也有教师自身的因素，主要表现为专业发展“自为”的缺失：

① 刘径言：《高校教师教育者的专业成长：特征、困境与路径》，《教师教育研究》2015 年第 3 期。

② 胡元琳、林天伦：《学科课程与教学论教师专业发展：现实困境与突围路径》，《教育发展研究》2019 年第 9 期。

③ 刘国艳：《地方高校教师团队建设：现实困境与变革走向》，《江苏高教》2015 年第 3 期。

外在屈从于刚性的囿限和控制，内在“自为”意识和意愿的淡薄。[①]

我在本科阶段作为师范生，主修的是“英语教育”专业。大三时虽然学习了教育学和心理学，但当时只是将其视为公共课，并未像对待专业课那样投入。实习环节也非集中实习，而是我在家乡自行联系了一所学校，草草应付了一下，便提交了实习材料。大学毕业后，我留校任教，开始登上讲台讲授大学英语。实际上，当时我对如何备课、上课并无系统的训练和实际操作经验，全靠自己摸索和积累。随着教师资格证制度的出台，作为在职的大学教师，我只需通过普通话测试，便可直接申请获得大学教师资格证。可能正是因为我意识到自己在教育教学理论方面的不足，后来我选择攻读教育学原理的硕士学位。硕士毕业后，我调入现在的单位，并在教育系任职。在晋升为副教授后，我又继续攻读课程与教学论的博士学位。结合自身的成长经历以及对同事专业成长的了解，我开始对高等师范院校教师专业成长的困境进行深入反思。

对我个人而言，最主要的困境是教学任务与学术研究之间的冲突。认真备课、上课需要投入大量的时间和精力，但人的时间和精力是有限的。当用于教学准备的时间增多时，用于科研的时间自然会相应减少。尤其对于新教师来说，由于对教学内容和教学方法尚不熟悉，想要将教学与科研相结合，往往只能撰写一些教学研究论文。然而，这样的论文往往被视为学术性不高，甚至本校的学报都不愿意刊登。相反，那些对教学应付了事，将时间和精力主要投入科研的老师，却能较早地发表论文，获得课题，进而更快地晋升职称。虽然一些大学改进了职称评审政策，开始考虑到教学型教师的情况，但是也只是特别突出的有限个体能够享受倾斜政策。

① 魏薇、陈旭远、高亚杰:《论我国高校教师专业发展“自为”的缺失与建立》,《国家教育行政学院学报》2011 年第 2 期。

三、我的专业成长历程

我在闽南师范大学（原漳州师范学院）的专业成长历程，可以大致划分为四个阶段（详见表1）。第一个阶段，从2005—2007年，是我硕士毕业后调入新单位的转型期。在此期间，我从公共课教师转变为专业教师，面对新的工作环境和任务，我时常感到在仓皇应对，疲于应付。第二个阶段，从2008—2010年，是适应期。我逐渐适应了专业课教学，建立了自信，并取得了一些学术成果，成功晋升为副教授。这个阶段的特点是我逐渐找到了自己的节奏，渐入佳境。第三个阶段，从2011—2016年，是探索期。我在攻读博士学位的过程中，有幸遇到了两位对我影响深远的导师，他们在我的专业成长道路上起到了重要的引领作用。然而，这个阶段我也面临着科研转型的压力和挑战，时常感到心力交瘁。第四个阶段，从2017年至今，是建构期。在评上教授并获批教育部课题后，我开始尝试建构自己的理论体系，反思过去，展望未来。这个阶段的特点是我能够以更加平静的心态去审视自己的专业成长。具体到每一阶段，我的专业成长特征体现在教学、学生、教师等方面关注点的变化。而这些变化，又与我当时的状态、所处的场域环境以及时代背景息息相关。

表1　专业成长各阶段关注内容的演变

时间	阶段	关注内容
2005—2007年	转型期	知识—教什么—接受
2008—2010年	适应期	能力—怎样教—怎样学
2011—2016年	探索期	研究范式转换；基于学生的教学
2017年至今	建构期	思考—为什么学—主体性发展

（一）转型期：仓皇应对，疲于应付

我经历了两次入职生存期：一次是本科毕业留校后，负责公共课大学英语的教学；另一次则是调入闽南师范大学教育系，承担教育学专业课的教学任务。专业课教学与大学英语教学的差异显著。大学英语作为一门课程，几年下来便可逐渐熟悉。然而，在学院教授专业课则大不相同，往往一学期就需要承担 3 门至 4 门课。因此，由大学英语公共课教师转变为学院的专业课教师，这一转型过程对我而言，如同再次踏入入职生存期。

在这一阶段，发生了一个关键事件。在“小学英语教学法”这门课上，有学生反馈称“只是翻译教材没有意义”。那一刻的画面至今仍深深印刻在我的脑海中。我深知自己的课堂表现糟糕，只是简单地照本宣科。然而，学生们并不知道，我当时一学期内共承担了 4 门课程，每门课程对我来说都是全新的挑战，每周的课时总计 15 节。备课任务繁重，我时常感到力不从心。所谓的备课，其实只是匆匆浏览一下教材中即将讲授的内容，根本没有足够的时间去深入研读教材、思考教学方法。

我之所以承担如此多的课程，是因为系里恰好承担了与城市职业学院联合培养的“3+2 专科班”① 的教学任务。这个“3+2 专科班”共有三个班级，其中一个班级的学习方向是小学英语，因此开设了一些英语专业的课程。加上小学教育本科专业也有一门小学英语教学法的课程，系里一时难以找到外语学院的老师来授课。由于外语系老师自身的工作量也很大，而我作为原来教大学英语的老师，便被安排负责这学期所有与英语教学相关的课程。作为一个新教师，我不好意思推托，只能硬着头皮接下这些教学任务。然而，由于

① 这些学生初中毕业后，先在漳州城市职业学院学习三年，然后在闽南师范大学学习两年，最终可以获得专科毕业证书。

开学前两天才拿到教材，留给我备课的时间极为有限。

现在回想起来，如果当时只安排一门课程，我就能有更多的时间去充分备课，也不至于在课堂上只是照本宣科。但无论如何，这都不能成为我教学质量差的借口。对学生而言，作为教师，我应该全力以赴上好每一堂课。

对于我给第一届学生带来的不佳教学质量，我深感愧疚。每次想起这件事，我都觉得对不起他们。2017 年暑假，这一届学生毕业十周年聚会，他们邀请我参加。我硬着头皮出席，见面后说的第一句话就是向他们道歉，承认我当时的课上得不好，对不起大家。学生们却宽容地说："没关系，您上课很认真。"我从心底里感激他们的理解和宽容。

教师成长是一个必经的过程，往往首届学生会成为这一过程的"试金石"。这种现象在其他行业同样存在，新手在起步阶段往往需要经历磨炼和成长。如同新入职的医生和护士，他们的初步诊断技术和扎针技巧可能不够娴熟，患者对他们的不信任，正如学生家长对新教师的疑虑。然而，正是这些初次的实践机会，促使他们不断学习和进步。对教师而言，提高职前培养和入职培训的质量，能够让他们在面对首届学生时更有信心。同时，应避免给新教师分配过多的工作量，循序渐进，让他们逐渐适应并成长。

担任教研室主任，对我的专业成长而言，既是机遇也是挑战。2005 年，由于年龄和职称的因素，我初入这个学科便被委以教研室主任的重任。尽管我表达了初来乍到、对情况不熟悉、不适合担任此职的担忧，但最终还是接下了这项任务。担任这一职务后，我深刻体会到其所需投入大量的时间和精力，主要是一些琐碎而重要的工作。学校的各项教学和科研管理工作，最终都落实到教研室层面，这使我的日程变得异常紧凑。

当时，学校正面临教育部的本科教学评估，这使教研室的工作更加繁重。我需要同时处理评估材料的准备和日常的教研室事务，这不可避免地挤占了我备课的时间。那些对我而言全新的课程，迫切需要我花更多的时间来备课，更别提进行教学反思和开展科研了。直到评估结束，我因手术住院而辞去了这一职务，才得以有相对宽裕的时间进行教育研究。随着对教学任务的逐渐熟悉和对专业的深入了解，我结合文献阅读，撰写并发表了 2 篇 CSSCI 期刊论文。

教研室主任对高校而言，是一个至关重要的角色。尽管没有行政级别，但承载着具体的教学和科研管理任务。然而，教研室主任的责权利往往并不对等，他们承担着繁重的责任和任务，但所拥有的权力有限，仅有的一些课时减免远不足以补偿他们所付出的时间和精力。尽管如此，这一职务也为我带来了诸多益处，如与小学教师和校长的联系，对我的专业成长起到了积极的推动作用。

担任教研室主任的经历还使我能够从更高的层面审视专业，对专业的办学定位、培养目标以及所面临的问题有了更深刻的认识。这也成为我之后研究聚焦的源泉。教研室主任的工作确实需要付出很多，但收获也同样丰富。然而，由于责权利的不对等，现在很多人对担任这一职务持保留态度，甚至采取轮流制。我认为，应当给予教研室主任更多的权力和支持，以激发他们的工作积极性，确保专业管理工作的顺利进行。

（二）适应期：建立信心，渐入佳境

经过几轮教学，我对教材逐渐驾轻就熟，随后着手调整教学内容。我根据内容的重要性和难易程度进行了详略处理，重要和复杂的部分，我会详细讲解并增加课时，而相对次要或简单的部分则简略讲述，以节省课时。随着时间的推移，我还对教材内容进行了必要的补充和删减，使教学内容更加贴合实际需求。尤其是“小学英语教学法”这门课程，经过四轮教学后，我对

课程内容了然于胸，甚至可以不“用”教材上课了。

随着备课压力的减轻，我开始有更多时间查阅教材之外的文献资料，对所学专业也有了更深入的思考。我尝试将自己的见解和思考转化为学术论文，这一阶段的标志性成果是论文被《外国教育研究》和《教育发展研究》两大期刊录用。值得一提的是，这两篇论文的投稿均无人引荐，我与期刊编辑素昧平生，能够直接投稿并被录用，让我深切感受到学术期刊选稿的公正性。

其中，投稿到《外国教育研究》的论文是关于美国小学教育师资培养的比较研究。审稿周期相当漫长，等待了超过三个月仍未收到回复，我几乎以为我的论文不会被录用了，准备转向其他刊物投稿。就在我即将放弃的时候，却意外收到了修改通知。这篇论文最终得以录用，我总结的经验是，当时国内在这方面的研究文献尚不能满足我的需求，于是我查阅了大量英文文献，对英文文献的深入梳理提升了论文的学术价值。

而第二篇论文的发表则异常迅速。投稿后的第二或第三天，我便收到了录用通知，但编辑建议进行较大幅度的修改。我立即同意并着手修改，短短一个月内论文便得以刊发。这两篇论文均发表在CSSCI来源期刊上，极大地增强了我的学术自信。以这两篇论文为代表作，我顺利通过了职称评审，于2009年晋升为副教授。

在这个阶段，我承接了职业生涯中的首个教学改革项目——双语课程项目。该项目是我初到此地便着手的第一个重要任务。尽管之前曾获得科研启动费，但一直缺乏明确的研究方向。此项目的背景源于教育部对本科教学的评估工作。评估指标中第四个一级指标“专业建设与教学改革”下的二级指标“4.2课程”的主要观测点之一就是“双语教学”，A等级的要求是“有实施双语教学的激励措施和政策；适宜的专业特别是生物技术、信息技术、金融、法律等双语授课课程比例≥10%，教学效果较好；其他专业能积极实施双语教学”，C等级的要求是“重视并积极实施双语教学；双语授课课程达到一定比例”。[①] 也就是说所有本科高校均需开设双语课程。教育部还启动了双语教学示范课程建设项目。[②]

鉴于我曾担任大学英语教师的经历，我检索并选用了美国沃特·迪克（Walter Dick）、卢·凯里（Lou Carey）、詹姆斯·凯里（James O. Carey）共同编写的《教学系统化设计》作为教材，决定开设“教学理论与设计”双语课程。该书是国外教育技术领域的经典之作，已多次再版，而我使用的是高教社出版的第5版影印版。这门双语课程我总共讲授了两轮，深刻体会到了“用中学”的真谛。外语不再是学习的对象，而是变成了我们探索专业知识的工具。

然而，关于双语教学的定义及其意义，人们仍存在诸多争议。根据《普通高等学校本科教学工作水平评估方案（试行）》的界定，双语教学是指采用外文教材且外语授课课时达到该课程总课时50%及以上的课程（外语课除外）。这明确了双语教学是指用英语教授其他科目，而非英语本身。同时，双语教学并非必须全程使用外语，只要选用英文原版教材且外语授课课时达到要求，即可视为双语课程。因此，一些所谓的双语学校，如果仅聘请外教并增加外语课时，但未用英语教授其他科目，实际上不能算作真正的双语教学。在基础教育阶段，除国际学校外，教学语言应以普通话为主。

此外，我个人还长期承担《教育学专业英语》课程的教学任务。在此课

① 教育部办公厅:《普通高等学校本科教学工作水平评估方案（试行）》（已废止），http://www.moe.gov.cn/srcsite/A08/s7056/200408/t20040818_148778.html，访问日期：2022年12月26日。

② 教育部高等教育司:《关于启动2007年度双语教学示范课程建设项目的通知》，http://www.moe.gov.cn/srcsite/A08/s7056/200708/t20070823_124775.html，访问日期：2022年12月26日。

程中，我选用国外大学的 PPT，指导学生进行文献检索与阅读、摘要写作以及参考文献的处理。我还要求学生翻译英文论文或教材，这对他们学术能力的培养起到了巨大的推动作用。尽管我在双语教学中尽量多地使用英语，甚至接近全英语授课，但仍有人对此质疑，认为双语教学应使用两种语言，仅使用英语不能算作双语。这种误解令人遗憾，因为评价者本身对双语教学的理解就存在偏差，其评价的有效性自然大打折扣。

为确保双语课程的教学质量，我要求选修该课程的学生必须通过大学英语四级考试。每届约有 20 名学生选修。尽管对他们来说，阅读英文专业教材具有一定难度，但学习后普遍表示收获颇丰。尤其是能够首次接触并学习关于教学设计的经典教材，对他们而言是一次宝贵的学习经历。在此过程中，北京大学汪琼老师的课件给了我很大的帮助，后来汪老师也翻译了这本书。我还学习了汪琼老师主讲的中国大学慕课“翻转课堂教学法”，对信息技术在教学中的应用产生了浓厚兴趣。

这个双语课程项目对我后来关注慕课和翻转课堂教学法起到了积极的推动作用。尽管现在看来，这个项目只能算是一次尝试，谈不上完全成功，但它无疑提升了我的英语水平和专业能力，对我的专业成长具有重要意义。遗憾的是，尽管该项目是在应对教育部本科教学评估的背景下进行的，但我未能及时申报线上课程。本来在这方面已经有基础，但没有利用好“双万计划”[①] 的时代背景，错失了一个绝佳的机会。

这一阶段我也面临一些困惑，比如：有时即使认真备课、准备充分，教学效果却并不理想；而有时准备不够充分，临时构思，反而能取得不错的教学效果。经过反思，我意识到备课时不仅要关注内容，更要注重教学方法。

① 教育部实施的一流专业建设，建设一万个国家级一流本科专业点和一万个省级一流本科专业点。

要给学生留下创生空间，也应预先设计好，而不是仅凭临时构思。只有备课充分，精心设计预留环节，才能达到良好的教学效果。

（三）探索期：科研转型，心力交瘁

这一阶段，我脱产一年在西南大学攻读博士学位。虽然博士学制为三年，但由于师资不足，从第二年起，我就返回闽南师范大学继续承担教学任务。其间，我经历了双亲的相继离世、论文撰写进展不畅等挫折，历经五年才最终完成学业。

读博阶段，我面临的最大挑战是学术研究范式的转型。我的本科并非教育学专业，硕士阶段因考虑到本科的英语背景，选择了比较教育方向。硕士论文及在闽南师范大学发表的论文均围绕比较教育展开。在博士阶段，我原计划继续发表比较教学论的论文，但在深入研究教师教育临床实践（Clinical Practice）时，由于课程与教学专业理论知识的欠缺，难以撰写出高水平的学术论文，因此一直未能有所突破。与同学们的交流更让我倍感压力，他们多数在硕士阶段就已深入课程与教学领域，而我还停留在只对一些著作的书名有所了解的阶段。此外，年龄问题也成为我的一个心理压力来源，我可能是那一届中年龄最大的学生。新生入学报到时，我甚至被校车司机误认为是家长，要求我购票（新生免票）。尽管我努力学习，参加了不少讲座并多选了一门课程，但在中期考核时，我仍一篇论文都未发表，这让我倍感压力，情绪低落。博士学位论文的进展也颇为不顺，我曾一度质疑自己的选题意义和研究能力，甚至后悔当初选择考博。

在完成第一学年的课程后，我曾带着四份作业向导师请教，希望能得到修改意见并推荐期刊发表。然而，导师并未直接评价我的作业，而是推荐了一篇发表在《教育学报》上的论文，希望我能从中学习。我意识到导师可能对我的作业并不满意，于是我开始转变思路，不再局限于比较教育的研究，而是转向思辨类论文，深入思考教学的基本理论问题。2013 年底至 2014 年，我成功在 CSSCI 期刊上发表了三篇论文，并被广泛转载，自信心逐渐恢复，科研转型也初见成效。然而，博士学位论文的进展依然缓慢，主要原因是选题偏向教育基本原理，需要深厚的哲学基础，而我在这方面几乎毫无积淀。幸运的是，我得到了厦门大学王洪才老师的帮助。他邀请我在他组织的学术沙龙上做汇报，虽然遭到了其他博士生的尖锐质疑，但这些质疑反而帮助我明确了自己的研究方向和思路。我衷心感谢王老师给予我这次宝贵的机会，否则我可能难以完成博士学位论文。

在教学方面，我开始更加关注学生的需求，而不仅是教学内容和方法。然而，我也意识到自己在引导学生创生方面存在不足，未能为他们提供足够的支持和引导。在经历了关注教学内容和教学方法的阶段后，我开始注重与学生的交流，关注自己的内心感受。

2014 年暑假，我参加了爱课程网的“翻转课堂教学法”MOOC（Massive Open Online Courses，大规模开放在线课程）学习，尽管过程中遇到了不少困难，但我坚持下来并最终获得了优秀证书。通过这次学习，我亲身体验了信息技术对教学的影响，并以此为主题组织了研究生学术沙龙。此外，我还自费参加了独立教师项恩炜的“成为学习者”培训。在这次培训中，我是唯一一位正在攻读课程与教学论博士的大学老师，其他学员都是希望改变自己教学方式的中小学教师。这次培训让我对实践理论有了更深刻的理解，我也从那些优秀的中小学教师身上学到了很多实践中的理论和智慧。

在网络上，我经常看到关于攻读博士学位艰辛的帖子，这确实也是我的真实感受。其间，我经历了父母离世、论文发表困难等多重困境，压力巨大，几乎想要放弃。幸运的是，由于妻子的坚定支持，我才得以坚持下来。然而，这段经历对我的专业成长也起到了巨大的推动作用。

（四）建构期：反映回观，心态平静

这一时期，我逐渐形成了自己的教学观，对两门本科课程《教师职业道德规范》和《小学教育学》进行了教学改革。

在教授《教师职业道德规范》时，我主要致力于拓展课程内容，使之与学生实际经验更紧密结合。我补充和深化了关于道德起源、道德与伦理的区别等关键内容，并采用了专题讨论、辩论等多元教学方式，结合现实案例进行教学。我对这种改革后的教学效果感到满意，学生们在道德认知与判断上有了明显的提升。

而对于《小学教育学》，我则大胆采用了翻转课堂教学法。尽管该课程采用的是国家精品课程配套教材，使用传统讲授模式非常便捷，但我仍希望借此机会进行教学改革。一方面，我想将之前通过 MOOC 学习的翻转课堂教学法付诸实践；另一方面，我认为培养学生的自主学习能力远比单纯的知识传授更为重要。课前，我布置了预习作业，包括绘制思维导图、总结预习教材的心得与困惑等，并要求学生通过在线平台提交作业进行互评。课堂上，学生先分组研讨，再由各组代表在全班汇报。这种教学模式确实有效提升了学生的学习能力，但也出现了学习水平两极分化的现象。高分段学生数量明显增加，同时不及格的学生也增多，这使我深刻反思。我意识到，在翻转课堂中，教师的角色应从单纯的知识传授者转变为学习动机的激发者、学习氛围的营造者、学习资源的提供者，以及学习方法的引导者。这对习惯于传统讲授模式的教师而言，无疑是一个巨大的挑战。在今后的教学中，我应该更加聚焦学生个体，尤其是学习动机低、学习能力弱的学生，促进班级学习共

同体建设。

在学术方面，我基于博士学位论文的研究出版了专著，并在CSSCI来源期刊发表了关于公费师范生培养模式改革的论文。2018年，我顺利通过了教授职称评审。这一过程可谓一波三折，第一年因工作量的争议未能通过初审，第二年又因代表作外审结果不佳而失利，直至第三次申报才终于如愿以偿。

四、教师专业成长的影响因素

回顾自己的专业成长历程，初期我忙于应对各种挑战，无暇深入思考自己的教育观、教学观、课程观、教师观和学生观。然而，随着经验的积累，我逐渐意识到形成自己的观点的重要性，于是开始尝试建构并不断反思与纠正。同时，我的学术路线也经历了转型的困惑与不适，直至逐渐形成清晰的学术发展思路。

影响教师专业发展的因素十分复杂，总体而言，可以分为自身因素和外在因素两个方面。自身因素包括教师自身的专业知识能力、个人和专业经历、情感和心理因素等个人因素。外在因素则包括学校、家庭、社会等环境因素。[①] 从推动力的角度来看，教师专业发展同样受到两方面的驱动：一是来自外界的推动力或压力，如同事间的竞争、学校的期望以及社会的需求等；二是源自教师自身的内驱力，如坚定的意志、自信的态度等。这些因素共同作用于教师的专业发展，具体如表2所示。

① 卢乃桂、钟亚妮：《国际视野中的教师专业发展》，《比较教育研究》2006年第2期。

表 2　专业成长影响因素

具体影响因素	学历教育	非学历培训	自主研修
2001 年攻读教育学原理硕士学位	√	—	—
2011 年到西南大学攻读课程与教学论博士学位	√	—	—
参加福建省哲学社会科学教学科研骨干研修班	—	√	—
2014 年参加中国大学 MOOC“翻转课堂教学法”学习	—	—	√
“成为学习者”初级证书学习	—	—	√
书籍： 《教学勇气》《正面管教》《历史视野中的西方教育哲学》《遇见未知的自己》《我的五样》《谁是你的重要他人》 《如何说孩子才会听，怎么听孩子才肯说》《学会倾听》《非暴力沟通》《认知觉醒》《课程与教师》《学习的革命》《静悄悄的革命》《教师花传书》《第 56 号教室的奇迹》 《人类行动与实践智慧》《教学机智——教育智慧的意蕴》《生活体验研究——人文科学视野中的教育学》《被压迫者教育学》《反映的实践者——专业工作者如何在行动中思考》《培养反映的实践者》《行动科学：探究与介入的概念、方法与技能》《人类行动与实践智慧》	—	—	√
视频资料： 《等待超人》《中国学校》《中国教育能改变吗》《高考》 《热血教师》《叫我第一名》《地球上的星星》 《小孩不笨 2》《放牛班的春天》《死亡诗社》 TED 演讲	—	—	√
网络讯息： K12 论坛 美国哈佛大学做的关于教师专业效能的跟踪研究 中国教育 30 人论坛	—	—	√
学术论坛、讲座： 教育实证研究论坛、上海国际课程论坛、基础教育课程改革与发展论坛、课程论学术年会、教学论学术年会	—	—	√
学术论文	—	—	√

（一）外部因素

成长的途径是多样的，既有学历教育（如：攻读博士学位），也有非学历教育（如：参与学校组织的培训）。此外，我还利用业余时间参加了“成为学习者”培训和中国大学慕课，其中读博和自己主动参与的培训对我影响尤为显著。除了这些进修培训，我还从一些著作和教育题材的电影中汲取了丰富的营养。同时，讲座以及与同学、同事、朋友的私下交流也是我成长的重要助力。

攻读博士学位让我能够系统地梳理学科知识，建构并完善自己的学科知识体系，同时紧跟学科研究的前沿动态。参加福建省哲学社会科学教学科研骨干研修班，让我有幸聆听许多跨学科讲座，这对我拓宽学术视野极为有益，还为我提供了与省内同行深入交流的机会。而参加中国大学 MOOC“翻转课堂教学法”则是我对信息化教育背景的响应。我深刻感受到信息化对教学的深远影响，因此开始有意识地加强这方面的学习。

学校的支持对我而言是不可或缺的外部因素。在读博期间，学校不仅照常发放我的基本工资，还给予我一半的岗位津贴，这极大地减轻了我的经济压力。此外，读博期间发表的学术成果在评职称时也能得到认可，这进一步激发了我的学术热情。

在家庭环境方面，我的爱人对我读博和参加各种培训给予了全力支持，她自己也在积极参与各种学习。然而，这也意味着我们在孩子的陪伴上要作出一定程度的牺牲。由于我在外地读博，爱人独自接送孩子，不得不让孩子在“小饭桌”吃午饭。尽管我们都尽力在其他方面弥补，但孩子在家中吃饭和午休显然更为舒适，这也一定程度上影响了孩子的成长。

1. 书籍

阅读是人们获取信息、学习知识的关键途径。教师的专业成长历程，在很大程度上，可以说是他们的阅读史。对大学教师而言，阅读更是其专业成长最便捷、最常用的方式之一。刘良华教授在新课标培训的讲座中曾指出：一个爱阅读的老师，上课基本上不会差。而《中国教育报》每年评选的“教师喜爱的100本书"，无疑为教师提供了宝贵的阅读参考。回顾我的阅读历程，有几本书对我的专业成长产生了深远的影响。

首先是帕克·帕尔默（Parker J. Palmer）写的《教学勇气》（*The Courage to Teach*）。这是我反复读了多次的一本书，书面密密麻麻记满了阅读时的感悟。我非常认同书中的观点："优秀教学不能被降格为技术。"[①] 探讨教师的内心世界很重要、源自心灵的教学、教师的心灵——教学中的自身认同和自身完整。这本书也促使我意识到自己的自身认同与自身完整，使我对教师专业成长的认识跃升了一个层次。

在阅读这本书之前，我与学生的沟通方式偏向于严厉，虽然出发点是希望他们进步，但方式有时过于生硬，甚至有时会因为指责或发脾气而与学生产生冲突。学生们并未感受到我的用心，反而觉得我不近人情。然而，《正面管教》为我打开了一扇新的窗户，让我学会了如何与学生建立更加和谐的关系。

正面管教既不是惩罚也不是娇纵，它要求我们在教育孩子时"和善而坚定"。许多家长在与孩子沟通时，往往陷入溺爱、过于严厉或是两者之间的摇摆不定的困境。而"和善而坚定"为我们提供了一个全新的视角。和善并不意味着放纵，坚定也并非只有严厉才能实现。和善是对孩子的尊重，也是对自己的尊重，它是有效沟通的前提。坚定则是按照约定行事，不轻易妥协，但这并不意味着要剥夺孩子发表意见的权利。我们应该与孩子共同制定规则，并在规则被违反时，坚定而又不失温情地执行。

值得一提的是，《正面管教》中的"管教"一词，虽然直译为中文的"管教"并无不妥，但中文的"管教"往往带有一定的负面含义，如"约束教导、

① 帕克·帕尔默：《教学勇气》，吴国珍译，华东师范大学出版社，2005，第10—12页。

管制”等，这与书中倡导的“温和而坚定”的原则并不相符。实际上，这本书更多的是讲述如何与孩子进行有效沟通，如何以爱的方式去引导他们。我们要努力“赢得”孩子的心，而非仅仅“赢了”孩子。只有当我们用真诚、友善和尊重的方式与孩子沟通时，他们才会真正感受到被理解、被接纳，从而更愿意与我们合作，共同解决问题。

正面管教“赢得孩子合作的四个步骤”：一是“表达出对孩子感受的理解，一定要向孩子核实你的理解是否正确，是否是他们切实的感受”；二是“表达出对孩子的同情而不是宽恕。同情并不表示你认同或者宽恕孩子的行为，而只是意味着你理解孩子的感受，这时，你如果告诉孩子，你也曾经有过类似的感受或行为，效果会更好”；三是“告诉孩子你的感受”；四是“让孩子关注问题的解决。问孩子对于避免将来再出现这类问题有什么想法。如果孩子没有想法，你可以提出一些建议，直到你们达成共识”。[①] 最初接触《正面管教》时，我对这四个步骤的成效也抱着质疑的态度：真的会有用吗？这恐怕也是很多首次接触到《正面管教》的人的想法，并且一开始按照这样的步骤去做，会感觉有些不自在。但坚持做下去会发现这些步骤其实是改变了自己的关注焦点与行动策略，关注焦点从事情结果转移到了孩子成长，行动策略由评判对错转换为接纳支持。当明白了赢得孩子的深层逻辑之后，四步法就变成了无法之法，不用再刻板地按照步骤去做，但又是在具体情境中对四步法进行实用变式，而且的确有效果。

从认可《正面管教》的理念到能够在行动上做出改变，并非易事，事实上这是一个漫长的过程。我在日志中写了自己与孩子的互动，将运用正面管教赢得合作的四个步骤进行了剖析，这种不断的反思和持续的练习是掌握正

① 简·尼尔森：《正面管教》，玉冰译，京华出版社，2009，第 23—24 页。

面管教理念的必经之路。这本书纠正了我对“行为不当的孩子”的固有认知，让我意识到他们行为失当的背后，其实是归属感和价值感的缺失，以及他们采取的不当方式来寻求这些缺失的满足。[①]

《历史视野中的西方教育哲学》与《比较课程论》这两本书帮我快速搭建了学科知识框架体系。《历史视野中的西方教育哲学》由美国杜普伊斯博士（Dr. Adrian Dupuis）和高尔顿（Michael Gordon）合著，彭正梅和朱承翻译，是京师教育哲学译丛中的一本。作者把教育思想和思想家划分为两大阵营，即保守主义阵营和自由主义阵营，探索了这两个阵营在不同时期对于教育根本问题[②]的回答。[③]虽然这种划分有些简单机械，但有助于快速搭建一个总体的知识框架，厘清教育思想发展的主要脉络。《比较课程论》是教育科学出版社出版的《世界课程与教学新理论文库》中的一部，由霍尔姆斯（Brian Holmes）和麦克莱恩（Martin Mclean）合著，张文军翻译。该书将世界主要课程哲学总结为“要素主义”“百科全书主义”“实用主义”和“综合技术主义”4 种，围绕“什么知识最有价值”“谁应该受教育”这 2 个基本问题对 4 种课程理论的产生、发展和传播进行了系统梳理。这种概要性的总体梳理，对从整体上把握课程理论的产生与发展提供了一个很好的框架。[④]

刘良华的《教育自传》是我首次接触到教育自我叙事方面的著作。该书以“第一人称”的方式讲述了自身的三类教育故事：第一类是童年的故事，

---

① 简・尼尔森：《正面管教》，玉冰译，京华出版社，2009，第 48—49 页。

② 书中提到的教育的根本问题包括：人是什么；如何认知世界；什么是真理；什么是善；学校的目标是什么；应该教什么；如何教；如何评价；如何协调自由与纪律；哪些人可以被教；学术自由的构成要素；应由谁来控制教育。

③ 杜普伊斯、高尔顿：《历史视野中的西方教育哲学》，彭正梅、朱承译，北京师范大学出版社，2006，第 8 页。

④ 霍尔姆斯、麦克莱恩：《比较课程论》，张文军译，教育科学出版社，2001，第 8—26 页。

包括作者小时候，其祖父祖母、父亲母亲和他的兄弟姐妹对其成长的影响；第二类是做学生的故事，讲述了作者上学读书时，老师和朋友对他成长的影响；第三类是成家立业的故事，描写作者成家之后，其家人对他事业的影响以及作者怎样教育自己的孩子和学生。书中把影响人成长的关键因素归为三类，分别是家庭教育、老师和朋友、"兴趣"以及由此产生的"一技之长"。[①]我在读到这本书之前就听过刘良华老师的讲座。他的讲座使我眼界大开，让我认识到：讲座居然可以是这样子的。当时听的讲座是《教师应该具备哪些课程智慧》《教师应该具备哪些教学智慧》。刘老师的讲座风格风趣幽默，让人在轻松愉快的氛围中度过，仿佛时间在不知不觉中流逝。每当讲座结束，我总会感到意犹未尽，希望还能继续聆听。他的观点在笑声中潜移默化地传达给了每一位听众。相比之下，虽然有些讲座内容精彩，但讲座者的表达方式平淡无奇。刘老师非常重视讲座的方式，他认为幽默是一种美德。这种独特的讲座风格也成为我学习和模仿的对象。阅读刘老师的《教育自传》，同样能感受到他的幽默与智慧，就像是在观看一部电影，见证他从一个调皮捣蛋的孩子成长为一位厚道的睿智学者。

中小学教师和教研员写的书是我阅读书籍的主要组成部分。他们写的书与教育实践联系更紧密，呈现出大量鲜活的个体经验，体现了丰富的教师实践知识和教师的教育智慧。课程与教学论学科既要顶天也要立地，就阅读而言，如果把阅读理论书籍看作是顶天，则阅读中小学教师的书籍则不啻为立地。我虽然有在中小学兼职的经历，但只是做辅助管理工作，缺少在中小学课堂教学和与中小学生直接相处的经验。读中小学教师写的书，可以弥补我在这方面的不足，为我的专业成长提供丰富的滋养。

---

① 刘良华:《教育自传》，高等教育出版社，2010，第 200—201 页。

除了深受电影《热血教师》（*The Ron Clark Story*）和之后读的及罗恩·克拉克（Ron Clark）所著《优秀是教出来的》的影响，雷夫·艾斯奎斯（Rafe Espuith）的《第56号教室的奇迹》（*Teach Like Your Hair's On Fire*）也给我留下了深刻的印象。雷夫老师那种无私的奉献精神让我深受触动。他毕业于名校，却全身心地投入学生的教育中，不仅带领学生排演莎士比亚的戏剧，甚至在带学生外出游学的过程中病倒。这使我深刻认识到，一个真正的好老师，是不会过分计较个人得失的。这也促使我反思：我是否愿意像雷夫那样，为学生付出如此之多？

在国内中小学一线教师和教研员的著作中，王晓春的《做一个专业的班主任》、万玮的《班主任兵法》、薛瑞萍的《薛瑞平班级日志》系列、李镇西的《爱心与教育：素质教育探索手记》和《李镇西和他的学生们》系列、管建刚的《不做教书匠》和《我的作文教学革命》等书籍，对我的专业成长产生了深远的影响。班主任的班级管理工作、任课教师的组织教学都涉及与学生的有效沟通和组织管理，这是新教师面临的主要困境，也是我专业成长需要提升的主要方面。这方面，我获益最大的有两本书。一本是王晓春老师的《做一个专业的班主任》。该书第二章探讨的是班主任影响学生的手段：定规矩、评比、批评、惩罚、说服。[①] 这一章内容引发了我对常用纪律手段有效性的关注。正如该书的书名所言，通过阅读这本书，我逐渐开始懂得，怎样才算是一个专业的班主任。而万玮老师的《班主任兵法》虽然书名容易让人误解，但书中内容强调了班主任工作应在爱学生的基础上，深入了解学生的心理，并灵活运用各种策略。这使我深刻认识到，只有一颗爱学生的心是不够的，还需要懂得如何去爱。作为教师，仅具备教学能力是不够的，还必须具

① 王晓春:《做一个专业的班主任》，华东师范大学出版社，2008，第48—104页。

备管理协调能力和应对突发状况的谋略。[1]这些能力和策略往往需要通过学习和实践才能逐步掌握。

李镇西和薛瑞萍的著作则让我意识到了写教学日志对教师专业成长的重要性。在此之前，我就曾看到朱永新在教育论坛上发起的“朱永新成功保险公司”活动，号召教师们通过每日记录自己的教学实践和反思来促进专业成长。这一活动激励了许多教师开始记录自己的教学实践和反思，并催生了大量一线教师的著作。受此启发，我也开始尝试写日志。李镇西老师的《爱心与教育》和《心灵写诗——李镇西班主任日记》等书籍，不仅记录了他与学生之间的互动和交往，更以生动的案例诠释了他所倡导的教育理念。[2]这些书籍在我的教育观形成过程中留下了深刻的印记。

薛瑞萍老师则是一位极具个性的小学语文教师，她将自己的教学日志编辑出版，记录了她从小学一年级到六年级的教学历程。她倡导教师要有读书的习惯，认为教师的读书和写作习惯会影响到学生。她的一句“一日不读书，则面目可憎”深深印在了我的心中，时刻提醒我要坚持阅读。虽然我一直认真备课，但在课后反思方面做得不够好。受李镇西、薛瑞萍等老师的影响，我现在也养成了记录反思日志的习惯。

对于小学写作教学，我很认同管建刚老师的观点。我先后读过他写的《不做教书匠》和《我的作文教学革命》，并且有幸在福州“首届闽苏两省中小学名师教学主张展示交流研讨会（小学语文专场）”现场听过他执教的一节公开课。《不做教书匠》提出“教而优不仕”，[3]把教育视为“家”的观点我很认同。管建刚是一位个性鲜明的老师，他的教学风格独特，我在现场也听到

---

① 万玮：《班主任兵法》，华东师范大学出版社，2006，自序第 7—8 页。

② 李镇西：《心灵写诗——李镇西班主任日记（一）》，科学出版社，2005，第 1 页。

③ 管建刚：《不做教书匠》，福建教育出版社，2006，第 231—233 页。

了一些老师对他的教学方式的质疑。这些质疑无外乎是因为他的课与传统的作文教学方式不一样。他主张以作文教学为语文教学的突破点，以“文心”技巧为作文教学的第一要务，以写作兴趣和写作意志为作文教学的核心要素，培育学生写作上的发表意识、读者意识、真话意识和作品意识；在他看来，写作兴趣是写作的第一能力，写作意志是写作的第二能力，让学生有兴趣写、有意志写是写作教学上最重要的事情。教学方式上，他主张以讲评课为作文教学的第一课型，倡导先写后教、以写定教、顺学而教，老师应该是学生作文的把脉人、处方人。以作文教学为突破点，融入整个作文教学活动的大面积阅读：学生在写作的指引下高品质阅读，发动一场指向“写作”的阅读教学改革。管建刚老师强调写作的重要性让我想起了福建师范大学潘新和老师。潘老师对语文教学也秉持写作优先的观点。他认为，应该在教学层面、能力层面、素养层面做些调整，从“阅读本位”转向“表现本位”“写作本位”。[①] 叶圣陶讲过“阅读是写作的基础”，在潘老师看来，这句话也可以理解为“写作是阅读的目的”。

课程与教学论学术方面的著作中，对我影响比较大的是佐藤学（ManabuSato）的《课程与教师》《学习的快乐：走向对话》，马克斯·范梅南（MaxvanManen）的《教学机智——教育智慧的意蕴》《生活体验研究——人文科学视野中的教育学》，这些都是教育科学出版社出版的《世界课程与教学新理论文库》中的著作。此外还有保罗·弗莱雷（Paulo Freire）的《被压迫者的教育学》。教育学学科之外的书有唐纳德·A. 舍恩的《反映的实践者——专业工作者如何在行动中思考》《培养反映的实践者》，克里斯·阿吉里斯（Chris Argyris）等合著的《行动科学：探究与介入的概念、方法与技能》，杨国荣的《人类行动与

① 桑哲：《更新教育理念 深化语文课改——访福建师范大学潘新和教授》，《现代语文（教学研究）》2009 年第 8 期。

实践智慧》。回过头来看，这些著作都围绕着实践与反思展开，一方面这是我个人兴趣所在，所以选择了这些书；另一方面这些著作也进一步激发了我的兴趣。

在佐藤学的众多著作中，除了《课程与教师》和《学习的快乐：走向对话》，我还深入研读了《静悄悄的革命——课堂改变，学校就会改变》以及《教师花传书：专家型教师的成长》。我较早接触的是《静悄悄的革命——课堂改变，学校就会改变》，在这本书中，佐藤学提出“通过和事物对话、和他人对话、和自身对话的活动过程，创造一种活动性的、合作性的、反思性的学习”。[①] 在我撰写博士学位论文的过程中，《课程与教师》和《学习的快乐：走向对话》这两部作品成了我重要的参考文献。《课程与教师》一书重新定义了课程的概念，主张将传统的“传递中心课程”转变为“对话中心课程”，并重新界定了教师的角色，从过去的“技术熟练者”转变为“反思性实践者”。同时，书中也提出了对未来学校的构想，将其视为一个“学习共同体”。[②]《学习的快乐：走向对话》则进一步强调了学习的“对话性”与“合作性”，认为对话实践是包括与客观世界、与他人、与自我对话的综合性实践，而学习作为合作性实践，则要求学校必须成为一个真正的学习共同体。[③]

《教师花传书：专家型教师的成长》虽然篇幅简短，但对专家型教师的专业成长进行了深刻而透彻的阐述。书中用“匠人气质”来形容专业型教师

① 佐藤学:《静悄悄的革命——课堂改变，学校就会改变》，李季湄译，长春出版社，2003，作者序第7页。

② 佐藤学:《课程与教师》，钟启泉译，教育科学出版社，2003，第27—34页，第239—244页。

③ 佐藤学:《学习的快乐：走向对话》，钟启泉译，教育科学出版社，2004，第38—43页，第101—104页。

的形象，强调教师不仅要具备“专业性”，即拥有丰富的知识与理论，并能在复杂的教育实践中进行深度反思；同时也要具备“工匠性”，即展现出高超的教育“艺术”与实践智慧。佐藤学特别指出，“倾听”是专家型教师作为“匠人”的重要性格特质，这一被动行为能够激发教师的想象力，并推动其专业成长。值得一提的是，佐藤学所提的“匠人”与传统意义上的“教书匠”有着本质的区别。传统的“教书匠”往往只是技术熟练工，缺乏创新，且常常以自我为中心，无法真正听到来自儿童、教材和自身的声音。而“匠人”型的教师则重视精细的工作，随时准备倾听，不断反思，追求自我成长。作为专家，教师需要将实践经验与科学知识相结合，实现理论与实践的统整。虽然教师的实践中“匠人”的特质非常显著，但作为“专家”的特质才是其核心。作为专家，教师专业实践具有科学所无法解释的“不确定性”（Uncertainty），需要教师具有以“反思”（Reflection）、“判断”（Judgement）为支撑的高度的专业智慧。教师通过对经验的反思而获得“实践智慧”（Practical Wisdom）正是教职专业性的精髓所在。①

佐藤学的学术观点对我影响深远，不仅启发了我的教学理念，也促使我不断反思自己的教学实践。我的论文“教学技术理性批判的反思”以及博士学位论文都深受其思想的影响。出于对反思性实践的关注，我还申报了本科高校教育教学改革研究项目“教育硕士‘临床实践型’培养模式研究——以‘小学教育’学科领域为例”，并在该项目成果的基础上申报了教学成果奖。最终，“小学名师‘临床专家型’发展模式的探索与实践”这一项目荣获了福建省基础教育教学成果奖二等奖。

① 佐藤学:《教师花传书：专家型教师的成长》，陈静静、钟启泉译，华东师范大学出版社，2016，第35—37页，第50—54页。

2. **电影**

教育题材的电影对教师专业成长亦有促进作用。与著作相比，电影在促进教师专业发展方面有自身的优势。“从师范教育创新的角度来看，许多教师题材电影都具有丰富的课程与教学论意义：能够绘声绘色、声情并茂、深入浅出地讲述教育故事、传播教育理念、揭示教育规律。”[①] 有学者专门对教师题材电影的教育意蕴进行了系统梳理，就教师题材电影在教师教育中的应用进行了探讨，围绕教育理想、教育激情、教育智慧、教育良知 4 个方面，阐述了 60 部中外电影在师资培育中的教育意蕴。[②]

有几部电影对我影响深远，并把这些电影放给不同届的学生观看，以至于自己也看过多遍了。因为我给学生看的电影是我认同其所宣扬教育理念的电影，再加上多次观看，电影中的理念就更加融入我的信念体系。

这些电影里首推的就是《热血教师》。已经不记得第一次让学生看是在什么课堂上了，时间大概是在我来到漳州不久。这部电影还是学生推荐给我的。这部电影是根据真实人物的经历改编的，其原型就是罗恩·克拉克。第一次看就被剧情深深地吸引住了。后来我还在学校门口的书店买到了罗恩·克拉克写的《优秀是教出来的——创造教育奇迹的 55 个细节》《出类拔萃——教出优秀孩子的 11 要素》。前者讲的是其管理班级的 55 条规则；[③] 后者为成为卓越教师所必须具备的 11 项素质。[④]

与那些深奥难懂的理论书籍不同，这两本书记录的是克拉克的亲身经历，

① 张荣伟、张旭亚：《论教师题材电影在师范教育中的应用》，《福建技术师范学院学报》2021 年第 4 期。

② 张荣伟：《电影教你当老师：60 部中外电影的教育意蕴》，福建教育出版社，2015，第 266 页。

③ 罗恩·克拉克：《优秀是教出来的——创造教育奇迹的 55 个细节》，汪颖译，电子工业出版社，2006，第 17 页。

④ 罗恩·克拉克：《出类拔萃——教出优秀孩子的 11 要素》，李方译，电子工业出版社，2009，第 9 页。

读来倍感亲切，翻译也十分流畅。我通宵达旦地读完了这本书，而理论书籍往往让我读几页就昏昏欲睡。当读到最后几页时，我甚至有些舍不得继续看下去，生怕读完后就再无书可读。后来，我还找到了罗恩·克拉克在中国参加湖南卫视《天天向上》节目的视频，并分别在《小学教育学》《教师职业道德规范》以及《教育学专业英语》的课程中分享给了我的学生们。无论是本科生还是研究生，他们都深受启发。特别是罗恩·克拉克为了帮助学生记住美国历史人物，将历届总统编成 rap（说唱）的片段，让枯燥的历史知识变得生动有趣，这种对教育的无私奉献和热情，不仅感染了我，也感染了我的学生们。

影片真实地展现了罗恩·克拉克在教书育人的过程中遭遇的种种挑战。尽管他多次受到学生的挑衅，甚至有过放弃的念头，但最终还是坚持了下来。影片还呈现了美国贫民区公立学校的教学现状——师资条件差，教学质量令人担忧。这让我意识到，像罗恩·克拉克这样的老师确实罕见。人们通常认为美国课堂以学生探究为主，淡化考试，不看重成绩，但这其实是对美国教育的片面理解。事实上，富人区和穷人区的公立学校之间存在巨大的差距。

罗恩·克拉克的教学方法也给我留下了深刻的印象。他动静结合，善于吸引学生的注意力，激发学生的学习兴趣。这部电影对于小学教育专业的学生来说，无疑是一部宝贵的教学影片。罗恩·克拉克不仅为我树立了一个学习的榜样，还对我的专业成长产生了深远的影响。

另外一部电影《叫我第一名》，英文名 *Front of the class*，可以说是这部电影的姊妹篇，同样适合小学教育专业的学生学习观看。影片中的男主角布莱德患有先天性妥瑞氏症，这是一种在常人看来几乎不可能从事教师职业的疾病。然而，布莱德却凭借自己的努力和坚持，成功地获得了教师职位，并赢得了学生和同事的尊重。他的故事让我深刻地认识到，教学理念对于一名教师来说至关重要。我以前从未深入思考过这个问题。如果我被问到“你的教学哲学是什么？”我一时还不知如何回答，这时我才意识到原来自己并没有一个清晰的教学观。布莱德的故事中，有几位重要人物对他产生了深远的影响。他的母亲始终支持他追求自己的梦想，即使面临重重困难也从未放弃。上学时遇到的一位睿智的校长，在关键时刻为他正名，让他得到了同学们的接纳和理解。这些经历让布莱德更加坚定了自己的信念，也让他更加懂得如何去面对和克服生活中的挑战。

《地球上的星星》是学生推荐给我的印度宝莱坞影片，虽然初看时因为节奏缓慢和大量的歌舞而快进观看，但第二次认真观看时，我深受感动。影片中的伊桑是一个患有阅读障碍症的孩子，他并非故意捣乱不学习，而是受到了疾病的困扰。而尼克老师则是一位真正关爱学生、尊重学生的好老师。他倾听学生的心声，鼓励学生自由地发展，让伊桑重新找回了自信和快乐。同时，我也在伊桑父亲那种错误的态度和行为中看到了自己的影子，这让我更加深刻地反思了自己的教育方式。

最后一部电影《铁腕校长》，英文名是 *Lean on me*。为了更好地理解这部电影，我上网搜集了相关的评论。其中一篇从管理学角度权变理论分析的评论给了我很大的启发。它让我明白，没有任何一种方法是万能的，我们需要根据具体情况来选择合适的方法。在学校管理中，初期秩序混乱时可以采用严格的铁腕治理，但当学校秩序稳定后，就应该转向民主式的管理。这种灵活变通的管理方式同样适用于课堂教学。

3. 网络资源

此处的网络资源特指网络论坛、聊天室、各类网站、博客以及微信公众号等平台发布的帖子、博文、推文及短视频等内容，并不涵盖通过网络下载的期刊论文、电影等资料。谈及网络资源对教师专业成长的影响，其背后有着深刻的时代背景。随着电脑的普及、网络的覆盖以及网速的提升，信息技术在教师专业成长中所起的作用日益凸显。

在我接触教师专业成长的网络资源中，最早的是教育在线论坛。当时，拨号上网的速度与现在的光纤相比简直是天壤之别。即便如此，网络依然极大地便利了人们的交流，使全国各地的教师能够跨越地域空间的限制，在论坛（BBS）上分享经验、交流思想。其中，以李镇西老师为总版主的教育在线论坛汇聚了一批致力于教育改革、追求课堂教学质量提升的有识之士。许多教师通过这一平台传播自己的教育理念、实践经验与思考，甚至有人基于此出版了著作，进一步扩大了其影响范围，对基础教育产生了积极的影响。

例如，王晓春老师便是其中的佼佼者。2004 年 10 月，他应教育在线“班主任论坛”版主基石老师的邀请，在论坛开设专栏，针对年轻班主任遇到的困惑进行解答，并对一些案例进行了深入点评。由于王老师既具备丰富的教育经验，又有深刻的理论思考，他的点评对于提升网友的班级管理能力起到了重要作用。他基于论坛的点评和文章，相继出版了多本著作，如《今天怎样做教师：点评 100 个教育案例（中学）》《教育智慧从哪里来：点评 100 个教育案例（小学）》《做一个专业的班主任》等。在《问题学生诊疗手册》的自序中，王老师还特别提及了教育在线网站班主任论坛的交流平台，[①] 显示了其对网络资源的重视。值得一提的是，教育在线论坛中还有一位活跃的网友，网名“铁皮鼓”，其观点独到，思考深刻，展现出强烈的批判意识。多年后得知其真名为魏智渊。此外，李镇西老师也在《师道》杂志上发表文章，深情回忆了与 K12 网站“班主任论坛”共度的时光，描述了当时论坛研讨的热烈氛围和思想的碰撞。

① 王晓春:《问题学生诊疗手册》，华东师范大学出版社，2006，自序第 4 页。

随着网络的发展，博客崭露头角，成为影响教师专业成长的重要平台。网易博客、新浪博客、新思考网博客等，都在我的专业成长过程中起到了积极的推动作用。这些博客中的文章往往是对教育现实问题的深入思考，作者们有着独到的见解，尽管有时观点可能稍显偏激，但相比期刊论文的四平八稳，它们更具吸引力。例如，我经常阅读的博主许锡良，他在新思考网、1+1教育网上开设的博客“子实的教育世界”，因其深刻的思考和独到的观点而广受好评，甚至被评为全国十大教育博客之一。

如今，自媒体、公众号、B 站 UP 主等已成为影响教师专业成长的重要网络力量。它们提供了大量针对师范生和新教师的有用信息，帮助他们在专业成长的道路上更好地前行。可以预见，随着网络、信息技术、人工智能和大数据的不断发展，它们对教师专业成长的促进作用将会越来越显著。

4. 教研活动

富有中国特色的教研活动被认为是提升教育质量的一种有效举措。由于上海学生参加 PISA（Program for International Student Assessment，即国际学生评估项目）的出色表现，上海的教育质量引起国际关注。英国教育和儿童事务部副部长特鲁斯（Elizabeth Truss）率领包括数学专家、校长在内的英国教育代表团造访上海，表示将把上海学校的教学方法在英国学校中推广。[①] 比尔·盖茨在 TED 演讲中称赞中国的教研制度，认为教研制度有效推动了教师专业成长，进而提升了教学质量。我参加过的小学教研活动中，有 3 次活动令我印象深刻，对我影响很大。这 3 次活动分别是：“第九届全国小学英语课堂教学观摩暨学习策略研讨会”；“首届闽苏两省中小学名师教学主张展示交流研讨会（小学语文专场）”；第二届海峡两岸“学习共同体”高峰论坛（在福

① 陈静:《上海中学生连续两年 PISA 成绩优异引国际关注》，https：//www.chinanews.com.cn/edu/2014/02-25/5881932.shtml，访问日期：2022 年 12 月 26 日。

州教育学院第四附属小学举办）。

于2008年11月8—11日在福州召开的“第九届全国小学英语课堂教学观摩暨学习策略研讨会”，是我调入闽南师范大学后首次参与的基础教育教学研讨会，当时我主要负责小学英语教学法的教学任务。然而，对于小学英语的教学方法，我当时的认知尚显模糊。这次研讨活动汇聚了来自不同省份的教师，他们同台展示，让我对小学英语课堂有了更为全面和深入的了解。特别是来自黑龙江的课例，让我眼前一亮，原来小学英语可以这样生动有趣地教授。此外，我还与一位小学老师合作撰写论文，并向大会投稿参加评比，该篇论文最终荣获一等奖。与我合作的林文美老师不仅教学出色，而且研究意识强烈，堪称小学教师成为研究者的典范。

“首届闽苏两省中小学名师教学主张展示交流研讨会（小学语文专场）”于2013年10月20—23日在福州台江第三中心小学举行。此次活动由福建省中小学名师培养工程专家工作委员会小学分委会和江苏省苏派教育研究中心联合举办。来自江苏省的3位小学语文特级教师张学青、薛法根、管建刚和福建省名师工程人选林珊、刘仁增、林莘3位老师在福州市台江区第三中心小学同台执教，展示教学艺术并阐述自己的教学主张。[①] 其中，薛法根和管建刚两位老师的教学艺术和对教学主张的深刻阐释给我留下了深刻的印象，让我对小学语文教学有了更为深刻的认识。之前我到小学听课，总感觉小学语文的教学过于碎片化，老师在课堂上虽然声情并茂地范读、带读，展示了基本功，但总觉得这样的教学方式缺乏对学生思考能力的培养，学生似乎只能被动地跟随教师的解读去思考。而这两位老师的课堂则完全不同，他们真正启发了学生的思考，使课堂成了学生有效学习的场所。同时，成尚荣和余文

① 汪艳：《闽苏两地同携手交流研讨话共进——首届闽苏名师教学主张展示交流研讨会在福州举办》，《语文教学通讯》2013年第33期。

森两位专家睿智而幽默的点评，也引发了我们对六位老师观摩课与教学主张的深入思考。那时，我已经在攻读课程与教学论博士学位，对基础教育教学存在的问题有了更多的反思。这次活动是我的导师推荐我参加的，现在看来，我的确受益匪浅，深受触动。教学主张展示交流与研讨活动的示范效应显著，它不仅拓宽了教师的视野，更对教师的专业成长起到了积极的推动作用。

2017 年 5 月 25—27 日，第二届海峡两岸“学习共同体”高峰论坛在福州教育学院第四附属小学举办。该校校长林莘老师是一位小学语文教学名师。林校长在传统课堂教学范式上造诣深厚，成绩斐然，公开课经验丰富，常受邀在大型教师培训活动中上观摩课。然而，在接触学习共同体课堂后，她深受触动，深刻认识到传统知识授受型教学的局限性，毅然决定自我革新，从头开始，引领学校开展学习共同体的教学改革。在她的引领下，福州教育学院第四附属小学率先开展了基于学习共同体的课堂教学改革。此次高峰论坛的一个重要环节就是该校的学习共同体开放活动，所有课堂均向参会老师开放，老师们得以近距离观察、体验真正的学习共同体课堂，感受其独特魅力。

学习共同体的课堂，其核心关注点在于人，而非单纯的知识传授。倾听，作为这一课堂模式的关键词之一，使师生、生生之间的交流变得更为平和与深入。在这样的课堂中，讲话无须大声，环境宁静而有序，与那些充斥着教师高声讲解的小学课堂形成鲜明对比。学习共同体课堂以学生为中心，教师的讲解时间被大幅压缩，更多的空间留给了学生的讨论与自我探索。教师的角色转变为设计有意义的学习活动，为学生的学习提供支架（Scaffolding）。这一模式倡导平等的课堂氛围与同侪间的合作学习，常见的形式是四人小组的协作学习。

学习共同体课堂与传统课堂模式之间存在着显著的差异。学习共同体的形成并非易事，开展相关的教学改革同样充满挑战。尽管多地已经开始了基于学习共同体的课堂教学改革，但成功的案例并不多。有人甚至质疑这种课堂模式只是花架子，中看不中用。尽管我本人非常认同学习共同体的理念，但也不得不承认，它在现实中确实显得过于理想化，难以完全实现。因此，当我看到福州教育学院第四附属小学在林莘校长的带领下开展学习共同体教学改革并取得了显著成效时，我感到难以置信。我亲眼见证了真实的学习共同体课堂，确信它并非作秀。福州教育学院第四附属小学的实践让我相信，学习共同体课堂是完全可以实现的。在此之前，我一直认为这只是一个遥不可及的理想状态。

在震惊之余，我也开始对学习共同体课堂进行深入的反思。这种课堂模式是如何形成的？它自身存在哪些问题或局限性？传统的讲授式教学在传授知识方面确实高效，但在培养学生学习能力、合作能力以及促进全面发展方面则显得力不从心。解决之道在于多种教学方法的综合应用，每种方法都有其优势，不存在绝对的优劣之分。针对不同的教学目标和内容，我们应该选择最适合的方法。正确地对待学习共同体课堂，不是要将其他方法取而代之，也不是将其视为唯一或无所不包的方法。它应该是用来弥补传统课堂不足的，传统课堂也并非一无是处。我们应该辩证地看待学习共同体课堂，避免采用非此即彼的绝对化立场。

学习共同体课堂给教师带来了巨大的挑战，这主要源于教学理念的根本转变。学习共同体课堂强调学生的主体地位，教师不仅要深入研究教学内容，更要思考如何激发学生的学习兴趣、组织有效的学习活动并引导学生进行深入探索。一些习惯于传统知识授受型课堂的教师可能会对此感到不适应甚至恐惧，从而对学习共同体课堂产生抵触情绪。他们往往只看到这种课堂模式的局限性，而忽视了其潜在的优势。

基础教育课程改革要求课堂教学实现从以教师为中心向以学生为中心的

转变，关注学生的全面发展。然而，尽管理念先进，但在实践中往往难以真正落实，常被诟病为“穿新鞋走老路”。幸运的是，我也遇到了一些优秀的教师，他们在践行课程改革理念方面做得非常出色。林莘校长就是其中的佼佼者。此外，罗鸣亮老师也是这方面的典范。他的教学注重激发学生的思考，鼓励学生质疑并探寻问题的解决方案。他的成功不仅在于对学科教学内容的精准把握，更在于对课堂和学生心理活动的深刻洞察。这种临场的控场能力是他长期潜心钻研和修炼的结果，难以简单模仿。

中小学老师常常认为自己的研究能力较弱，这主要是因为他们将大部分精力放在了课堂教学上。当然，也存在中小学教师接受的教育科研培训不足、科研能力确实较弱的情况。然而，随着研究生学历的新任教师不断增多，中小学教师的科研能力也将得到快速提升。林文美老师就是一位课堂教学优秀且科研能力迅速提升的一线小学教师。相比之下，高校教师的专业成长更多依赖于个人的努力和探索。由于高校难以组织像中小学那样的教研活动，高校教师往往觉得自己在教学上拥有更多的自主权，很少会像中小学教师那样进行精细的磨课。高校课堂与中小学课堂确实存在很大差异，但同样需要教师具备优秀的教学组织能力和表达能力。因此，无论是高校教师还是中小学教师，都需要精心备课、设计教学活动、组织教学语言并不断提升自己的表达与沟通能力。

（二）内部因素

教师自我是专业成长的第一资源，外在的环境支持条件也要依赖于教师作为实践者的能动性，教育者的成长具有职业自觉和自身成就的内在特征。[①]

① 于京天、于维涛、朱生营：《新时代“大先生”培养：难点如何突破》，《中国教育报》2022 年 11 月 30 日。

教师专业成长的首要内容是教师身份的自我认同。如果自我身份认同缺失，教师的专业成长就失去了动力的源泉。反思是教师专业成长的重要途径，只有能够增进教师反思，外在支持才有意义，脱离了具体专业实践情境的理论讲授式培训对教师专业成长的促进作用是有限的。“教师对教学的反思内容和反思层次在很大程度上依赖于个体的悟性”。[①] 当然，并非说教师反思不需要引导和支持，而是说，一则缺少真正有效的专业引导和支持，二则这种外在引导和支持的效用建立在教师主体能动性的前提之上。

关于教师专业成长的内部因素有多种相近的说法，如教师的主观因素、个体因素、内驱力等。崔友兴教授依据勒温的场动力理论把中小学教师主体动力系统分为认知、情感、意志、理念四个维度。其中认知、情感和意志三个子系统是教师专业成长动力产生的基础，理念起着引导和调节作用，是这一动力系统的核心所在。[②] 具体而言，认知子系统的功能在于界定与分析教师专业成长中面临的问题，情感子系统影响着教师专业成长的意愿，意志子系统则决定着教师专业成长行为的持续性问题。各个子系统之间相互依存、相互影响，构成了教师专业成长的动力系统。

教师专业成长以教师的主体性发展为旨归。教师的专业发展面临的常见困境就是教师自我迷失，这些迷失体现在教师的信仰迷失、角色迷失和发展迷失等方面。[③] 激发和培育教师的主体性是教师专业成长的根本，只有具备了自为自强的主体性，教师才能够克服自我迷失，开展自我教育，实现自我统整，形成自己的教育观，进而构建个体的教育哲学，引领自身专业成长。教

① 石君齐、叶菊艳:《论“实践—引导—反思”取向的高校教师专业发展路径》,《教师教育研究》2017 年第 6 期。

② 崔友兴:《中小学教师专业发展动力生成机制研究》，硕士学位论文，西南大学，2012，第 22 页。

③ 梁燕玲:《自我统整：教师主体性发展的有效途径》,《国家教育行政学院学报》2012 年第 8 期。

师专业发展核心力量源自教师内在生发、生长的力量，其逻辑起点是教师寻求发展的心向和能力。内驱力是教师专业成长的内生之力，任桂平和赵剑宇两位教授将之概括为4种，分别是因爱与责任而生的力量、变发展阻力为助力而生的力量、因科学教育信仰而生的力量以及因生命质量的提升而生的力量。[①]这4种力量汇聚在一起，形成了推动教师专业成长的持续力量。

曾看到有人把教师分为庸师、经师、人师：庸师误人子弟，既不教书也不育人；经师只教书，不育人；人师则教书育人，是促进学生成长的重要他人。我不甘心做庸师，向往做人师，渴望看到学生认真学习的样子，希望能给学生带来积极的影响，促进学生成长，没有浪费学生时间。我深知身教重于言传，要求学生的，自己先要做到。想要学生成为什么样的人，自己就要先努力成为那样的人。我认同和欣赏陶行知先生“教学合一”的理念，教师不是教课本，不能停留于教学生，而是要教学生学。因此，我对专业成长的重要性有深刻的认识，总是想着要提升教学效果和质量。然而知、行之间存在很大的差距。想要成为好教师，知道怎样能成为好老师还远远不够，关键是采取行动和坚持不懈。这里就有意志的因素，一些好的做法坚持不下去，总是存在“一日曝之，十日寒之”的现象。另外，偶尔的职业倦怠也在所难免，时间抓不紧，荒废掉不少时间。

对我而言，在专业成长动力系统的认知、情感、意志、理念四个子系统中，主要的问题集中在情感和意志方面。

谈及情感对教师专业成长的影响，有必要对情感和情绪进行区分。尽管情绪和情感常被混用，但它们之间确实存在差异。共同之处在于，情绪和情感都反映了外界事物与主体需求之间的关系，属于主观感受或心理体验。区

---

① 任桂平、赵剑宇：《论教师专业发展的内生之力》，《教育理论与实践》2016年第13期。

别在于，情绪具有情境性和暂时性，而情感则具有深刻性和稳定性。一般来说，情绪是情感的基础和外部表现，情感是在多次情绪体验的基础上形成的，并通过情绪表现出来。[①] 当一个人选择教师职业时，若能频繁体验到快乐与满足，便会热爱这一职业，进而努力追求卓越，推动自身专业成长；相反，若在工作中频繁遭遇挫败、伤心和愤怒，便可能产生厌恶和排斥心理，对工作产生消极懈怠和抵触情绪，难以形成深厚的职业情感，自然也不会采取积极的专业成长行动。因此，情绪管理是教师不可或缺的专业素养，教师的专业成长亦包括情绪管理能力的提升。唯有如此，教师方能形成对教师职业的积极情感，拥有持续推动专业成长的不竭动力。然而，遗憾的是，教师的职前教育并未设置相应的专门课程，教师的职业情感形成更多依赖于自我努力。

我的教师专业成长历程，也是我逐渐认识、觉察并管理自身情绪，进而形成稳定职业情感的过程。有效管理情绪的前提是能够敏锐地觉察自己的情绪。然而，觉察情绪并非易事。我的情绪管理能力与我的专业成长阶段大致同步。初为人师时，我易发怒，常在授课时对学生发脾气。有一次，我和妻子为同一班学生教授不同课程，学生在她上课时告状，指责我在班上发脾气。之后我的情绪管理能力提升，正是从对“教师是否可以发怒”这一问题的反思开始。

教师可以生气吗？可以愤怒吗？教师只能“忍”吗？一次课前，学生询问我，教师上课时是否可以生气或发怒。我询问他为何有此疑问。他提到在一门选修课上，任课老师在黑板上写下一个大大的“忍”字，告诫大家在课堂上无论如何不能发火，再大的怒气也要忍住。在回答学生时，我用了一个

---

① 徐冬英：《学业情绪理论及其对流动儿童学业情绪辅导的启示》，《教育学术月刊》2017 年第 6 期。

比喻——若持续向气球充气，气球会不断膨胀，最终可能爆裂。教师也是人，一味压抑情绪，必然导致身心健康问题。教师可以表达愤怒，但不应是情绪的发泄，不应带有私人怨恨，更不应攻击、侮辱或贬低他人。在表达愤怒时，应让学生感受到教师的愤怒是出于对学生的关心，是希望他们成长，变得更好。教师可以表达生气和愤怒，但必须保持自我控制。若能如此，生气和愤怒在教育学生时也能发挥积极作用。因为学生会感受到教师仍在乎他们，相信他们能够改变，而非对他们失去希望。如同电影《热血教师》中的克拉克老师，尽管多次尝试后学生仍与他作对，他最终愤怒至极，猛烈摇晃捣乱学生的桌子，甚至心生将她连同桌子一起从窗户扔出去的念头。然而，克拉克的愤怒并未导致学生进一步的对立，反而使学生意识到老师对这个班级仍抱有希望，不希望班级就此垮掉。克拉克老师虽因此一度想要放弃，但最终坚持下来，尝试采用新颖的教学方法，师生关系开始良性发展。

当教师感到愤怒时，应明确告诉学生“我很生气”，而不是掩饰或隐藏自己的情绪。当然，这并不意味着教师可以随意发怒。教师应认可和接纳自己的情绪，这种认可和接纳有助于冷静下来。当意识到自己处于愤怒和冲动状态时，应给予自己一个缓冲期来处理情绪，避免情绪的过度宣泄。人们常说冲动是魔鬼，其实冲动的背后往往是某些需求未得到满足或某些信念受到挑战。人在愤怒时大脑容易不清醒，所说所做之事在冷静下来后往往令人后悔。

教师的情绪管理也可以视为教师的情绪劳动。情绪劳动是劳动者通过调整自身情绪，使之与工作岗位的要求相一致，即要付出努力才能实现其非自然状态的情绪表达，是一种特殊的劳动形式。[①] 情绪劳动与传统体力劳动、脑力劳动（认知劳动）存在很大差别，被称作“第三种劳动”，包括教育规定

① 成欣欣、宋萑：《简析中小学教师情绪劳动》，《河北师范大学学报（教育科学版）》2020 年第 5 期。

（对情感规则的感受和表达）、教育规范（对社会规范以及教师专业实践规范中情感的认知与表达）和文化—认知（受教育场域惯习影响而做出的一种例行化的、前意识的情感表达）3 个层面。① 不同的职业领域会要求员工在工作时展现某种特定情绪，以达到其所在职位的工作目标。以教师专业实践规范为例，教师必须对每个学生有足够的耐心和爱心，教师与学生、学生家长以及同事沟通时应保持平和的心态，情绪平稳，积极回应。简而言之，教师的情绪劳动主要体现在其情绪管理方面。教师的职业素养要求其保持一种积极的状态，即使心情烦躁、情绪低落，在进入教室之前也需整理好自己的情绪，使自己迅速进入上课状态，并全身心地投入教学。与学生或学生家长沟通时，同样需要展现积极的情绪状态。因此，愤怒也可以被视为教师情绪劳动的一部分。特定情况下，教师甚至可以佯装愤怒，以达成预期的教育目标。当然，这要求教师必须能够完全驾驭自己的情绪。要达到这样的境界，教师需要不断学习和提升自己的情绪管理能力。

对我而言，对情绪管理产生深远影响的，有情绪 ABC 理论、“成为学习者”培训，以及非暴力沟通理论。情绪 ABC 理论使我认识到，情绪与事件之间并非存在直接的因果关系。导致我愤怒的真正原因并非事件本身，而是我对事件的解读。例如，在路上开车时，遇到前面的车行驶缓慢，我往往会变得非常生气。表面上看，似乎是因为前车行驶缓慢导致我生气。然而，实际上我生气的真正原因是，我认为前车开得慢是故意的，或者至少是没有理由的。但如果我能考虑到，前车开得慢可能是因为司机是新手，不敢开得太快，或者司机身体不适，又或是汽车出现故障，这样的思考方式就能使我平息怒火。我也曾亲身经历过，证明了情绪 ABC 理论的正确性。有一次，我正因为

① 高晓文、于伟:《教师情感劳动初探》,《教育研究》2018 年第 3 期。

前车开得慢而非常生气，准备超车训斥司机一番时，结果发现开车的是自己的同事。由于我对同事的了解，我确认他不是故意开得慢，或者想要欺负我，我的怒气便立刻消失了。参加“成为学习者”初级班的学习时，张平老师曾分享过一个校园欺凌的案例。当我看到这个案例时，我感到非常愤怒，心想如果我在现场的话，一定要严厉地报复那个欺凌他人的学生，即使不体罚他，也要声色俱厉地把他吓破胆。我的反应被其他学友点评为“有点暴力”。不过，我从中受益的是，后来有点评专家提出了“与自己的情绪待会儿”的建议。这让我意识到，觉察并接纳自己的情绪是进行有效情绪管理的关键。马歇尔·卢森堡（Marshall Rosenberg）的非暴力沟通理论“不主张忽视或压抑愤怒”，愤怒常被视为不良情绪，但非暴力沟通可以把愤怒转化成“礼物”，通过深入地了解愤怒，人们可以意识到自己没有得到满足的需要，进而能够“充分表达自己的内心渴望”。[①] 在《非暴力沟通·情绪篇》中，作者结合具体的案例阐述了如何避免以责备和惩罚的方式来表达愤怒，而把关注点放在“如何让他人理解我们的感受和需要”。[②]

近年来，社会情感学习成为研究的热点之一。第八届全国教育实证研究论坛，有两个专题分论坛都是关于社会情感的。我也要开展这方面的研究，这不是追踪研究的热点，而是确实意识到了其现实必要性。社会情感属于非智力的范畴，教师的专业素养不仅包括智力因素，也包括非智力因素。以往的教师教育关注的主要是教师的专业知识和专业能力等智力因素，对教师的非智力因素重视不够。教师教育职前阶段也可以尝试针对性地开设社会情感学习相关选修课，弥补相关内容的缺失。

---

① 马歇尔·卢森堡:《非暴力沟通》，阮胤华译，华夏出版社，2015，第134—146页。

② 马歇尔·卢森堡:《非暴力沟通·情绪篇》，李永学译，华夏出版社，2020，第58—88页。

五、反思与讨论

教师专业发展的过程是教师理论自觉的形成过程。理论自觉是观照教师生命主体的重要着眼点，教师的理论自觉大致经历“孕育期—萌芽期—受挫期—探索期—发展期—高原期—成熟期”7个阶段，[①] 这也与教师专业发展阶段大致对应。回顾自己的专业成长历程，有必要对教师专业成长的科学性、合理性进行追问，反思教师专业发展的理论前提。[②] 可以从多个理论视角解读教师的专业成长。教师的专业发展是与自己的专业实践紧密结合在一起的，实践理性作为教师专业成长的理论基础，可以从价值、工具和交往的维度对教师专业成长进行全方位的分析。教师专业成长过程是与所处环境和场域不断互动的结果，个体在受到环境影响的同时会采取不同的应对方式，也就会造成不同的专业成长结果。因此，教育生态学和勒温的场动力理论也是分析教师专业发展的适恰视角。最后，也对我自己的教育观进行梳理，澄明自己的教育理念。

（一）实践理性

实践理性包含了价值、工具和交往三个向度。三者是实践理性的一体三面，组成一个有机整体，相互交织不可分割。

从价值向度来看，教育的核心任务是立德树人。教师，作为教育的实施者，首先，必须培育自身的价值理性。这要求他们拥有积极的价值观、人生观和世界观，因为教师的三观将直接影响到学生的成长。德高才能为师，成人需先成己，只有当教师自身树立了正确的三观，才能有效地引导学生形成

---

① 李伟、谢升梅、余姣姣：《教师理论自觉：形成阶段、困境检视与养成策略》，《教育发展研究》2022年第18期。

② 卢乃桂、钟亚妮：《教师专业发展理论基础的探讨》，《教育研究》2007年第3期。

正确的价值观。同时，教师不仅要注重知识的传授，更要将培养学生的价值理性放在首位，将美好品质的养成作为教育的首要任务。我始终坚守教师的初心，不追求名利，不羡慕奢华，只愿为学生带来积极的影响。我深知，教育是一项良心活，教师的付出往往难以衡量，但教师的责任心是做好本职工作的基石。

工具向度则要求教师不断提升自己的教育知识、教学技能和科研能力，以确保教学质量的不断提高。我积极参与各种自我提升的活动，无论是单位组织的培训还是自费参加的喜欢的项目，我都投入极大的热情和精力。例如：我曾参加"翻转课堂教学法"的学习并坚持了下来，取得了优秀的成绩；我还自费参加了"成为学习者"工作室的培训，虽然获得的证书并无官方效力，但我更看重的是培训的实效。这些经历使我深刻体会到，自我摸索固然重要，但有效的培训能使我更快速地成长，避免在低水平重复。

交往向度在教育中同样占据重要地位。教育是在人与人的交往中发生的，教师和学生主体性的发挥是教育成功的关键。对许多新教师而言，组织教学往往是一个难题，这实际上是对课堂上交往关系处理能力的考验。我也曾面临这样的挑战，但通过阅读《学会倾听》《如何说孩子才会听怎么听孩子才肯说》等著作，我逐渐培养了交往理性，提升了交往能力。我向往佐藤学提出的学习共同体理念，认为这是课堂交往的理想状态。

近期，我阅读了陈曦明的文章《"价值观"导致的学习障碍》，这篇文章将学习障碍定义为："自身所掌握的知识无法用于自身能力的形成，只是作为知识储备留存于大脑。"[①] 文章指出，学习障碍并非指学习过程中遇到的困难，而是指个体所掌握的知识无法转化为自身能力。这种定义让我认识到，单纯

① 陈曦明：《"价值观"导致的学习障碍》，https：//mp.weixin.qq.com/s/uDxdRFJDHafUSuHrtMpadQ，访问日期：2023 年 2 月 8 日。

的知识积累并不等同于学习，真正的学习是将知识转化为能力的过程。如果知识不能转化为能力，那么就会出现学习障碍。在家庭中，如果家长过于看重孩子的成绩，将孩子视为达成目标的工具，那么这种目的理性就会排挤价值理性，导致家庭功能的丧失。同样，在学校教育中，如果过于强调工具理性，忽视价值理性和交往理性的培养，那么学生的感知能力将受到阻碍，无法真正体验到学习的乐趣和益处。

价值向度、工具向度、交往向度，并非独立和相互割裂，而是一个有机的整体，这就是实践理性。

（二）教育生态学视角

教师是纷繁复杂的教育实践情境中的专业人员，其专业发展与所处的环境息息相关。教育生态学为探索环境与教育主体的关系，揭示相关教师专业成长规律，解释教师专业成长现象提供了一个适切的视角。在教育生态学视域下，“教师作为整个教育生态系统中的主体之一，其专业发展过程就是与所处生态系统不断互动的过程”。而新教师，位于教师职业生涯的初始阶段，其所处的生态系统具有特殊性，新教师到了一个“陌生”的环境，常常会出现对周边环境因素“水土不服”现象，需要一个逐渐适应的过程。[①] 我 2005 年刚到这所大学的时候，面临着从公共课教师到专业课教师的转型，即出现了种种不适。

《试论生态学对于教育研究的适切性》一文提出了关于教育问题的生态学研究视角：主体与环境，遗传与变异，平衡与失衡，共生与竞争。[②] 这个框架为从理论层面深入分析典型个案提供了具体的维度。第一个维度，主体与

① 杨琪琪:《教育生态学视野下新教师成长的个案研究》，硕士学位论文，闽南师范大学，2017。

② 刘贵华、朱小蔓:《试论生态学对于教育研究的适切性》,《教育研究》2007 年第 7 期。

环境，对应教师与其所处的工作环境，包括学校的制度、文化和心理等因素，既包括生态环境对教师专业成长的影响，也包括教师作为生态主体对环境的主动调适。第二个维度，遗传与变异，对应专业知识的传承与创造。教师通过模仿和借鉴，不断地积累经验，并在此基础上尝试创新，实现从初期的仓皇应对到得心应手的转变，逐渐成长为专业的行家里手。第三个维度，平衡与失衡，对应教师内心的协调与冲突。教师的专业发展是一个“平衡—失衡—再平衡”的循环升级过程，在这一过程中，教师必须不断地进行自我调适，在专业发展的不同阶段，教师会遇到不同的问题。终身学习是教师职业的内在要求。第四个维度，共生与竞争，对应教师专业发展中的合作与竞争。教师的专业发展离不开与同事和学生的合作，也不可避免地会面对竞争。处理好合作与竞争的关系，形成学习共同体，开展良性竞争将会对教师的专业发展起到助推作用，反之则会减缓和阻碍教师的专业成长。

依据教育生态学理论的四个维度，为促进教师专业发展，可以采取以下措施：优化教育生态环境，为促进新教师自主发展奠定基础；在重视经验传承的同时，鼓励新教师勇于创新；支持教师开展批判性反思，为教师多学习创造有利条件；构建专业成长共同体，营造合作互助与良性竞争氛围。

（三）勒温场论

美国心理学家勒温的《心理场论》包含场论和动力论。场论对个体生活空间中各个因素持相互依存的整体观，关注的是整体在动力中的意义；[①] 动力论则强调人的生活空间中各个因素之间的相互作用，“突出强调了个体动力机

① 申荷永：《勒温心理学的方法论》，《心理科学通讯》1990 年第 2 期。

制的产生过程以及个体与环境是如何通过力相互作用的”。[①] 勒温场论既关注场域中各因素相互依存的整体关系，同时又关注个体与环境的互动。在勒温场论视域下，教师专业发展是教师所处的具体场域与教师心理状态不断交互作用的结果。

依据勒温场动力理论，崔友兴认为中小学教师专业发展动力系统可以分为三个维度，分别是教师主体动力、学校场域动力和社会场域动力。其中教师主体动力又可以分为认知、情感、意志和理念四个维度。崔友兴教授的维度划分为将勒温场动力理论运用于教师专业发展提供了一个相对具体的分析框架。[②] 据此框架对教师的专业发展进行分析，在认知方面，教师需要具有坚定的教育信念、扎实的理论基础、具体的职业发展规划，具有不断发展本体性知识、条件性知识、实践性知识的能力，并根据环境的变化逐步提升自我认知，进行抉择和调整专业发展规划；在情感方面，教师需要具备自我效能感、专业自主感、家长认可感、团队归属感和组织公平感；在意志方面，教师专业发展意志需要具备自觉性、自主性与坚韧性等特点。教师应坚定专业发展信念，彰显自主发展意识；在理念方面，教师需拥有与时俱进的教育理念，对自己的专业发展进行有效反思，并不断提升专业实践与反思的水平。

教师的专业发展处在学校和社会两大环境场域之中。在学校场域中，一是受到领导管理的影响，即领导角色定位的认知与学校发展定位的确立；二是受到组织结构的影响，即师资教龄结构的特点与师资配备结构的设置；三是受到校园文化的影响，即校园环境的创设、校园文化活动的组织与教师文

① 王妍：《研究生学历初任小学教师专业发展需求的个案研究——基于勒温场论视角》，硕士学位论文，闽南师范大学，2021，第 25 页。

② 崔友兴：《中小学教师专业动力发展生成机制研究》，硕士学位论文，西南大学，2013，第 24 页。

化的形成；四是受到制度规范的影响，即薪资制度的实施、培训制度的安排、教研制度的开展与职称评审制度的规范。

（四）我的教学主张

我的教学信念是：教学不仅是知识的讲授，还应激发学生学习的主体性，培养学习能力、促进学生成长。但实践中，我还不能够很好地实践自己的教学信念。以我最近 3 年执教“小学教育学”课程为例，每年班上都有 4—5 个学生不及格。对此，我常自问：我能算一个合格的老师吗？尽管一个班的成绩不可能全部优秀，但至少我在促进这几个不及格学生的成长方面是不成功的。我深刻意识到，教师要想做好自己的工作，需要大量时间和精力的投入。教师只有真正去关心学生，为学生着想，才有可能真正促进学生成长。当然，与学生沟通和交流的方式和技巧也很重要。

反思“小学教育学”课程每年都有学生不及格的问题，原因可能是我过于注重对学生批判性思维的培养，而对系统的基础知识学习关注不够。这样往往会造成班级学生两极分化严重，在我用传统的讲授式教学时，学生的成绩优秀的不多，但很少有不及格。采用翻转课堂、研讨式教学后，成绩优秀的增多了，但不及格的也出现了。研讨式的翻转课堂教学适合于自主学习能力强、基础好的学生，而自主学习能力弱、基础差的学生则希望老师采用传统的教授方式。到目前为止，我还没有找到解决这一矛盾的有效办法。

但我依然主张，大学课堂应当以培养学生独立思考和自主学习的能力为主。批判性思考能力是学生独立思考能力的核心。我最早听到批判性思维一词是从我接待的一对美国教师夫妇库尔特 • 梅瑞狄斯（Kurt Meredith）和珍妮 • 斯蒂尔（Jeannie Steele）那里。库尔特和珍妮就职于北爱荷华大学，2006

年到闽南师范大学讲学时，我负责接待他们。当时他们正在做关于批判性阅读（Critical Reading）的研究，向我介绍了他们研究的概况。我更多关于批判性思考的认识则是来源于北京语言大学的谢小庆教授。他认为把 Critical Thinking 翻译为“批判性思维”容易给人造成误解。因为“批判”在中文里有“对错误的思想、言论或行为进行分析、评论、驳斥”的含义，而 Critical Thinking 的本意是辩证式的思考，翻译为“审辩式”思维更符合英文原意。[①]谢小庆关注如何提升学生的审辩式思维，其微信公众号“审辩式思维”发布了大量的文章，对我了解和发展自己的批判性思维，并在自己的教学中尝试培养学生的批判性思考能力提供了很大的帮助。正是对批判性思考的关注促使我意识到，教学并不只是知识的传授，更主要的是培养学生的学习能力和独立思考的能力。清华大学文科资深教授钱颖一的教学理念对我产生了深刻的影响。他认为，“教育的价值不仅体现在学生的知识掌握上，更体现在学生的思维发展上，其核心是批判性思维与创造性思维教育”。并且在清华大学经济管理学院连续 9 年开展了针对本科批判性思维培养的探索[②]。夏林清老师的行动研究对我也有很深的影响，她培养了我开展批判性反思和反思性实践的能力，使我能够避免二元对立的绝对主义，在分析问题时能够坚持辩证的立场。

我认同陶行知先生的“教学做合一”：教师的责任不是教书，不只是教学生，而是教学生学；教的法子要依据学的法子，教师要以身作则，想要学生成为什么样子，自己就要先做到。[③]我认为教育必须关注学生，把学生当作一个活生生和自己一样的人来对待，站在学生的角度来思考，真诚地对待学生，

① 杜国平：《批判性思维辨析》，《重庆理工大学学报（社会科学）》2014 年第 9 期。

② 钱颖一：《批判性思维与创造性思维教育：理念与实践》，《清华大学教育研究》2018 年第 4 期。

③ 陶行知：《教学合一》，转引自方明《陶行知教育名篇》，教育科学出版社，2005，第 1—3 页。

发自内心地为了学生好，而不是把自己对学生的好作为交换条件，换取学生的听从，配合自己完成自己所谓的教学任务和目的。

教学生学就是培养学生的自主学习能力。学生获取知识一定要教师教授吗？就我个人的经历而言，我多数情况下都是靠自学，上课很少听讲。只有自己实在不懂的时候，再问一下老师或同学，一般情况下我都可以通过自己查参考书弄明白。我觉得自己智力并不突出，是个普通人。多数人应该和我一样，自学也没什么问题。因此，教师在课堂上面对整班那样讲，其实针对性不强，效率也就不高，很大程度上是在做无用功。当然学生存在年龄差异，小学生、初中生、高中生的学习能力各不相同，他们学习知识的难度也不相同。就他们各自年龄段而言，只要掌握了学习方法，自学应该也是可以的。

“何时教？教什么？有没有必要教？用什么方式教？”这些是教师的教学，同时也是学生学习不可回避的核心问题。教师应该教会学生学习的方法，也就是人们常说的“授人以鱼，不如授人以渔”。培养学生的自学能力，让学生以自学为主，只有在学生遇到自己解决不了的困难时，教师才适时地点拨一下。教师要遵循“三不教”原则：凡学生自己看教材能看懂的不教；凡看不懂但自己想一想就能够懂的不教；自己想了虽然不懂但经过同学之间讨论能懂的不教。①

此外，师范院校教师和教师教育者的专业成长离不开与基础教育教师的互动。培养未来的教师，需要了解中小学的需求、现状和基础教育课程与教学改革。需要注意的是，高校教师到中小学不应当是一种高高在上的指导者角色，而是与中小学教师形成一种相互学习，共同成长的关系。例如，高校教师到中小学评课，由于对基础教育课堂教学情况不太了解，一些观点被中

① 余文森：《先学后教：中国本土的教育学》，《课程·教材·教法》2015 年第 2 期。

小学教师诟病，被认为“站着说话不腰疼”。但是高校教师也不能只是模仿中小学教师评课而忽略了自身优势。毕竟中小学老师期望高校教师能够从外部视角发现一些他们自身看不到的问题。高校教师和中小学教师共同教研是促进双方发展的有效路径。高校教师应扮演“协同者”的角色，提供参考视角而非“居高临下”地指导。

回首自己 25 年的从教之路，从开始的懵懂与彷徨到逐渐形成自己的教学观、教师观、学生观，专业成长走了一些弯路，也取得了一些收获。本文大致回顾了我专业成长过程中的主要影响因素以及自我发展的心路历程。

反思自己现在的状态，我依然算不上优秀教师，甚至不敢说自己是完全合格的教师，但已经对为师之道形成自己的观点，而且正在努力做到。我认为教师专业成长的前提是教师作为一个个体的人的成长。教师首先是一个普通而平凡的人，也有人的七情六欲。教师这一职业既具有普通职业的属性，但也具有其特殊性，这是由教师的工作对象决定的。教师从事的主要是影响人的工作，工作的目的是促进学生身心健康成长。教师绝不可低估自己对学生的影响。教师的一言一行都在影响着学生，只不过这种影响有时是正面的，有时则是负面的。一句不经意间的话，既有可能导致学生丧失信心、放弃努力，也有可能激励学生，使学生奋发向上。因此教师一定要谨言慎行，把对学生的负面影响降到最低，扩大对学生的正面影响。

我是一个普通的人，世俗的人，但既然作为一名教师，我会力争把自己的本职工作做好。教师职业虽然不会使人大富大贵，但其好处是教学相长，成人成己。努力做一个合格的老师、称职的老师，在促进学生成长的同时，也有利于促进自我的完善，从而实现自己的价值和幸福人生。

由于是初次尝试自我叙事研究，行文肯定存在诸多不规范之处。我会坚持记录自己的成长过程，不断学习和完善自我的成长叙事。

学生如何能成为学习主体？——行动中反映的教学实验

何燕堂[①]

一、两岸高校教学差异的初体验

我于2018年9月来到福建漳州闽南师范大学（以下简称闽师）法学院社会工作系任教[②]（原公共管理系，2019年更名为社会工作系）。任教之初，我便深切地感受到了两岸教学的差异。其中，一些词汇如“知识点”“难点”等，在我此前的认知中并不常见，这些在中国台湾地区的教学中并不常用。此外，我也注意到大陆教材的编写风格独具特色，它们通常以一种极具整体知识结

① 何燕堂，闽南师范大学法学院社会工作系助理教授，长期从事社会服务及成人教育工作，并在辅仁大学及东吴大学任教，2018年9月至闽师社会工作系任教。

② 我来到闽南师大社工系任教的机缘，是因为我的老师夏林清在2015年应邀来闽南师大教育科学学院开设行动研究课程，结识了暴侠老师（这段过程，本书中暴老师的文章有详细的记载）。2018年夏老师问暴老师：教科院是否要引进教师？可以推荐我去任教，当时适逢闽南师大决定大量引进师资，暴老师就主动跟我联系，要我填好人才引进审批表，帮我转给当时教科院的黄清院长，黄院长再转给心理系的张灵聪老师。张老师看过我审批表上的经历，觉得我在中国台湾的社会实践经历，应该更适合注重社会实践的社会工作系。暴老师在征得我同意后，便将我的审批表转给法管学院（后改名为法学院，社工系隶属于法管学院），经试讲面试通过后，我便来到闽师社工系任教。

构的表述方式呈现，例如《社会工作概论》《个案工作》《小组工作》《社区工作》等教材。这些教材在编写时，往往按照定义（含义）、概念、特征、作用、功能等顺序逐章展开，内容多侧重于抽象的概念及命题的陈述，而实例相对较少。这种编写方式固然有助于构建完整的知识结构，使学生易于掌握知识点，便于记忆和应对考试，但其内容有时显得较为刻板。许多学生也已习惯了这种学习方式，他们期望在课堂上能直接抓住知识点，若教师未能明确指出，他们往往感觉抓不到重点。[①] 这使我感受到大陆高校教学对系统知识学习的强调，以及对知识结构和系统性的重视。

相对而言，我在辅仁大学心理系及东吴大学社工系的教学过程中，更注重对学生的启发，引导他们思考事物，以及将知识与自身经验相联系，而不过于强调学科知识的系统性学习。例如，在辅仁大学心理系开设的一门选修课“日常生活现象的社会分析”中，我并未使用教材，也未传授完整的学术知识，而是选取了一系列日常生活社会现象的主题，让学生在课堂上进行讨论。学习过程是通过师生之间及学生之间的对话互动展开的，旨在激发学生的思考，使他们能够联系自身的生活经验。在这样的课堂上，学生不再是被动的知识接受者，而是成为主动的思考者。即使在专业必修课如“社会学”及“普通心理学”的教学中，虽然需要传授整套的专业知识，但我依然将教学重点放在如何引导学生更辩证地思考事物上，而不仅仅是灌输学科知识。

我的教学风格深受夏林清老师的影响。夏老师是我在辅仁大学应用心理系学习时的导师，她是一位立足于社会实践的教育者。她的教育实践不

① 记得我刚接社会心理学这门课时，用了一本国外的翻译教材（《社会心理学：阿伦森眼中的社会性动物（原书第 8 版）》），编写方式与国内教材很不相同，是先举好几个生活现象中的例子，再导入相关概念的介绍，然后再进入与这个概念的相关实验介绍并进行细致讨论。对于这种编写风格，就有学生反映读起来很有趣，但不容易整理出知识点及抓到重点。

仅局限于大学课堂，更延伸至中国台湾社会的各个角落，深入弱势群体之中，通过行动研究的方法协助他们发展主体性，并鼓励学生积极参与各项社会实践。在毕业后，我有幸跟随她投身于中国台湾地区底层民众的教育及赋能（Empowerment）的社会实践中。夏老师一直运用行动研究及反映对话的方法，帮助我提升对自身行动的觉察能力，反思实践经验，以及对群体团体动力的觉察分析及引导能力。令我印象深刻的是，夏老师在每一个教学现场，都能根据学习者的状态和现场动力，运用对话的方式，紧密结合学习者的处境、生命经验及利益进行民众教育，使学习者能够更清晰地认识自身的处境，并转化为改善自身处境的行动。从夏老师身上，我学到了如何运用场景思维、对话及团体互动的方式，调动学习者的生命经验、生存处境与知识的有机联结，这不仅适用于民众教育，也同样适用于大学的课堂教学。

记得有几次我在中国台湾地区某家工会的劳工教育课堂上，讲授中国台湾地区的劳工退休制度改革。我一开始就提出一个问题："大家 60 岁退休后，预计还能再活多少年？"学员们的回答各不相同，有的说是 15 年，有的说是 20 年、25 年等。我选取一个相对平均的数字——20 年作为参考，接着又问："你们估计退休后，一个月大致需要多少生活费？"学员们纷纷给出答案，比如有人提到 2 万（新台币）。① 我继续引导："那么，如果再活 20 年，所需要的费用就是 $2 \times 12 \times 20 = 480$ 万（新台币）。② 假设工作 30 年，每个月需要存下多少钱才能满足这一需求呢？计算下来是 1.33 万（新台币），③ 那么大家觉得靠自己能存下这么多钱吗？"学员们大多面露难色，表示日常开销已几乎耗尽所有薪水，根本无法存下这么多钱。

① 约等于 4600 元人民币。

② 约等于 111 万元人民币。

③ 约等于 3100 元人民币。

通过这样的引导，我首先让学员们感受到退休后的经济压力，进而引发他们对退休制度的关注。随后，我才开始讲解退休制度的重要性以及改革对大家生活的具体影响。这种对话式的教学方法，不仅在我辅导劳工时效果显著，也在我执教辅仁大学社会学课堂及东吴大学通识课课堂时得到了广泛应用。即便是对离退休尚远的在校学生，我也能通过这种方法引导他们深入理解劳工退休制度与自身的密切关系。

在闽南师范大学的教学实践中，我发现许多学生受中小学阶段应试教育的影响，习惯了大量的知识背诵的囤积型学习，即使在本科阶段也难以改变。然而，大学教育应注重培养学生主动思考和自主学习的能力，改变这种囤积型学习模式已成为大学改革的当务之急。近年来，高校教学改革不断强调学生的主体性，但如何将这一理念落实到具体教学中，仍是一个值得探讨的问题。

在我这四年多的闽南师范大学教学实践中，我尝试将以往的教学经验融入课堂，效果颇为显著。仅仅到校一个多月，便得到了院领导的表扬，称赞我的课堂互动性强，能有效引导学生参与讨论。以下是我梳理的这几年在闽师教学实践的心得，希望能为以学生为主体的大陆高校教学改革提供一些经验借鉴。

二、一种场（Field）的教学行动视角

回顾我的教学行动，我始终把每个课堂视作一个独特的场，每个课堂都有其独特的动力状态。我会努力感知每个场的氛围差异，并据此灵活调整我的教学行动。尽管课前我会精心备课，但许多教学行动其实更多的是基于对课堂现场感知的即兴发挥。

例如，在“社会工作与行动研究”这门课上，我讲授了克里斯·阿吉里

斯（Chris Argyris）的“行动科学”[①]中的信奉理论（Espoused Theory）与使用理论（Theory-in-use）[②]这两个概念。对本科生来说，这些概念并不容易理解，即便有所理解也往往停留在字面上。当我讲解完毕后，发现有几个学生的眼神依然迷茫，我立即意识到他们并没有完全听懂。然而，他们并没有主动提问，而是选择了忽略不懂的部分，继续听课。于是，我主动询问他们听到了什么，并邀请了几位明显走神的学生回答，但他们都无法给出答案。我进一步询问他们：“对于不懂的问题，你们打算如何解决？”由于当时已接近下课，他们表示会课后自行查阅教材。我并没有再次解释概念，而是提议下周上课时我们可以检查他们的理解情况（当时我判断他们课后并不会去查阅）。

到了下一周上课，我首先询问了那两名学生是否回去重新阅读了教材。其中一个学生表示没有，另一个学生甚至忘记了这件事。于是，我以他们的行动为例，再次解释了信奉理论与使用理论的含义。这两名同学的学习行动中的“信奉理论”是课后会自行研读不懂的部分，但实际的“使用理论”是上完课就了事，没有再去深入理解不懂的内容。当我指出他们学习行动中信奉理论与使用理论的不一致时，学生们立刻领悟了这两个概念的含义。

行动研究的核心正是提升行动者对自身行动的觉察能力。在这个例子中，我的教学行动策略是敏锐感知学生的课堂动力状态，将他们的学习行动作为教学素材，直接展示他们自身学习行动中信奉理论与使用理论的不一致。

这种场的思维方式及教学手法，与唐纳德·A. 舍恩在《反映的实践者：

① 《行动科学：探究与介入的概念、方法与技能》这本书是克里斯·阿吉里斯与他学生的力作，总结并提炼了阿吉里斯对如何生产有用的能突破个人及组织的防卫系统，进行能有效改变“既有现状”的一系列研究与探索的成果。

② “信奉理论”（Espoused Theory）与“使用理论”（Theory-in-use）是行动科学里的重要概念。前者是指行动者自认为自己行动所遵行的理论，后者指的是行动者真正在实际行动时所使用的理论，行动者自身不一定能察觉到，而是得从实际行动中推论出来的理论，两者往往是不一致的。

专业工作者如何在行动中思考》[①]一书中提到的“行动中反映”（Reflection in Action）理念相吻合。作为教师，我们需要根据课堂中每个学生的状态及团体动力的变化，即时觉知并灵活调整自身的教学方式。在教学过程中，我会时刻关注学生的状态，一旦发现他们眼神迷茫或疑惑，我会暂停当前的教学进度，通过询问学生的反馈来了解他们的理解程度，并据此迅速调整教学策略。

三、几种以学生为学习主体的教学实验

场地思维使我能动态地对待课堂，而不是“满堂灌”和“填鸭式”的教学，我可以随着学生的状态，灵活地使用以下几个我在课堂上常使用的教学行动策略。

（一）问题导向的互动式教学

第一种使用手法是以问题为导向，将学生置于主动思考者的学习位置，打破传统单向灌输的教学模式。具体做法是先将课程讲授内容以问题的形式呈现给学生，引发学生思考，并尽量与学生的自身经验相联系。同时，通过学生主动回答或点名回答的方式，提高学生在课堂学习时的专注度。

1. 实例 1

在社会调查方法的课堂上，当讲授如何选题时，我首先提出问题：“请大家先思考一个研究题目。”随后，我邀请学生分享他们的研究主题，并请其他同学评价这些主题是否形成了明确的研究问题。接着，我鼓励同学们提出修正意见，共同完善研究题目。有一次，一名学生提出了想研究自闭症儿童的

---

① 唐纳德·A. 舍恩提倡以反映理性的实践认识论取代工具理性的实证主义，来提升专业工作者的实践能力，《反映的实践者：专业工作者如何在行动中思考》是其代表作之一，由夏林清翻译。

问题。我引导其他学生对此提出修正意见，如："你想研究自闭症儿童的哪个方面？""你如何界定自闭症儿童？"等。然后，我进一步引导学生深入思考自己的研究动机："为什么你会选择研究这个问题？"该学生分享了他之前作为志愿者与自闭症儿童相处的经历，以及因不理解自闭症儿童的情绪表达而导致的沟通困难。最终，他得出了更具体的研究问题——"自闭症儿童情绪表达方式的探讨"。在这个过程中，我关注的是选题与学生自身经历的关系。学生选择这个题目，往往与他们的经历有关。我的任务是通过课堂对话，让学生将这些经历呈现出来。这样，课程内容就能与学生这个主体的经验联系在一起，而不只是学习客观于己身之外的知识。

2. 实例 2

在社会工作概论的课堂上，当讲到社会工作的价值与伦理时，我提出了一个问题："一个疯子把五个无辜的人绑在电车轨道上。一辆失控的电车即将轧到他们。你可以拉动一个道岔拉杆，让电车改道，但另一条轨道上也绑着一个人。你会选择拉动拉杆吗？"然后，我要求学生举手表态，并邀请不同立场的学生阐述他们的理由。针对每个学生的理由，我进行追问，以引导他们深入思考自己的价值立场。

接着，我提出了第二个问题："如果你是急诊室的唯一医生，同时有两名伤势严重的伤患需要救治，一个生命垂危，另一个伤势虽重但无生命危险，你会先救哪一个？"同样，我让学生举手表态，并通过对话澄清他们的选择。最后，我进一步追问："如果那个没有生命危险的是你的家人，你又会如何选择？"然后重复这一轮的讨论。第一个问题旨在探讨价值问题，而后两个问题则聚焦于专业执行时的伦理问题。通过这样的讨论，我旨在让学生理解为什么需要讨论社工的价值与伦理，并引导他们进入主动思考的角色。在此基础上，我再介绍社工的价值与伦理的相关内容。

（二）情境化课堂

情境化课堂是先引导学生将自身的生活情境带入课堂学习，使学生能将自身生活经验放入课程的知识脉络中，不再只是冷冰冰地记诵书本知识，而是有温度地进行学习。

1. 实例3

例如，在讲授理论与研究的“科学环”研究逻辑时，我会提出问题：“老家在农村的同学，你们自身可能曾是留守儿童，或者你们的同学中有留守儿童，你们当时经历的留守儿童的处境是怎样的？如果现在要对留守儿童进行调研，你会从哪个方面入手？”通过这样的提问，引导学生分享自身的生活经验，并根据这些观察来尝试归纳经验，提取命题，形成暂时性的理论假设。这样，将学生的生命经验融入课程主题的学习中，不仅能够提升学生的学习兴趣，还能有效培养他们的综合能力和高级思维能力。

2. 实例4

在“越轨社会学”的课堂上，当谈到青少年的越轨行为时，我会询问学生：“在你们的求学经历中，是否曾经有过越轨行为？”随后，我会邀请那些有过此类经验的学生分享他们的感受，比如他们是如何看待自己的行为的（是认为自己在做违规的事，还是一种追求自由的行动），以及学校和家长当时的反应和对待方式。通过这种方式，让学生将自身经验带入课堂，成为我们共同学习的素材。进一步地，我们会从自身的生命经验出发，去探讨知识概念，例如越轨行为的界定是如何形成的？是谁在界定？那些被界定为越轨的人，他们自身的经验感受是怎样的？他们是否认同这种界定？由此，我们联系到越轨行为的社会建构性，认识到越轨的界定涉及复杂的权力关系。这也引导社工系的学生在未来的社会工作中，要时刻警觉自己是如何界定服务对象的，是从哪个角度出发的，是否真正进入了被界定者的主观世界去理解他们的界定。

因为这样的界定会直接影响社工后续的介入行动，决定他们如何对待服务对象，更决定了这种介入是真正赋能服务对象还是成为另一种形式的压迫。例如，在介入所谓的"偏差青少年"时，如果社工不经反思，直接以"偏差者"的视角来对待服务对象，努力"矫正"这些青少年的"偏差行为"，而忽略了他们作为被标定"偏差者"的主体经验，这很可能导致他们产生消极回应甚至抵制行为。

（三）反映性思考的探究性学习

培养学生反思自身经验与认识视框（Frame）的反映思考能力（Reflective Ability），培养学生对研究者自身既有视框盲点的觉察能力，并提升学生的探究能力，这些能力对形成社会工作专业素质至关重要，如同理心、接纳等。

1. 实例 5

在社会工作概论的课堂上，当讲述身心障碍的社会建构性时，我会问学生："戴眼镜的同学，你们会认为自己是身心障碍者（残疾人）吗？"大多数学生回答不会。接着，我会进一步询问："如果摘下眼镜，是不是就看不清楚？这难道不是一种障碍吗？但为什么我们不会有残疾的感觉呢？"这样的问题旨在引导学生反思：为什么近视虽然是身体的缺陷，但我们不会认为自己是身心障碍者？进而帮助他们认识到身心障碍的社会建构性，并对自己的认识框架有所觉察。

2. 实例 6

在社会心理学的课堂上，有一次的主题是偏见。与主流的教学方式不同，我不仅介绍教材上的概念，而是更注重让学生觉察到自身与偏见的关系。我会先问学生："你们认为自己有偏见吗？"大多数学生会认为自己没有。

接着，我会提出两个问题。第一个问题是："你们会不会选择交外国的男女朋友？"如果有学生表示会考虑，我会进一步追问："但如果这个外国人是黑人，你们还会选择吗？"这时，往往会有学生改变之前的立场。我会追问他们原因，借此指出他们身上隐藏的偏见而不自觉。

第二个问题是："如果有一个精神病患的照顾机构要设在你家的社区或村子里，同意的请举手。"结果通常很少有人举手。我会询问原因，大多数人会提到担心安全、房价下跌等。我会继续追问："为什么会担心安全？"学生们往往会回答怕精神病人会伤害人。然后我会进一步提问："你们觉得所谓的正常人伤害人比较多，还是精神病人伤害人比较多？"学生们通常会回答是正常人。接着，我会问："那你们为什么不会担心正常人伤害你们？"最后，我会询问学生有多少人真正接触过精神病人，并探讨他们对精神病人的负面印象来源。

通过这样一来一回的课堂对话，学生不仅能够觉察到自身不自觉存在的刻板印象和偏见，还能将书本上描述的客观知识与自我经验紧密联系起来，从而更深入地理解社会心理学的相关概念。

四、社会心理学课堂上的"学生教师"实验

2020 年下半年，我接手系里的社会心理学课程，采用的教材是埃略特·阿伦森（Elliot Aronson）等所著的《社会心理学》。[①] 这本教材编写得十分生动有趣，每个主题都先从实例入手，进而引入社会心理学的概念，并通过重要的实验实例进行详细阐述。鉴于这本教材实例丰富、描述生动的特点，

① 埃略特·阿伦森、提摩太·D. 威尔逊、罗宾·M. 埃克特：《社会心理学：阿伦森眼中的社会性动物（原书第 8 版）》，侯玉波、朱颖译，机械工业出版社，2014。

我考虑改变传统以教师讲授为主的教学方式，尝试让学生担任主讲，而我则担任教学督导及内容补充者的角色。具体实施方式是让学生分组，每组负责报告一章内容，每章报告持续三节课。

我对报告的要求是，报告者需将自己置于教师的角色，负责任地将自己理解的内容，以其他同学能够听懂的方式，尽量用自己的语言进行阐述，而不仅仅是像往常的课堂报告那样照本宣科地念 PPT。

作为课程教师，我在课程进行过程中，对报告者的报告给予以下三个方面的引导。第一种引导是对报告内容的监看及补充。我主要关注学生对报告内容的理解是否正确及表达是否精准。如果发现有错误、表达不清或我认为听众可能没有听懂的情况，我会立即介入。我通常采用的介入方式有两种：一是询问听报告的学生是否听懂，并邀请几名学生分享他们的理解，以此即时反馈给报告者；二是直接进行更正及补充。

第二种引导则是对报告者的表达方式。社工系的大多数学生缺乏上台报告的经验，因此很多学生在报告时由于紧张和不自信，往往会低头盯着 PPT 念，语调单调且缺乏起伏，甚至有些学生的声音很小。这样的报告方式很容易让听众分心，教学效果不佳。因此，除了对报告内容的引导，我还注重指导报告者如何改进表达方式，让他们学习如何像真正的教师一样进行教学。例如，我会要求报告者在报告时眼睛要看着台下的同学，不能一直盯着屏幕或手机，一旦发现报告者不自觉地看屏幕，我会立即提醒。如果学生声音太小，我会要求他们重新报告，直到声音能够让最后面的同学听清楚为止。如果报告内容只是照本宣科地念 PPT，我会打断报告者，要求他们用自己的话解释刚刚念的内容。通过这些介入手段，我训练学生如何讲好一堂课。

让学生讲授课程内容确实存在风险，因为大多数学生不擅长上台表达，甚至有人是第一次上台，紧张到只会照 PPT 念，或者声音很小。如果任由这样的情况发展，讲课效果必然大打折扣。因此，我既要处理报告者的状态，又要确保教学内容的顺利传达。在处理报告者状态时，我的目标是让他们能够学习到如何有效地进行报告，而不是打击他们的信心。

第三种引导则是引发课堂讨论。这一点在训练学生报告能力方面尤为关键。学生普遍缺乏带动讨论的技巧，这主要源于他们长期以来接受的单向灌输式教学方式。即使表达能力较强的学生，也仅限于将课程内容讲清楚；而那些表达能力欠佳的学生，则可能连基本内容都难以阐述清楚。此时，鼓励学生参与课堂讨论便成为提升学习效果的有效途径。这不仅能够使台下的学生更加专注，增强课堂参与感，同时也能为报告者提供学习如何引导讨论的范例。在实际操作中，我鼓励报告者设计问题以引发同学间的讨论。但仅提出诸如“对于这个某某现象，大家怎么看？”这样的问题，往往难以激起学生的热烈讨论。因此，我会示范如何更有效地引导讨论。例如，将问题转化为选择题的形式，让学生先就某一观点表态。通过举手示意，能够迅速了解学生对某一问题的基本立场。接着，我会邀请持有不同观点的学生阐述他们的理由，同时也鼓励那些尚未形成明确看法的学生表达他们的困惑和疑虑。这样的过程不仅有助于呈现学生们的内心想法，还能促进正反双方之间的对话和辩论，从而营造活跃的课堂讨论氛围。

经过这一轮讨论后，我会及时将经验反馈给报告者，指导他们今后如何更有效地带动同学讨论。在这样的课程设计下，负责报告的学生不再是被动的接受者，而是转变为积极的学习者和教学者。与此同时，我也需要摆脱传统的教学角色，不再单纯地传授知识，而是扮演多重角色，包括训练学生的报告能力、促进师生及同学间的互动、引导课堂讨论，以及确保教材知识能够被所有学生有效吸收。

虽然社会心理学的课堂实验取得了很好的效果，但并非所有课程都适用这一模式。第二年，由于教育部规定需要使用马克思主义工程教材。面对这一变化，我判断如果继续采用学生分组报告的方式，教学效果可能会大打折扣。一方面，教材内容较为抽象，学生难以迅速消化理解；另一方面，教材内容缺乏生动的实例，导致学生报告时课堂气氛沉闷。因此，我恢复了传统的以教师讲授为主的教学方式，并尽可能地运用前面提到的教学手法，将教材内容以浅显易懂的方式传授给学生，同时设置问题引发学生思考。

但值得注意的是，这种以学生为主体的教学设计在其他课程中也有所应用，如积极心理学课。另一种变体是结合我的讲授和学生分组报告，如在越轨社会学课程中，我综合运用了前面提到的多种教学方法。

五、行动者主体经验的探究：反映实践取向的行动研究课程

行动研究是我自加入闽南师范大学社工系以来就一直想讲授的课程。我认为社会工作是一门实践性极强的专业，其中，行动研究——特别是夏林清老师提出的“反映实践取向的行动研究”，[①] 对社会工作实践者的养成有很大的帮助。我也深信，这是我能对系里作出最大贡献的领域。一开始，我乐观地以为这门课能很快纳入系选修课，但随后了解到，必须先列入系培养方案才能正式开课。由于培养方案每届修订一次，且一旦定案便无法更改，我最

① 夏林清老师之所以将行动研究的探究路径命名为“反映实践取向的行动研究”，是强调提升实践者反映思考能力的行动研究，有助于专业实践者生产自身实践知识以及提升实践品质，也是我从事教学及社会实践工作时很重要的工作心法，让我得以时时对自身的实践行动加以反思，辨识自己实践行动中的行动逻辑，包括对实践情境的视框界定及随之而来的各种行动策略，因为正是这些视框及行动策略，影响了介入行动的变与不变。

快只能将行动研究课程纳入2018级学生的培养方案中（我于2018年9月入职）。因此，这门课最终被安排在2018级的第6学期，即我入职的第3年，2021年上半年。然而，开课与否还需视学生选修人数而定，根据教务处规定，选课人数需满15人才能开课。

遗憾的是，尽管我有此热忱，但目前在社工系只成功开设过一次行动研究课程。自2019级开始，社工系由两班减为一班，学生人数减少，加之多数学生倾向于在大三上学期完成所有选修课程，导致2022年大三下学期因选课人数不足而无法开课。幸运的是，我受到了教科院曾昱[①]老师的邀请，为该院研究生开设了行动研究课程，[②]并成功授课两次。第一次开课，暴侠、阳莉华、郭丹丹及孔凡芳四位老师都亲临现场，共同参与授课；第二次则有暴侠和阳莉华两位老师加入。这四位老师都曾跟随夏林清老师学习反映实践的行动研究，对行动研究充满热情与求知欲。

在这门课程中，我作为行动研究课堂的引导者，将自己定位为与学生共同创造学习过程的反映实践者。我鼓励学生选择一段生命经验进行自我叙说，并在课堂上进行反映对话的练习。同时，暴侠、阳莉华、郭丹丹及孔凡芳四位老师也积极参与其中，与我一同对学生的生命故事文本进行深入的反映对话。

这种生命故事探究，夏林清老师称之为“反映实践的故事探究”，[③]它与近年来逐渐流行的“叙事治疗”或“故事研究”有着明显的区别。反映实践的故事探究以行动者自我叙说的生命经验为反映回观的行动资料，旨在实现舍

① 曾昱老师原先是我在闽师社会工作系的同事，2020年转至教科院任教。

② 教科院这门行动研究课程，暴侠老师及阳莉华老师也曾合开过。

③ 夏林清：《风筝不断线——实践者的落地深耕》，转引自唐纳德·A. 舍恩《反映的实践者：专业工作者如何在行动中思考》，教育科学出版社，2018，第1页。

恩所指的“对行动反映”的作用。其核心价值在于激发行动者对自我生命历程的深入反思，从而实现对过去经验的学习与转化。

在第一年的课程中，我鼓励学生选择一段生命经验进行书写，并每周选取一名学生的文本进行分享与对话。起初，学生们对如何选择内容感到迷茫，于是我提出了一条思考轴线——“我怎么走到这里？”来引导他们回顾并书写自己的求学过程。在这个过程中，他们需要反思自己是在何种历史社会情境下，一步步走到现在的位置，并辨识自己在成长过程中的行动逻辑和视角。这种回顾有助于他们更清晰地认识自己作为行动者的实践路径。

学生们作为“处境中的行动者”参与课堂，通过“说自己”的言说行动，在反映对话的过程中辨识自身的认知框架，重新审视自己与自己、他者、世界的关系，并梳理自身的行动逻辑。

例如，跨专业考研的研究生 C，以她的考研经历为起点，回顾了自己的选择过程，并探讨了作为“95 后”青年学生在特定社会处境下，受到各种内外部力量影响而做出的选择。她在课堂分享中写道：

“2019 年初，考研的念头在我心中萌生，从选择、准备到成功，背后似乎总有一股无形的力量推动着我前进。我为何做出这样的选择？那股力量究竟是什么？是命运吗？用‘命运’二字似乎可以概括一切，但我也曾深入思考过，这些看似无法解释的东西，其实都是命运在冥冥之中的安排。在何燕堂老师开设的行动研究课程中，我逐渐揭开了这段被‘命运’外衣包裹的经历，重新审视了自己的选择过程。”①

此外，她还深入探讨了父母对她考研态度的不同看法，以及这些看法背后所反映的父母经历和价值观。

---

① 摘自 C 课堂中的生命叙事文本。

“父母的观念，往往源于他们各自的人生经历。这些观念又会在无形中影响我们对子女的教育方式。进一步思考，我发现父母的经历和观念也深受时代的影响。因此，看似简单的考研选择，其实背后隐藏着复杂的社会和个人因素，这些因素共同推动着我们做出决定。”①

这次深刻的反思，进一步激发了她探索父母生命经验和家族史的兴趣。她的期末作业便是与父亲进行三小时关于家族历史的对话。

“以前，我对家族的了解仅限于家人的零碎叙述，父亲很少提及过去，我也从未与他进行过这样的对话。这次交流仿佛是在绘制一棵家族树，从树根到枝叶，我清晰地看到了家族的起源和父亲的成长过程，也找到了自己在这棵树上的位置和根。以前对父亲的不解，似乎都能在这棵树上找到答案。”②

另一位研究生 S 则以她高考择校和考研时的选择过程为线索，书写了自己的生命故事。虽然她以一种“理所当然”的口吻叙述，但在课堂的反映对话中，她逐渐意识到，这些看似理所当然的选择背后，其实隐藏着复杂的行动脉络。

她在期末作业中写道：“我出生在农村，父母都是普通工人。在那个年代，读书对他们来说是件奢侈的事情，因此他们早早便开始工作养家。由于文化程度不高，他们只能从事体力劳动，工作环境也相当艰苦。为了不让我过上和他们一样辛苦的生活，父母对我的学业寄予了厚望。只要与我的学习有关，他们从不吝啬，即使他们不懂，也会全力支持我。正是在这样的家庭环境下，我走到了今天。当我面临高考志愿填报、毕业后的去向等人生重大抉择时，这些选择并非表面看上去那么‘理所当然’。它们背后，是父母对我的期望和无条件的支持。他们将自己未实现的梦想寄托在我身上，一步步引

① 摘自 C 课堂中的生命叙事文本。

② 摘自 C 的期末作业文本。

导我走向更高的平台。”①

还有一名学生G，回顾了自己成为研究生的历程，梳理了自我认知和自我认同的形成过程。在这个过程中，他特别关注了母亲所扮演的角色，并深入探讨了母亲的生命历程对自己的影响。他回顾了母亲经历的多个时代变迁，以及这些经历如何转化为对自己的期望和要求，既给予他爱护，也带来了一定的压力。通过回溯母亲的生命历史，G更深入地理解了母亲与自己的关系，以及这种关系如何影响他的生命历程。

在课堂上，学生们通过回顾自己的成长历程，在反映对话中辨识出了世代差异、地域差异、父母劳动生命经验、性别差异对待等多重社会差异结构。这些讨论具象地呈现了“95后”研究生成长过程中的“社会地景”，引发了学生对自身隐性认识的察觉，同时也让学生能够更深入地理解和共鸣彼此的成长经验差异。

六、教学实验的效果：学生的反馈

上述课程设计的实验，到底产生了什么样的学习效果？我在闽南师范大学社工系的这四年多时间里，总共上过13门课，分别是社会工作概论、个案工作、小组工作、社区工作、社会研究方法、质性研究方法、行动研究、社会心理学、越轨社会学、心理咨询与治疗、积极心理学、家庭治疗理论与方法（研究生）、社会福利与政策（研究生）。虽然每门课所要传授的知识有不少差异，但基本上都努力紧扣上述所说的问题导向、情境化课堂、反映性思考的探究性学习、学生当教师等教学模式。这些手段旨在引导学生成为主动的思考者，培养他们对研究者自身既有视框盲点的觉察能力，进而提升他们

① 摘自S的期末作业文本。

进行科学研究所需的辩证思考与素养。学生的回应与反馈也显示，这种教学方式为他们带来了与传统教学截然不同的学习体验与成效。以下是部分学生的一些回应与反馈。

● 何老师与其他老师的课不同的一点是能够发挥学生学习的主动性，让学生自己查资料、做汇报，这让我们在自主学习上有了很大的进步。

● 老师讲课内容丰富，授课形式多样，对学生要求严格负责，注重学生问题思维的培养，善于启发学生去发现问题，提出思考。师生互动多，课堂气氛活跃，很喜欢老师的课程。

● 老师的课堂能引发学生思考，是一个畅所欲言的课堂。

● 老师讲课很仔细，注重与我们的互动，鼓励我们思考和发言，解答问题细心。

● 何老师与其他老师的教学风格不同，在教学过程中更加注重调动学生的主动性，引导学生积极思考，师生互动良好，老师辛苦了。

● 老师上课很注重课堂互动以及联系生活实际，讲课语言平实，授课内容通俗易懂，课堂气氛活跃。

● 老师的课程不仅拓宽了我们的视野，还转变了我们的思维方式。在课堂上和课后的交流答疑中，老师总是耐心倾听我们学生内心的想法和声音，耐心为我们答疑解惑。自主探究是对学生尊重的体现，同时这种尊重也是学生进行自主探究的前提。在何老师的课堂上，我听到了学生们自主交流的声音。何老师的这种自主教学方式不仅唤醒了学生的学习兴趣，启发了学生的思维，还活跃了课堂气氛，让我倍感新奇，同时也加深了我对老师的尊敬。

● 其实，一开始我选择越轨心理学这门课程的初衷是出于好奇，想要体验一下中国台湾地区的老师授课的感觉和方式，看看与大陆老师的授课方式有何不同。前几周的网课给我留下了深刻的印象，尤其是那种真正的交流氛围。并不是老师站在讲台上，指着准备好的课件滔滔不绝地讲述，而学生则坐在讲台下，心不在焉地盯着投影布频频点头。相反，老师会通过对知识的延伸，引出一个事件或一个问题，让每个学生都有机会表达真实的想法和观点，并及时获得回应。在这里，我们不必因为害怕出错被责备而不敢发言，因为老师并不是对与错的评判官，而是一个倾听者。这种氛围让我感到非常舒适和放松，尽管我通常是一个需要充分准备才会行动的人，但这次我能卸下包袱，毫无顾忌地展示我的第一想法。

● 老师很敬业，注重引导学生思考。

● 上课方式真的太锻炼学生了，很好的老师。

● 老师为人亲切，教学独特，与学生互动密切，学习氛围浓厚。

● 何老师上课真的让人有一种“身临其境”的感觉，因此我会跟着老师的思路去走，拓展自己的知识面。

● 何老师的课堂十分生动活泼，很有利于启发学生的辩证思维。

● 老师认真授课教学，课程形式多样，与学生互动交流很强。

● 课程注重学生自学能力的培养。

七、行动中反映的教学实践——让学生成为学习主体的路径

总的来说，从我个人的教学实践经验回观，要实现以学生为主体的教学方式，其关键并不在于课前如何详尽地规划，而在于教师是否具备在教学进程中随时进行“行动中反映”的能力。这种能力意味着教师能够实时觉察教学现场的动力状况及自身教学行动的效果，并根据实际情况灵活调整教学策略，将其视为一个不断进行的动态实验。

舍恩倡导专业工作者应该是一个反映的实践者，要能对其实践进行“行动中的反映”，描述何谓“行动中反映”：“当人们在行动中反映时，他便成为实践脉络中的一位研究者，他不依赖现存理论与技术类别去行动，反而是去建构一个新理论来解释这个特殊案例。他的探究不局限于对方法的考虑——该方法取决于目标的协议。他不让方法与目标分离，而是在框定一个问题情境时，互动地界定出两者，他不把思考从行动中隔离出去，而是推演其做法从而做出决定，并于稍后将这一决定转化成行动。因为他的实验是一种行动，所以实验的实施是被建构在他的探究之中的。因此，即便在不确定或独特的情境中，‘行动中反映’亦能前进，因为它不受科技理性的二分法的限制。”[①]

我认为，在教师的教学实践中，“实验”是“行动中反映”的核心要素。若教师能将每一堂课视为一个独特的情境，每一次教学行动都视为一个教学实验的探索过程，那么他们便能在教学过程中动态地把握现场情境，并根据学生的动力状态变化灵活调整教学目标与手段。这样，我们才有可能真正实现以学生为主体的教学效果。

以教师为中心的传统教学模式往往是教师按照预先准备好的讲义和PPT，按部就班地向学生传授知识。对教师而言，这种教学方式虽然易于操作且风险较小，只需依赖预先编制好的讲义即可。然而，这种教学方式却阻碍了教师对教学互动中学生状态及动力变化的觉察。阻隔越严重，教师的觉察能力就越弱，越依赖预设的讲义，就越难以捕捉到教学现场的动力状态。这种恶性循环导致了以教师为中心的教学方法的持续存在。

教学不仅要传授既定的知识内容，[②]更要培养学生主动思考和批判性思维，

---

① 唐纳德·A. 舍恩：《反映的实践者：专业工作者如何在行动中思考》，夏林清译，北京师范大学出版社，2018，第55页。

② 除了行动研究这门课，我教授的其他课程都属于这类。

而非仅仅让他们单向被动地接受知识。我之前所提及的教学手法，基本上都将每个教学现场视为一个独特的行动领域，并将这些教学方法视为我在教学现场进行的一个个教学实验。检验这些实验成效的关键在于观察学生是否积极参与、是否思维活跃，以及他们的主体经验是否与所学知识建立联系。我认为这正是以学生为主体的教学的核心所在。

后 记

一沙一世界，一叶一菩提。一个个体的生命故事，能够折射一个社群、一个时代所编织的社会历史关系脉络，进而理解人所处的社会和处于社会中的人。然而，把个体生命故事自述出来，需要足够的勇气。这是因为，将个体故事融入集体叙事，由“我”到“我们”时，叙述者感到自己是安全的；将个体故事从集体叙事中剥离出来，推到舞台中央、聚光灯之下，由“我们”及“我”时，叙述者则感到不安。这种不安里包含了多层假设：其一，“我”是否值得？其二，“我”的方法符合科学标准吗？其三，“我”怎样面对“我”？历经一年多的时间，几位老师终于定稿完成本书，完成此书也是互相鼓励，克服不安，最后逐渐面对自我的过程。

不安之一：“我”是否值得？老师们来自祖国的大江南北，有着各自的成长经历，因缘际会下成为同事，齐聚漳州，互诉生活的喜怒哀乐，思故乡、谈家庭、共工作、展未来。如此侃侃而谈的老师们，要把自己的故事写出来并发表于公众面前，都不免打退堂鼓：“我”就是来自普通家庭的孩子，没什么家学渊源；“我”没有做到什么特别的工作上的成绩；“我”遇到了困难和瓶颈，不适合说出来；大家都是这样过来的，我做的事情别人也在做……归根结底，那不安是在犹豫“我”是否值得被人了解。我们有个心理定式，似乎只有名人、优秀的人、典型的人或像小说中拥有曲折经历的励志的人，才值得立传；

似乎作为沧海一粟，还是长得不太饱满的那粒，便没有被关注的意义。可是，当我们放下窘迫，反过来去想，就会发现，当下地方高师院校的许多老师，就来自普通家庭，拥有一样艰辛的求学经历，正处于相似的社会历史关系处境中，是普通得不能再普通的人，做着普通得不能再普通的事。我们做先发声的那个，就会有更多的人发声，具体的个体生命的交相叠影，逐渐汇集成河海，便可得到鲜活的、有血有肉的高校教师生活处境的时代画卷。因此，"'我'是否值得"是个伪命题，并不存在值得不值得的纠结，老师们本身就是高校教师群体中的组成人员，所发之声是其中一分子的事实经历而已。

不安之二："我"的方法符合科学标准吗？书写过程中，老师们时常停笔驻足，吼出一声"我写的是什么呀"。当前的教育研究受科学主义影响仍然很深，老师们习惯于或做理论探讨，或做统计分析，对数据的代表性及典型性的要求很敏感。与以上标准不太搭边的个体生命故事，常常触碰到老师们心中的定势按钮，反弹出一股力量，震荡得老师们纠结几天，非要大家互相讨论、鼓劲儿一番才得以平静。也许，这正是研究者从实证研究向行动研究范式转变时难以绕开的感受吧。

不安之三："我"怎样面对"我"。本书采用的研究方法是夏林清教授倡导的"反映实践取向的行动研究"。同样是讲述个体生命成长故事，与叙事研究及其他取向的行动研究不同，"反映实践取向的行动研究"强调对个体的经历进行反映回观，对过去的视框进行再框定，通过对社会关系母子盒的分析，发现人所处的社会历史关系脉络，了解人的生存处境，进而采取策略，推进行动，从而带来人的改变，环境的改变，社会的改变。简而言之，它并不是以向外展示具有代表意义和典型意义的事实及结论为追求，而是以推动人向内觉察自己的动能所在，推动人的实践，促成改变的发生为宗旨。因此，随着书写过程中反映回观的发生，老师们越来越能辨识自己所处的社会处境，越来越能觉察到自己的动能，理解自己及周围人、周围的环境的关系意义和变换的脉络，也越来越感到震撼和害怕。震撼的是自己从来没有这么清晰地看到“我之所以成为我”的脉络和过程，如此了解自己、接近自己；害怕的是当所有有意无意的自我保护的迷雾散去了，真实的自己暴露了，改变的动能就在那里，承担责任还是逃避责任、变与不变，需要你做出决定，这一刻你无处可遁逃。

“反映实践取向的行动研究”推动老师们进入自我面对的层面时，“‘我’是否值得”以及“‘我’的研究方法是否符合科学标准”的不安，已经不重要了。

因此，此书成稿，首先应感谢团队成员自己，老师们用自身的勇气克服了诸多疑虑，愿意站出来，分享自己的个体生命成长故事，并不负所望地由最初的讲述，最终走入改变的轨道。老师们不会忘记，一次次行动研究小组例会上，被其他团队成员追问到即便手握拳头、怒发冲冠，也坚持着向内觉察，搜索词汇，描述看到的“自己的部分真相”；即便拍桌子、流泪、离场也会在平复后接续话题；老师们也不会忘记夜深人静一条短信、一个电话突然的到访，那端的人儿激动到失控地告诉你“我知道了……”正因这样全心探索、紧密合作、互相支持的团队，才有了今天的这些文字。

感谢福建省2011协同创新中心（福建省区域农村教师发展协同创新中心）平台的支持，让我们有方向、有条件持续学习、行动、改变。

感谢夏林清教授的理论与实践的引领，以及指导我们时落下的“当头棒喝”。

感谢中国广播影视出版社的大力支持，以及对本书专业严谨的编辑与校对。

郭丹丹

2023年1月